LA POLITIQUE FORESTIÈRE DE LA CÔTE D'IVOIRE À L'ÉPREUVE DE L'ÉCONOMIE DE PLANTATION (1965-2015).

Protection ou exploitation des ressources ?

Kassi Pascal TANO

LA POLITIQUE FORESTIÈRE DE LA CÔTE D'IVOIRE À L'ÉPREUVE DE L'ÉCONOMIE DE PLANTATION (1965-2015).

Protection ou exploitation des ressources ?

Préface du Pr. Abdoulaye Sawadogo

Géographe, Ancien Ministre de l'Agriculture de Côte d'Ivoire,

Représentant de la Côte d'Ivoire à la FAO

L'Harmattan Sénégal

10 VDN, Sicap Amitié 3, Lotissement Cité Police, DAKAR

senharmattan@gmail.com
senlibrairie@gmail.com

ISBN : 978-2-343-24941-4

EAN : 9782343249414

SOMMAIRE

Troisième partie

Le temps de la remise en cause ou de la prise de conscience ? (1990-2015)

ABRÉVIATIONS ET SIGLES

ANADER : Agence Nationale d'Appui au Développement Rural

APVA : Assistants des Productions Végétales et Animales

ARSO : Autorité pour l'Aménagement de la Région du Sud-Ouest

AVB : Autorité pour l'Aménagement de la Vallée du Bandama

BNDA : Banque Nationale de Développement Agricole

BNETD: Bureau National d'Études Techniques et de Développement

CAA : Caisse Autonome d'Amortissement

CFR : Centre de Formation Rurale d'Abengourou

CIDT : Compagnie Ivoirienne de Développement du Textile

CNDLFB : comité national de défense de la forêt et de lutte contre les feux de brousse

COBAFRUIT : Coopérative Bananière et Fruitière

COBASANDRA : Coopérative Bananière de Sassandra

COFRUCI : Coopérative Agricole de Production Bananière et Fruitière de Côte d'Ivoire

CROMP : Conseil Représentatif des Occupants du Mont Péko

CSSPPA : Caisse de Stabilisation et de Soutien des Prix des Produits Agricoles

CTFT : Centre Technique Forestier Tropical

CURDIPHE : Cellule Universitaire de Recherche et de Diffusion des Idées du Président Henri Konan Bédié

EFB : l'École Forestière de Bouaké

ENSA : École Nationale Supérieure d'Agronomie

EPA : Établissement Public à caractère Administratif

FED : Fonds Européen de Développement

FPI : Front Populaire Ivoirien

GTZ : Deutsche Gesellschaft fur Internationale Zusammenarbeit

GVC : Groupement à Vocation Coopérative

IAB : Institut Agricole de Bouaké

IRCA : Institut de Recherches sur le caoutchouc en Afrique

IFCC : Institut Français du Café et du Cacao

IRHO : Institut de Recherche des Huiles et Oléagineux

LAB : Lycée Agricole de Bingerville

MOTORAGRI : Société de Développement de la Motorisation Agricole

MPCI : Mouvement Patriotique de Côte d'Ivoire

MPVA: Moniteurs des Productions végétales et Animales

OIPR : Office Ivoirien des Parcs et Réserves

PDCI : Parti Démocratique de Côte d'Ivoire

PDF : Plan Directeur Forestier

PIT : Parti Ivoirien des Travailleurs

RDR : Rassemblement des Républicains

RTI : Radiodiffusion-Télévision Ivoirienne

SAFCO : Société Africaine de Conserverie

SALCI : Société Alsacienne de Côte d'Ivoire

SAPH : Société Africaine de Plantations d'Hévéa

SATMACI : Société d'Assistance Technique à la modernisation de l'Agriculture en Côte d'Ivoire

SIACA : Société ivoiro-allemande de Conserves d'Ananas

SOCABO : Société coopérative agricole de Bonoua

SOCATCI : Société des Caoutchoucs de Grand-Béréby

SODEFEL : Société pour le Développement de la Production des Fruits et Légumes

SODEFOR : Société de Développement des Forêts

SODHEVEA : Société de Développement de l'Hévéaculture

SODEPALM : Société pour le Développement du Palmier à Huile

SONACO : Société Nationale de Conditionnement

REMERCIEMENTS

Enfin, nous y sommes ! Notre volonté de mettre à la disposition du grand public un ouvrage de synthèse sur la politique forestière de la Côte d'Ivoire depuis l'indépendance jusqu'au début des années 2000 vient de se concrétiser. Cet ouvrage a bénéficié dans son élaboration d'un concours discret mais combien précieux de certaines personnes à qui il convient de témoigner toute notre reconnaissance. Ainsi, disons-nous infiniment merci :

- aux personnels des centres de Recherche du Ministère de l'Agriculture ; de la SODEFOR ; du BNETD ;
- à Monsieur TANON Eben-ezer Kouamé et à Docteur COULIBALY Dognima Lassina d'avoir accepté de consacrer une partie de leur précieux temps à la relecture du tapuscrit afin d'en polir les aspérités.

PRÉFACE

L'essor économique de la Côte d'Ivoire a reposé en grande partie sur l'exploitation agricole. En effet, sans grande ressources minérales, il fallait faire preuve d'ingéniosité et innover à la mise en valeur des terres. À l'indépendance en 1960, l'État ivoirien a opéré des choix perspicaces et engager sa responsabilité. L'élan du peuple a valablement soutenu les choix de l'État. Pendant les deux décennies qui suivent notre indépendance (1960-1980), « le succès de ce pays repose sur l'agriculture » traduit confortablement les résultats positifs obtenus par les orientations de la politique agricole nationale. Notre jeune État était sous tension : amorcer son développement économique en donnant toute sa place à la culture des produits de rente (café, cacao, palmier à huile entre autres) en préservant son couvert forestier estimé à 12 millions d'hectares, juste estimation de l'auteur de l'ouvrage. Monsieur TANO Kassi Pascal nous entraîne dans la forêt ivoirienne vêtu d'une tenue de guide cousue de fil d'Histoire et d'Écologie principalement. La problématique qu'il pose avec justesse sous forme de question : « Comment l'État de Côte d'Ivoire peut-il vouloir faire de la forêt le pilier de son système économique et promouvoir, dans le même temps, une politique efficace de protection forestière ? » L'originalité de son ouvrage, et plus particulièrement son invite, est de prendre ou de voir la vitalité de la forêt comme marqueur et indicateur de la gouvernance des politiques nationales de l'économie de plantation. En historien avisé, il développe son sujet au fil de l'histoire à la fois de la Côte d'Ivoire et de la forêt ivoirienne. Dans une sorte d'état des lieux, la première partie de l'ouvrage montre dans quels cadres (juridique et institutionnel) s'est déployée, dans la première décennie de notre indépendance, la politique forestière et foncière. Dans la promotion de l'économie de plantation, l'État semble avoir sacrifié son patrimoine forestier dont les principaux et premiers signes sont la déforestation dans l'Est et dans le Sud de la Côte d'Ivoire. Deux autres décennies (1970-1990) sont traitées dans la seconde partie de l'ouvrage par Monsieur TANO Kassi Pascal. Il démontre dans quelle mesure l'État de Côte d'Ivoire par la création de structures spécifiques organise la conquête du Centre-Ouest et du Sud-Ouest. Désormais, les effets « négatifs » de la déclaration du Président Félix Houphouët-Boigny « la terre appartient à celui qui la met en valeur » se font sentir de façon irréversible. Les forêts classées ne sont plus seulement agressées, elles sont détruites avec à la clé des conflits fonciers. La troisième et dernière partie de l'ouvrage est un parcourt de deux décennies et demie (1990-2015). Il se dessine par une question violente et bien sentie émise par l'auteur : le temps de la remise en cause ou de la prise de conscience ? Celle-ci met face à face notre conscience « collective » (?) et les réalités écologiques quelque peu désastreuses. Dans tous les cas, il préconise le réveil et le sursaut. Dans un contexte de tensions politique et sociale, d'une part, de pression forte et permanente des populations sur la forêt, d'autre part. La loi foncière de 1998 et le code forestier de 2014 participent au réveil de l'État (même tardif selon la formule de l'auteur) dans la quête de solutions au déficit forestier.

La thèse de l'ouvrage de monsieur TANO Kassi Pascal est claire et d'une formulation sans équivoque : « l'État est responsable de la déforestation en Côte d'ivoire. Il doit changer de paradigmes ». Pour lui, la responsabilité de l'État de Côte d'Ivoire est engagée car il dispose des cadres juridique et institutionnel pour définir sa politique forestière ainsi que des outils d'exécution et d'appui. La clarté de la thèse mais surtout son articulation appelle quelques remarques et questionnements légitimes pour nous qui avons géré le ministère de l'agriculture de la Côte d'Ivoire. Pouvait-on, à l'époque qui était la nôtre, dissocier la question forestière de celle du foncier ? Quel poids donnions-nous à la gestion endogène des forêts et du foncier ? Peut-on espérer une plus grande prise de conscience des générations actuelles qui sont mieux outillées et plus douées ? La fin des économies de plantation à l'échelle planétaire va-t-elle renverser la tendance ?

Pr. Abdoulaye Sawadogo

Géographe,

Ancien Ministre de l'Agriculture de Côte d'Ivoire,

Représentant de la Côte d'Ivoire à la FAO

INTRODUCTION

> La forêt a toujours été au centre des préoccupations de la Côte d'Ivoire depuis la création de notre pays. Tout est parti de la forêt. Les premiers échanges entre notre pays et le monde extérieur étaient basés sur l'exploitation de nos bois. Et pendant longtemps, le bois a tenu la première place dans notre économie. C'est grâce à la forêt, à la richesse de son sol et à la pluviométrie maintenue par nos bois que la Côte d'Ivoire a pu devenir en Afrique et même dans le monde, un des pays les plus gros producteurs agricoles : premier producteur mondial de cacao, troisième producteur de café, deuxième pour l'huile de palme après la Malaisie ; l'un des plus gros producteurs africains de caoutchouc, et nous nourrissons l'ambition de devenir en 1990 le premier producteur de caoutchouc en Afrique. Tout cela grâce à notre forêt. C'est une richesse que nous devons préserver[1].

Comment préserver une ressource naturelle épuisable, la forêt, comme le souhaite Félix Houphouët-Boigny dans cette allocution, lorsque le pays a fait d'elle le principal ressort de son développement économique ? Là, se trouve toute la quintessence de l'analyse que nous engageons dans cet ouvrage sur le destin *tragique* de la forêt ivoirienne.

En effet, la forêt ivoirienne, depuis le début de l'indépendance a subi d'énormes pressions qui se sont traduit par un dépérissement progressif de son étendue. Et, les statistiques à ce niveau sont assez révélatrices de ce constat alarmant. « La surface de forêt dense, qui représentait 15 millions d'hectares au début du siècle et encore 12 millions à

---

[1] Extrait de l'allocution prononcée le 9 mai 1987 à l'issue du séminaire des Eaux et forêts à Yamoussoukro publié dans Ministère des Eaux et Forêts, décembre 1988, *Plan directeur forestier 1988-2015*, p.I.

l'indépendance n'était plus que 6 millions d'hectares en 1975 et environ 2 millions et demi en 1990 »[2]. À ce rythme, si la tendance ne s'inverse pas, la forêt primaire risque de disparaître totalement dans les prochaines décennies.

Pourtant, ce n'est pas faute d'avoir essayé. Tout au long de ce demi-siècle d'indépendance, l'État de Côte d'Ivoire a élaboré et tenté d'appliquer une politique forestière sensée mettre un terme à cette destruction effarante du massif forestier. Dès 1965, l'adoption du code forestier marquait de façon décisive le début de cette politique. Ensemble avec d'autres textes réglementaires, il meublait le cadre juridique de la gestion de la forêt ivoirienne. Aussi, l'État avait-il organisé un cadre institutionnel (ministère des eaux et forêts, SODEFOR, instituts et écoles de formation des cadres forestiers, etc.) pour conduire, sur le terrain, la politique de gestion du patrimoine forestier. À la fin des années 70, les fondamentaux de la politique forestière de la Côte d'Ivoire étaient déjà en place. Progressivement, des réajustements furent apportés en fonction des enjeux et des défis du moment. Des plans d'action visant non seulement à freiner le rythme de déforestation mais aussi à réhabiliter le couvert végétal du massif forestier furent élaborés et mis en œuvre. Ce fut le cas du Plan directeur forestier qui couvre la période 1988-2015.

Nonobstant ces belles dispositions, la forêt primaire n'a fait que se dégrader de manière drastique devenant un cas d'urgence nationale. Plusieurs facteurs sont à la base de cette situation inquiétante. Les défrichements agricoles anarchiques, l'exploitation forestière intensive, des feux de brousse, etc. sont tous épinglés comme des facteurs responsables de la destruction du patrimoine forestier. Cependant, parmi ceux-ci, l'action agricole semble être le facteur prépondérant. Le binôme café-cacao, colonne vertébrale de l'agriculture ivoirienne, se déploie sur le terrain en dévorant la forêt primaire. Surtout que les techniques culturales (culture sur brûlis) de cette agriculture peu mécanisée étaient essentiellement basées sur la conquête de nouvelles superficies en vue d'accroître le rendement.

Or, l'État ivoirien depuis l'indépendance a fait le choix clair de construire son essor économique en s'appuyant sur l'agriculture. Ce modèle économique est résumé en Côte d'Ivoire par cet adage populaire : "*le succès de ce pays repose sur l'agriculture*". C'est à ce niveau

---

[2] L., ÉDOUARD et J. I. GUÉHI (1999) « Appropriation et gestion de la rente forestière en Côte d'Ivoire », *l'homme et la forêt tropicale,* p.25.

qu'apparait toute l'ambivalence de la politique forestière de la Côte d'Ivoire depuis l'indépendance. L'État ne peut pas vouloir protéger le patrimoine forestier national et en même temps concevoir et mettre en mouvement un modèle économique axé sur l'agriculture principal facteur de la déforestation. Ce postulat constitue l'axe central de cette étude. C'est lui qui confère à notre démarche toute son originalité. Sinon, la déforestation n'est pas un thème totalement inexploré. Par différentes approches, il a été abordé par certains auteurs.

En effet, face à l'état déplorable du patrimoine forestier, des chercheurs ont mené des études pour situer les responsabilités des différents acteurs (pouvoirs public, acteurs privés, paysans, etc.) et déterminer les causes fondamentales de cette crise écologique. L'État, puissance publique à qui revient la responsabilité de protéger le patrimoine forestier, désarçonné par l'évolution de la situation reste impuissant et se rend souvent complice des prédateurs (N.G Bangassaro Coulibaly, (2009) : *Le mal ivoirien cas symptomatique du mal africain*)[3]. Il faut, dans ce contexte des actions vigoureuses, un véritable *plan Marshall* pour espérer renverser la tendance. À cet effet, les structures publiques et les acteurs privés engagés dans le combat de la protection de la forêt doivent disposer des moyens conséquents afin de remplir valablement leurs missions (sensibilisation, reboisement, etc.). Dans cette perspective, la forêt en Côte d'Ivoire doit bénéficier d'un programme d'urgence notamment un Programme Présidentiel Spécial pour faire face à la situation (G. Koffi Yao (2014), *Destruction des forêts en Côte d'Ivoire, accusés, levez-vous!*[4]).

Le problème est que, souvent, l'État lui-même a été à la pointe de la conquête forestière dans certaines régions du pays offrant une aubaine aux particuliers pour s'engouffrer dans la voie de la conquête foncière grandement ouverte par la puissance publique. Ce fut le cas au sud-ouest du pays (G. Aboua Aboua, (2001), *Le destin des forêts tropicales : l'État, les paysans, l'industrie et les coopératives dans l'aventure de la conservation des forêts tropicales du sud-ouest de la Côte*

---

[3] N.J, BANGASSARO COULIBALY (2009), *Le mal ivoirien cas symptomatique du mal africain*, Paris, Harmattan, 298p.

[4] G. KOFFI YAO (2014), *Destruction des forêts en Côte d'Ivoire, accusez ; levez-vous!*, Abidjan, Harmattan, 124p.

d'Ivoire[5]) ;(Coulibaly Djakaridja (2011), *Agriculture et protection de l'environnement dans le sud-ouest de la Côte d'Ivoire*[6]). Ces auteurs montrent l'implication de l'État dans la conquête foncière de la région du sud-ouest. Cette région très peu peuplée et totalement enclavée était un domaine couvert par la forêt primaire dense. À la fin des années 60, l'État, à travers l'Autorité pour l'Aménagement de la Région du Sud-Ouest (ARSO), prend l'initiative de sa mise en valeur.

Ces travaux élaborés par différents auteurs mettent à la disposition du grand public des connaissances fort intéressantes sur la politique forestière de la Côte d'Ivoire. Ils ont mis à jour des aspects de cette politique menée depuis un demi-siècle. Cependant, à ce jour, il n'existe pas encore de travaux ayant analysé, dans une réflexion globale, celle-ci depuis les indépendances jusque dans les années 2000. Ce livre propose donc une synthèse de la politique forestière de 1965 à 2015. Mieux, l'analyse met en corrélation, dans une même dynamique, la politique forestière et agricole de la Côte d'Ivoire durant ce demi-siècle afin d'en déceler les contradictions et les incompatibilités qui ont conduit progressivement à cette situation de blocage.

Au début de l'indépendance, l'État avait déjà pris conscience de l'enjeu que représente la forêt et les conséquences de sa destruction. C'est pourquoi, très tôt, il élabora un cadre institutionnel et juridique pour mieux la gérer. Il a déployé d'importants moyens financiers, matériels et humains pour une mise en œuvre efficiente de sa politique forestière. Plusieurs centres de formation des cadres et agents forestiers furent créés. Au bout de quelques décennies, ces centres de formation ont mis à la disposition de l'État un personnel assez qualifié pour relever les défis dans le secteur forestier. L'État a élaboré aussi des plans spéciaux d'actions dans le domaine forestier, réajustés au fil des années en fonction des enjeux.

Face à la gravité de la situation de la forêt ivoirienne et à son importance stratégique pour toute la collectivité, les partenaires internationaux, à travers différentes formes de coopération, se sont mobilisés pour appuyer l'État dans ses projets de protection et de

---

[5]A.G. ABOUA (2001), *Le destin des forêts tropicales : l'État, les paysans, l'industrie, les coopératives dans l'aventure de la conservation des forêts tropicales du sud-ouest de la Côte d'Ivoire*, Thèse de doctorat en sociologie, Ottawa, 287p.

[6] D. COULIBALY (2011), *Agriculture et protection de l'environnement dans le sud-ouest de la Côte d'Ivoire*, Paris, Harmattan, 274p.

réhabilitation du couvert végétal. Ces appuis ont été de tous ordres : financiers, techniques, matériels, etc.

Dans l'ensemble, c'est une batterie d'initiatives, de décisions, de projets et d'actions qui ont meublé la politique forestière de la Côte d'Ivoire durant la période postcoloniale. Cependant, malgré tous ces efforts des pouvoirs publics, la moisson est plus que décevante à telle enseigne que la disparition de la forêt ivoirienne est devenue presqu'un processus irréversible. En réalité, la déforestation en Côte d'Ivoire renvoie à l'image d'un cancer. Il ne peut qu'évoluer tant qu'il demeurera dans les conditions actuelles.

Pourquoi, en dépit de tant de dispositions, l'État, appuyé par les partenaires internationaux, n'arrive-t-il pas à stopper le processus de destruction des massifs forestiers en Côte d'Ivoire ? En quoi, le modèle économique adopté par la Côte d'Ivoire moderne axé sur l'agriculture a-t-il été le fossoyeur de la politique forestière ? En d'autres termes, l'État de Côte d'Ivoire peut-il valablement protéger la forêt ivoirienne tout en mettant en mouvement une politique agricole extensive dévoreuse du massif forestier ? En demeurant dans ce registre, l'État n'a-t-il pas encouragé insidieusement la destruction de la forêt ivoirienne ?

Pour élaborer ce travail, nous nous sommes appuyés sur une panoplie de rapports émis par les différents ministères techniques en charge de la gestion de la forêt et de l'agriculture (le ministère de l'agriculture ; le ministère des eaux et forêts ; le ministère de l'environnement ; le ministère de l'économie et des finances ; le ministère du plan) et des structures techniques (le BNETD, la SODEFOR, l'ANADER, etc.). De même, les rapports de certains organismes internationaux (la Banque mondiale, le GTZ, etc.) qui s'intéressent à la gestion de la forêt nous ont intéressé. Les textes juridiques (lois, décrets, arrêtés) qui régulent les secteurs forestier et agricole) ont contribué à approfondir la réflexion. Toutes ces sources nous ont fourni une multitude d'informations qu'il a fallu organiser pour atteindre notre objectif.

Pour cette étude, nous avons privilégié une démarche chronologique parce que le processus de déforestation en Côte d'Ivoire a été dynamique dans le temps et dans l'espace. Dans l'ensemble, la zone forestière est l'espace pris en compte dans ce travail.

> Comprise entre 4°30 et 8° de latitude nord, elle a pour limite sud l'océan Atlantique. Les limites est et ouest sont des limites d'État : le Ghana à l'est et le Libéria et la Guinée à l'ouest (...) mais entre le 4° et le 6° degré de longitude ouest,

les formations savanicoles s'avancent en coin dans la zone forestière, dessinant le fameux « V » baoulé[7].

C'est dans cet espace géographique que le phénomène de déforestation a lieu.

Carte n° 1 : Les limites naturelles des zones forestières et savanicoles de la Côte d'Ivoire

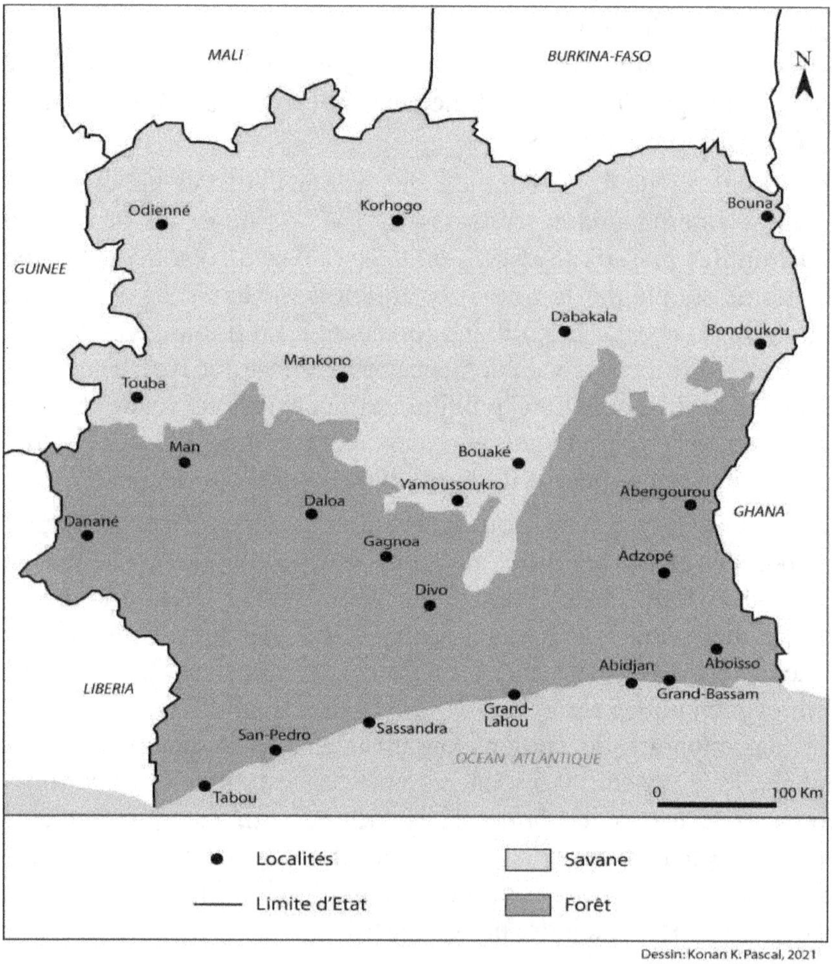

Entamé timidement dans la dernière décennie de l'époque coloniale (au début des années 1950), le processus de déforestation s'est poursuivi durant la première décennie de l'indépendance dans les régions de l'est et du sud-est. Depuis le début des années 70, la conquête des massifs

---

[7] B. DIAN., (1985), *L'économie de plantation en Côte d'Ivoire forestière*, Abidjan, NEA, p11.

forestiers de ces régions étant achevée avec en prime une saturation foncière, le front pionnier agricole se déplace dans les domaines du centre-ouest et du sud-ouest. C'est la seconde phase de la déforestation en Côte d'Ivoire.

Grosso modo, cette phase dure deux décennies (1970-1990). À partir des années 90, le front pionnier de la conquête forestière atteint l'extrême ouest du pays. Par ailleurs, la configuration sociologique des conquérants de la forêt n'a pas été partout la même. Si à l'est et au sud-est, ce fut l'affaire des populations autochtones, au centre-ouest et au sud-ouest, l'État, les allochtones baoulé et les allogènes burkinabé et malien sont à la pointe de cette conquête. À l'extrême ouest, les allogènes burkinabé deviennent les seigneurs terriens de la région, depuis le début des années 90.

Pour mieux restituer ces réalités, nous adoptons une démarche qui suit cette dynamique. À chaque étape, la priorité n'est pas de faire une description mécanique de la politique forestière déployée par l'État mais de construire une analyse croisée de la politique de conservation des ressources forestières et du plan de développement des cultures anthropiques conçu et appliqué par les mêmes pouvoirs publics. L'objectif est de mettre en exergue l'ambivalence de la politique forestière et agricole de la Côte d'Ivoire durant toute la période d'étude.

PREMIÈRE PARTIE

L'AMBIVALENCE DANS L'AMORCE DE LA POLITIQUE FORESTIÈRE ET AGRICOLE : 1965-1970

Dans la première décennie de l'indépendance, les autorités politiques de la Côte d'Ivoire moderne ont progressivement conçu et mis en œuvre une politique de gestion du patrimoine forestier. Cette politique devait à terme permettre à la Côte d'Ivoire de mieux préserver son patrimoine forestier.

En 1965, l'adoption du code forestier matérialisait de manière significative cette politique forestière en dessinant, avec d'autres textes réglementaires, le cadre juridique de sa gestion. Ce cadre juridique fut doublé d'un cadre institutionnel meublé par deux principaux organismes publics (le ministère des eaux et forêts et la SODEFOR). Les centres de formation du personnel forestier créés par l'État constituaient le troisième pilier des fondamentaux de cette politique forestière.

Pendant ce temps, une vigoureuse action de réservation de portions importantes du massif forestier était lancée sur le terrain en vue de préserver au mieux les richesses forestières du pays.

Au regard de toutes ces dispositions, on pouvait affirmer sans ambages que le couvert forestier de la Côte d'Ivoire était hors de portée de tout risque de dégradation. Mais le paradoxe est que, dans la même période, l'État de Côte d'Ivoire, initiateur et concepteur de cette politique forestière, déployait également un vigoureux plan de développement de l'agriculture, pilier de l'économie ivoirienne. Dans ce contexte, l'économie de plantation était promue et encouragée comme meilleure source de revenu pour le monde rural. Ainsi, au cours cette première décennie de l'indépendance, l'État avait pris d'importantes dispositions pour encadrer et inciter les populations ivoiriennes à s'investir résolument dans l'agriculture de plantation.

Au début de l'indépendance, des initiatives publiques telles que la création des structures d'encadrement et de financement du monde agricole, des instituts et centres de recherche ainsi que l'organisation du système de commercialisation des produits agricoles ont fait de l'État le principal promoteur de l'agriculture en Côte d'Ivoire. À la fin des années 60, les résultats de ce modèle économique étaient plus que probants. Mais ce boom économique commençait à révéler les premiers signes d'une déforestation inquiétante avec la saturation foncière à l'est du pays. En réalité, avec des techniques culturales traditionnelles et extensives, l'économie de plantation en Côte d'Ivoire se développait au détriment de la forêt, son principal support. En fait, en adoptant ce modèle économique, l'État de Côte d'Ivoire condamnait irrémédiablement la forêt à une disparition certaine à long terme.

CHAPITRE PREMIER

LA MISE EN PLACE DES MÉCANISMES DE CONSERVATION DE LA FORÊT

À la fin de l'ère coloniale, les ressources forestières étaient solidement positionnées au cœur du dispositif économique de la Côte d'Ivoire. Les nouvelles autorités qui venaient de prendre les rênes du jeune État avaient le choix d'opérer soit une rupture soit de maintenir le pays dans le statu quo. De toute évidence, avec la mise en place d'un cadre juridique et institutionnel ; la création des centres de formation du personnel forestier et du renforcement de la politique des forêts classées, tout porte à croire que l'État de Côte d'Ivoire avait décidé de marquer de son empreinte la gestion du patrimoine forestier.

I. LE CADRE JURIDIQUE

Le cadre juridique de la gestion de la forêt était structuré fondamentalement par le code forestier[8] et ses décrets et arrêtés d'application et complétés par la loi relative à la protection de la faune et à l'exercice de la chasse[9].

---

[8] A. AGGREY (2010, 1er mars), *Code forestier*, Juris-Éditions, pp9-24.

[9] La loi n°65-255 du 4 août 1965 relative à la protection de la faune et à l'exercice de la chasse.

1. Le code forestier

Le code forestier est le socle sur lequel s'est constituée toute la réglementation forestière de la Côte d'Ivoire moderne. Adoptée par l'Assemblée nationale et promulguée par Félix Houphouët-Boigny, premier président de la république de Côte d'Ivoire, la loi n°65-425 du 20 décembre 1965[10] portant code forestier a été modifiée par celle du 7 mars 1966 portant loi de finances pour la gestion 1966. Cette loi de 1965, la toute première dans le domaine forestier après l'indépendance, remplaçait le décret colonial du 4 juillet 1935 alors en vigueur et inaugurait la nouvelle vision de la gestion des ressources forestières de la Côte d'Ivoire moderne. Il fut conçu dans un contexte particulier qui a motivé son adoption.

a. Le contexte d'adoption du code forestier

En 1960, la Côte d'Ivoire accède officiellement à l'indépendance. L'administration coloniale cède la place au nouvel État indépendant avec de nouvelles autorités qui entendent imprimer un nouveau dynamisme de développement socio-économique au pays.

L'exploitation forestière et l'agriculture constituent les deux piliers fondamentaux sur lesquels l'État de Côte d'Ivoire entend fonder son développement économique. Il fallait donc donner à ces deux secteurs économiques un cadre juridique et institutionnel moderne adapté aux exigences d'un monde en pleine mutation et aux ambitions du pays. Le secteur forestier était encore régi par le décret colonial de 1935. Ce cadre juridique ne répondait plus aux besoins des acteurs du secteur forestier (exploitants, industriels, administration forestière, exportateurs). Le cadre juridique du secteur forestier, avant l'adoption du code forestier de 1965, était donc un handicap à l'essor et à l'épanouissement de l'activité forestière en Côte d'Ivoire.

De plus, l'État de Côte d'Ivoire très tôt avait pris conscience du péril qui menaçait la forêt ivoirienne. S'il est vrai qu'à cette époque, la Côte d'Ivoire disposait encore d'importantes superficies de forêts primaires, leur appauvrissement en certaines essences précieuses, conséquence d'une exploitation abusive et incontrôlée, était une réalité. En effet, toute la réglementation du secteur forestier d'avant-Première Guerre mondiale

---

[10] *JOCI* n°3 du 13 janvier 1966, p.38.

était consécutive « aux ravages causés dans les ressources forestières liés tant au manque d'expérience des premiers coupeurs de bois ; au mode même de cette exploitation sectorielle portée sur une seule espèce (l'acajou figuré) qu'à l'absence d'une réglementation rigoureuse et efficace capable de réguler les activités du secteur »[11]. L'épuisement des forêts ivoiriennes était donc une réalité depuis longtemps.

À ce premier péril s'ajoute une autre menace beaucoup plus sérieuse : la déforestation systématique liée à l'essor agricole. D'ailleurs, c'est ce dépérissement des massifs forestiers ivoiriens qui fut à la base de l'adoption du décret de 1935. Il est évident que « l'adoption du nouveau décret de 1935 semble avoir été motivée par diverses raisons ayant un lien avec le niveau de croissance atteint par les secteurs d'activités agricoles et forestiers »[12].

En clair, au moment où la Côte d'Ivoire accède à l'indépendance en 1960, le phénomène de déforestation qui menace fondamentalement la forêt ivoirienne, au regard de la dimension accordée aux secteurs forestier et agricole dans l'économie ivoirienne, était plus que vivace. Très rapidement, il fallait donc construire un cadre juridique qui organise une gestion plus moderne des ressources forestières. Le code forestier de décembre 1965 est le résultat de cette préoccupation.

b. Structuration du code forestier

C'est un texte dense structuré en sept (7) titres. Le titre I apporte certaines précisions sous forme de définitions. Ainsi, tout d'abord,

> Sont considérées comme forêts les formations végétales dont les fruits exclusifs ou principaux sont les bois d'ébénisterie, d'industrie et de service, les bois de chauffage et à charbon et qui, accessoirement, peuvent produire d'autres matières telles que bambous, écorces, latex, résines, gommes, graines et fruits[13].

En son article 4, le texte précise les différents domaines forestiers juridiquement reconnus. Il s'agit du domaine forestier de l'État et du

---

[11] P.K. TANO, (2016), *Le bois dans l'économie de la Côte d'Ivoire*, Paris, Harmattan, p.50.

[12] *Id.*p.216

[13] Code forestier, Art. 1er.

domaine forestier des particuliers et des collectivités. Plus tard, un décret[14] de 1978 fixant les modalités de gestion du domaine forestier de l'État subdivise celui-ci en deux entités. D'une part, le domaine forestier permanent de l'État qui renferme les forêts classées et les sites écologiques protégés et d'autre part le domaine forestier rural de l'État qui initialement formait une réserve de terres pour l'agriculture et autres activités. Ce décret n'était qu'une reprise plus détaillée des titres II et III du code forestier qui étaient consacrés respectivement au domaine forestier permanent de l'État et au domaine forestier des particuliers et des collectivités. Quant au titre IV, il est consacré à la réglementation des feux. Ainsi, « il est interdit d'abandonner un feu non éteint susceptible de se communiquer à la végétation »[15] et « de porter ou d'allumer du feu en dehors des habitations et des bâtiments d'exploitation à l'intérieur et à la distance de 500 mètres de forêts domaniales situées en bordure ou dans la zone des savanes »[16].

Les titres V et VI sont consacrés respectivement aux répressions des infractions et aux infractions et pénalités. Au terme de cette loi, les restrictions concernent plutôt le domaine forestier permanent de l'État qui renferme les forêts classées et les sites écologiques protégés. Il est donc clairement indiqué que « quiconque, en vue d'une mise en culture ou non, effectue sans autorisation un défrichement portant sur une partie du domaine forestier classé, des périmètres de protection et des reboisements »[17]est passible d'une peine de deux mois à deux ans d'emprisonnement et d'une amende de 10 000 à 1.000 000 de francs. Quant au domaine forestier rural de l'État, il est exempt de toute restriction et mis à la disposition des particuliers et des collectivités pour leurs besoins agricoles et économiques.

Enfin, le titre VII prévoit les modalités d'application de cette loi. Ainsi, les modalités d'application du présent code sont fixées par voie réglementaire notamment en ce qui concerne[18] :

---

[14] Décret N° 78-231 du 15 mars 1978 fixant les modalités de gestion du domaine forestier de l'État.

[15] Code forestier, Art.32.

[16] Code forestier, Art.33.

[17] Code forestier, Art.50, al.2.

[18] Code forestier, Art.61.

- La procédure de classement et de déclassement des forêts domaniales ;
- Les conditions d'exploitation des forêts domaniales, la procédure d'attribution, de renouvellement ou d'annulation des autorisations d'exploiter ;
- Les modalités de gestion et de constitution des forêts des particuliers et des collectivités et de l'aide qui peut éventuellement leur être apportée par la puissance publique ;
- Les conditions dans lesquelles s'effectuera la remise en état des forêts particulières ou collectivités indûment défrichées ;
- Les modalités de la représentation de l'administration devant les juridictions répressives et la procédure applicable en matière de transaction ;
- Les modalités de mises à feu autorisées ;
- Les possibilités de transaction sous forme de travaux d'intérêt forestier.

C'est donc sur la base de ces modalités d'application que les autres textes d'application ont été pris sous forme de décrets ou d'arrêtés.

2. Les principaux textes d'application du code forestier.

Depuis l'adoption du code forestier en 1965 plusieurs textes ont été pris en application de cette loi. Toute l'architecture juridique du domaine forestier ivoirien s'est bâtie autour de celle-ci. Même, de nos jours, les textes réglementaires pris dans ce domaine font référence à cette loi. Mais, de 1965 à 1980 bon nombre de ses textes d'application étaient déjà adoptés. Ils couvraient presque tous les aspects de la gestion de la nature en Côte d'Ivoire. Ainsi, différents textes (décrets, arrêtés ministériels, etc.) furent adoptés durant cette période réglementant la protection et les conditions d'exploitation des ressources forestières, le métier d'exploitant forestier, l'industrie du bois, les structures intervenant dans le domaine forestier, etc. C'est dans ce cadre que s'inscrit l'adoption de plusieurs décrets en 1966. À titre d'exemple, en mars 1966 un décret[19] pris par le

[19] *JOCI* n°18 du 14 avril 1966, Décret n°66-122 du 31 mars 1966 déterminant les essences forestières dites protégées, p.500.

président de la république, en application de l'article 23 du code forestier, protégeait plus d'une quarantaine d'essences précieuses. Ainsi :

> Sont interdits la destruction des fruits et semences, l'arrachage, la mutation et l'endommagement d'une façon quelconque des plants ou des arbres des essences désignées à l'article premier (...). Toutefois, sur les emplacements des plantations industrielles, l'abattage des arbres des essences dites protégées peut être autorisé si ces arbres, par leur présence, compromettent le développement des cultures. Ces autorisations sont accordées par le directeur des Eaux, Forêts et Chasse ou ses représentants locaux.[20]

L'acajou, l'aboudikrou, l'avodiré, le makoré, le sipo, le bété, le dibétou, le framiré, etc. sont entre autres les essences protégées au terme de cette loi. En septembre de la même année, un autre décret[21] fixait les procédures de classement et de déclassement des forêts domaniales. Au terme de ce texte, « le classement et le déclassement des forêts domaniales sont prononcés par arrêtés du ministre délégué à l'agriculture »[22]. Ce décret a été pris concomitamment avec un autre[23], réglementant l'exploitation des bois d'œuvre et d'ébénisterie, de service, de feu et à charbon. Ce texte précisait donc les différentes conditions dans lesquelles peut se pratiquer l'exploitation des ressources ligneuses du pays. Ainsi, en son article 3, il est précisé que :

> Les exploitants forestiers sont tenus de posséder un marteau particulier, dont l'empreinte certifiée sera déposée au greffe du tribunal dans le ressort duquel se trouve le domicile du demandeur et dans les bureaux de l'Administration forestière à Abidjan. L'emploi de ces marteaux est réglementé par le cahier des charges annexé au présent décret.[24]

---

[20] Décret n°66-122 du 31 mars 1966, Art.2.

[21] *JOCI* n°50 du 27 octobre 1966, Décret n°66-428 du 15 septembre 1966 fixant les procédures de classement et de déclassement des forêts domaniales, p.1416.

[22] Décret n°66-428 du 15 septembre 1966, Art.1.

[23] *JOCI* n°49 du 20 octobre 1966 : Décret n°66-421 du 15 septembre 1966 réglementant l'exploitation des bois d'œuvre et d'ébénisterie, de service, de feu et à charbon, p.1373.

[24] Décret n°66-421 du 15 septembre 1966, Art.3.

Déjà, en mars 1966, un décret[25] établissait de manière claire le statut d'exploitant forestier. Ainsi, « toute personne, société ou coopérative, désireuse d'exercer la profession d'exploitant forestier, est tenue d'obtenir l'agrément préalable du ministre de l'agriculture ».[26] Et l'article 2 de ce décret énumère toutes les pièces constitutives de la demande d'agrément. En 1972 un autre décret[27] modifiait ce premier décret précisément en ce qui concerne la procédure d'attribution d'agrément. Désormais, ce n'est plus le ministre de l'agriculture qui délivre directement les agréments mais une commission nommée par le président de la république après étude du secrétariat d'État chargé de la Reforestation. Et, c'est l'article 2 de ce texte qui précise les détails de cette disposition :

> Après étude par le secrétariat d'État chargé de la Reforestation des demandes d'agrément d'exploitants forestiers et attribution de permis temporaires, établies conformément aux dispositions fixées par le décret n°66-421 du 15 septembre 1966, par le décret n°66-50 du 8 mars 1966 et par les arrêtés d'application, les dossiers sont soumis aux délibérations d'une commission renouvelable tous les deux ans, nommée par le président de la république.[28]

Cette commission se compose comme suit :

- **Président** : Le secrétaire d'État chargé de la Reforestation.
- **Membres** : 1 représentant de l'Assemblée nationale ; 1 représentant du Conseil économique et social ; 3 représentants de la profession ; 1 représentant du secrétariat d'État chargé de la Reforestation assure les fonctions de secrétaire de la commission, avec voix délibérative.

---

[25] *JOCI* n°13 du 17 mars 1966 : Décret n°66-50 du 8 mars 1966 réglementant la profession d'exploitant forestier, p.360.

[26] Décret n°66-50 du 8 mars 1966, Art.1.

[27] *JOCI* n°53 du 16 novembre 1972 : Décret n°72-695 du 31 octobre 1972 fixant la procédure d'attribution des agréments d'exploitants forestiers et des permis temporaires d'exploitation, p.1819.

[28] Décret n°72-695 du 31 octobre 1972, Art.2.

Quant aux industries de transformation du bois, c'est le décret du 15 septembre 1966[29] qui en réglemente les conditions de création et de fonctionnement. Ainsi, « l'installation des industries de transformation du bois en produits semi-finis ou finis, est subordonnée à l'obtention préalable de l'agrément du ministre délégué à l'agriculture qui déterminera la liste des entreprises visées par le présent décret ».[30] Les conditions exigées pour l'obtention de cet agrément sont précisées par l'article 2 de ce décret. En application de ce texte deux arrêtés ministériels[31] furent adoptés en 1966 et 1967.

Pour mieux s'assurer le monopole des ressources générées par l'exploitation des richesses forestières, l'État prend une ordonnance en 1966[32] qui fixe les différents prélèvements et le mode opératoire de ceux-ci. C'est l'article 1 de cette ordonnance qui précise ces différentes redevances. Ainsi, les redevances et taxes forestières payées par les exploitants forestiers au titre de revenu du domaine forestier sont les suivantes :

- La taxe d'attribution du permis temporaire d'exploitation est fixée à 50f par hectare.
- Le montant de la taxe de superficie est de 10f par hectare et par an.

Le montant de la taxe d'abattage est fixé par mètre cube de bois utilisable commercialisable selon les tarifs fixés ci-après :

	Catégorie 1	**Catégorie 2**	**Catégorie 3**
Bois en grumes exposés	300f	2 00f	100f
Bois en grumes vendus aux usines locales.	150f	1 00f	50f

---

[29] *JOCI* n°49 du 20 octobre 1966, Décret n°66-420 du 15 septembre1966 portant réglementation des industries du bois, p.1372.

[30] Décret n°66-420 du 15 septembre1966, Art.1.

[31] *JOCI* n°60 du 29 décembre 1966, Arrêté n°1577 du 5 décembre 1966 fixant les modalités d'application du décret n°66-420 du 15 septembre 1966, portant réglementation des industries du bois ; *JOCI* n°11 du 16 mars 1967, Arrêté n°243 du 1er mars 1967 rectifiant l'arrêté n°1577 du 5 décembre 1966, fixant les modalités d'application du décret n°66-420 du 15 septembre 1966, portant réglementation des industries du bois, p.403.

[32] *JOCI* n°1 du 5 janvier 1967, Ordonnance n°66-626 du 31 décembre 1966 portant fixation du montant des redevances forestières en matière d'exploitation des bois d'œuvre et d'ébénisterie et instituant une taxe de reboisement, p.4.

Les bois provenant des permis de coupe sont imposés au double des taux précédents par mètre cube utilisable. L'article 2 détermine les essences qui composent les différentes catégories :

- **Catégorie 1** : aboudikrou, acajou, assamela, avodiré, bété, bossé, dibetou, lingué, kossipo, makoré, niangon, sipo.
- **Catégorie 2** : frakré, framiré, iroko, samba, tiama.
- **Catégorie 3** : abalé, aiélé, ako, azobé, badi, bahia, fromager, ilomba, kotibé, movingui, bois divers.

En 1967 cette ordonnance fut modifiée par la loi[33] n°67-588 du 31 décembre 1967 portant Finances pour l'exercice 1968. Pour pallier le risque d'écrémage de la forêt lié à l'exploitation forestière,

> il est créé une taxe dite de reboisement destinée à financer la réalisation de plantations d'essences forestières de valeur. Le taux de cette taxe est fixé à 2% de la valeur mercuriale des grumes exportées, et le produit est versé à un compte spécial du trésor. La taxe est liquidée par l'Administration des Douanes dans les mêmes sûretés que le droit unique de sortie[34].

Enfin, en 1978, un décret d'application[35] confirme la création de deux grands domaines forestiers en Côte d'Ivoire. D'une part, le domaine forestier permanent de l'État qui regroupe les forêts classées et les périmètres de protection affranchis de tout droit d'usage, des défrichements et dans lequel l'exploitation forestière ne peut se pratiquer que suivant certaines dispositions spéciales. D'autre part, le domaine forestier rural de l'État qui renferme les forêts classées avant la publication du présent décret ; les forêts classées du domaine forestier de l'État qui ne font pas objet d'un statut particulier tel que les réserves et les parcs nationaux.

Dans l'ensemble, au bout de deux décennies après l'indépendance, la Côte d'Ivoire avait fini de poser l'essentiel des jalons juridiques de la gestion de son patrimoine forestier. Ce corpus de réglementation forestière fut rendu complet par l'adoption de la loi n°65-255 du 4 août

---

[33] *JOCI* n°3 du 16 janvier 1968, loi n°67-588 du 31 décembre 1967 portant finances pour l'exercice 1968, p.61.

[34] Ordonnance n°66-626 du 31 décembre 1966, Art.8.

[35] Décret n°78-231 du 15 mars fixant les modalités de gestion du domaine forestier de l'État.

1965 relative à la protection de la faune et à l'exercice de la chasse. Dans la même période, l'État installait de manière progressive les différents services administratifs chargés d'appliquer la politique forestière nationale.

II. Le cadre institutionnel

Deux principales structures administratives avaient été créées pour servir de canaux d'application de la politique forestière de la Côte d'Ivoire. Il s'agit du ministère des Eaux et forêts et de la Société de Développement des Forêts (SODEFOR). Ils furent compléter par les centres de formation du personnel forestier.

1. Le ministère des Eaux et forêts.

C'est en 1974 qu'un ministère de plein exercice, consacré aux eaux et forêts, fut créé. Avant cette date, la gestion des étendues forestières ainsi que toutes les questions sous- jacentes étaient placées sous la tutelle du ministère de l'agriculture. Ainsi, avant 1974, les préoccupations agricoles et forestières étaient traitées par un seul ministère, celui de l'agriculture.

Cependant, il est important de préciser qu'en 1971 deux secrétariats d'État, chargés des questions forestières, furent créés. En effet :

> La priorité des objectifs de développement forestier dans la politique nationale de développement économique sera confortée par le renforcement des Services forestiers dès 1971 érigés en deux Secrétariats d'État chargés l'un des parcs nationaux, l'autre de la Reforestation, puis en 1974 en un ministère des Eaux et Forêts.[36]

À l'analyse, à la fin de la première décennie après l'indépendance, compte tenu de l'enjeu que représente la forêt dans les stratégies de développement du pays, les autorités avaient pris conscience qu'il fallait détacher la gestion des ressources naturelles dans un cadre particulier. C'est cette prise de conscience au plus haut sommet de l'État qui se matérialise par la création du Département ministériel des Eaux et forêts

---

[36] Ministère des Eaux et Forêts, (1988, Décembre), *Plan directeur forestier 1988-2015*, 1ère édition corrigée, p.4.

en 1974. Désormais, ce ministère était devenu le premier instrument administratif dont disposait l'État pour la mise en œuvre de sa politique nationale dans le domaine forestier. Il était la cheville ouvrière de la conception et la mise en œuvre de toute la politique forestière de la Côte d'Ivoire comme le précisent ses différentes attributions fixées par un décret pris à la fin des années 80. Il avait pour mission d'assurer

> la constitution, la délimitation, la conservation, le renouvellement, l'aménagement et la gestion du patrimoine forestier national ; le maintien de l'intégralité du domaine forestier de l'État et le contrôle de l'exploitation et de l'administration des forêts des collectivités publiques et privées soumises au régime forestier ; l'application des règles de gestion des forêts domaniales en vue de les aménager pour accroître leur potentiel de production de bois et leur efficacité pour la conservation du milieu naturel et la protection des sols et des eaux ; le contrôle de l'exploitation des produits ligneux et leur conformité avec les normes en vigueur ; l'étude, l'organisation et le développement des industries de bois ; le contrôle et le recouvrement des taxes; etc.[37]

Ce ministère, en fonction de la conjoncture, a subi par moment des réaménagements techniques. Ce fut le cas en 1984 où la conjoncture économique aidant, il fut supprimé et fusionné avec celui de l'agriculture pour devenir le ministère de l'agriculture et des Eaux et forêts. Il recouvrira plus tard son autonomie au début des années 90. Mais, en dépit de ces périodes d'instabilité, le plus important est que sa création consacrait une autonomie plus renforcée dans la gestion des ressources forestières du pays.

Au regard de ses différentes attributions, l'on s'aperçoit très vite que l'État de Côte d'Ivoire avait décidé, par la création de ce ministère, de relever les différents défis liés à la gestion des ressources naturelles du pays. Avec le temps et en fonction des enjeux du moment, il a connu des ajustements dans ses attributions, mais sa création, en elle-même, constitue tout un symbole dans la politique générale de la Côte d'Ivoire.

---

[37] *JOCI* n°44 du 15 octobre 1981, Décret n°81-735 du 2 septembre 1981 fixant les attributions du ministère des Eaux et Forêts et portant organisation du ministère, pp.531-533.

Ensemble avec la SODEFOR, ils ont été les instruments administratifs ayant permis à l'État d'appliquer sa politique forestière.

2. La SODEFOR : création et missions

La création de la SODEFOR est antérieure à celle du ministère des Eaux et forêts. En effet, « dès les premières années de l'indépendance, le gouvernement prend des mesures dans le sens de la reconstitution du couvert végétal en créant la société de développement des plantations forestières »[38] sous la forme d'une société d'État par le décret n°66-422 du 15 septembre 1966. Le statut de cette société publique a constamment évolué en fonction de ses différentes raisons sociales et des missions successives qui lui ont été confiées. Ainsi, de société d'État à sa création en 1966, devient-elle Établissement public à caractère administratif (EPA) en 1980. Elle a ensuite connu une autre mutation en 1985[39] pour se stabiliser sous sa forme actuelle en 1993[40].

Si le ministère des Eaux et forêts avait en charge de définir le cadre général de la politique forestière de la Côte d'Ivoire, la SODEFOR, quant à elle, avait pour mission principale d'assurer la reconstitution du couvert végétal en perpétuelle dégradation. En dépit des changements successifs opérés tant dans son statut que dans sa dénomination, la mission principale de cette structure n'a pas fondamentalement changée. Elle s'est plutôt enrichie d'autres points en fonction des réalités du moment qui imposent les défis à relever. En réalité, « durant ces différentes périodes, la mission principales de la SODEFOR était la réalisation des plantations forestières par le reboisement ».[41]

Concrètement, conformément au décret n°93-206 du 03 février 1993, qui modifia son statut, la SODEFOR, a eu pour mission de participer à l'élaboration et à la mise en œuvre de la politique du gouvernement en matière d'enrichissement du patrimoine forestier national, de développement de la production forestière, de valorisation des produits

---

[38] Ministère de l'Agriculture et des Ressources Animales *: Structures agricoles et des ressources animales en Côte d'Ivoire*, Abidjan, Édité par TPC, p.189.

[39] *JOCI* n°10 du 7 mars 1985 : Décret n°85-132 du 20 février 1985 portant transformation de la Société pour le Développement des Plantations Forestières (SODEFOR) en Établissement public à caractère industriel et commercial, p.118.

[40] A. AGGREY, *Op. cit.* pp.36-37.

[41] Ministère de l'Agriculture et des Ressources Animales *Op.cit.* p.189.

de la forêt, de sauvegarde des zones forestières. Plus particulièrement, elle doit :

- Gérer et équiper les forêts et terres domaniales qui lui sont confiées par l'État ;
- Concevoir et mettre en œuvre les modèles de gestion aptes à permettre l'exécution du plan directeur forestier ;
- Exécuter ou faire exécuter tous travaux relatifs à l'entretien ou à la restauration des domaines forestiers publics ou privés ; etc.

Ensemble avec le ministère des Eaux et Forêts, ils constituent deux instruments fondamentaux de la mise en œuvre de la politique forestière de la Côte d'Ivoire moderne. Pour mieux coordonner cette politique gouvernementale sur le terrain, il était plus que nécessaire de disposer de ressources humaines suffisamment qualifiées. Et à ce niveau également, l'État a très tôt procédé à la création de plusieurs centres de formation des experts du domaine forestier.

3. Les centres de formation du personnel forestier.

Pour mettre en pratique la politique forestière de l'État, il fallait très tôt créer un cadre permanent et stable de formation des spécialistes des questions forestières. C'est pourquoi, à la fin des années 80, on dénombrait environ six centres de formation spécialisés dans les domaines agricole et forestier. En réalité, les questions agricoles et forestières étant intimement liées, presque tous ces centres assurent des formations polyvalentes. Ils forment des experts tant du secteur agricole que forestier en passant par les domaines de l'élevage, de la pisciculture, etc. Dans l'ensemble, cette formation dispensée aux cadres et agents techniques, animateurs des priorités définies par l'État dans les domaines agricole et forestier, a été assurée par les établissements suivants :

a. L'École Nationale Supérieure Agronomique (ENSA)

Établissement à vocation régionale, il fut créé « par décret n°65-290 du 2 septembre 1965 et doté de la personnalité civile et de l'autonomie financière ».[42] Cette école forme des ingénieurs agronomes et forestiers

---

[42] Ministère de l'Agriculture et des Eaux et forêts, *Structures agricoles et forestières en Côte d'Ivoire,* 1986, p.4.

en 5 ou 6 ans. Cette formation comporte 3 cycles : le cycle préparatoire sanctionné par un DUES ; le cycle de formation agronomique sanctionné par le diplôme d'agronomie générale (DAG) et le cycle de spécialisation assuré principalement en France ou aux États-Unis. Elle a été transférée en 1989 à Yamoussoukro dans une nouvelle structure.

b. L'Institut agricole de Bouaké (IAB)

Il fut créé par la loi n°77-334 du 1er juin 1977[43] suivie du décret n°77-335 du 3 juin 1977[44] relatif à son organisation. Il a pour mission d'assurer la formation à l'emploi d'ingénieurs des techniques agricoles et forestières ; d'entreprendre toute action de formation, de perfectionnement, de promotion professionnelle et de recyclage dans le domaine du développement agricole. Il assure une formation de 33 mois en 3 phases : la formation intégrée en seize mois et demi ; la formation d'orientation en un mois et demi et la formation spécifique en 15 mois. Les 3 derniers mois de cette formation sont consacrés à une étude de projet par groupe d'élèves de 3 à 6 membres et la soutenance d'un mémoire devant un jury de professionnels.

c. Le Lycée Agricole de Bingerville (LAB)

Fondé en 1971 sur les cendres du collège technique de Bingerville, « il forme des assistants des productions végétales et animales (APVA) en 5 ans après le BEPC dont 3 ans de tronc commun et 2 ans de spécialisation en foresterie à Bouaké : en agriculture et coopération, et en élevage (Bingerville) ».[45]

d. L'École Forestière de Bouaké

Elle existe depuis 1939 et formait des assistants et moniteurs en productions végétales et animales. Elle connut une restructuration en 1985. En effet, « à la rentrée scolaire1985-1986, l'école forestière de Bouaké abrite désormais dans ses locaux, en plus de ce qui était sienne, tout ce qui a pu être transféré dans l'ancienne école forestière du

---

[43] *JOCI* n°28 du 4 juillet 1977, p.1222.

[44] *JOCI* n°28 du 4 juillet 1977, p.1225.

[45] Ministère de l'Agriculture et des Eaux et Forêts (1990, Mai), *Développement de l'agriculture ivoirienne de 1985 à 1990, bilan et perspectives*, p.11.

banco ».[46] Elle assure la double mission de spécialisation en foresterie tant au niveau du monitorat qu'au niveau de l'assistanat des productions végétales et animales. L'entrée dans cette école se fait exclusivement sur orientation après les années de tronc commun soit au CFR d'Abengourou pour le cycle des moniteurs de PVA, soit au lycée agricole de Bingerville pour les assistants PVA.

e. Le Centre de Formation Rurale d'Abengourou (CFR)

Il assure la formation des moniteurs des productions végétales et animales (MPVA) en deux ans. Elle se passe en deux phases : un an de tronc commun et un an de spécialisation en filière élevage à Bingerville et en filière agricole à Abengourou. Installé en 1971, l'entrée dans ce centre se fait sur concours parmi les titulaires du BEP.

f. L'École Forestière de Bouaflé

Elle a été créée en 1979 pour assurer la formation des proposés des Eaux et Forêts et le recyclage des gardes forestiers déjà en fonction. Depuis 1989, cette formation s'étend sur 11 mois dont 5 mois de théorie et 6 mois de pratique.

Depuis l'indépendance, ces différentes écoles ont donné un contenu concret à la politique *d'ivoirisation* des cadres du secteur forestier en mettant à la disposition de l'État du personnel hautement qualifié dans ce domaine. Ces techniciens forestiers et agricoles sortis de ces écoles sont suffisamment outillés pour conduire la politique nationale définie par le gouvernement dans ces domaines. Sur le terrain, ces initiatives des pouvoirs publics se sont concrétisées par la création de nombreuses forêts classées ou réserves durant la première décennie de l'indépendance.

III. LA CRÉATION DES RÉSERVES, PARCS ET FORÊTS CLASSÉES

Durant la première décennie de l'indépendance, de nombreuses portions du massif forestier furent sécurisées par l'administration publique sous différentes formes. Il s'agit des forêts classées, des réserves

[46] Ministère de l'Agriculture et des Eaux et Forêts, *Op.cit.* p.4.

et des parcs nationaux. Cette politique n'était pas nouvelle. Elle a débuté depuis l'époque coloniale. L'État de Côte d'Ivoire, après l'indépendance, a poursuivi la même politique tout en renforçant son cadre juridique et institutionnel. Ces forêts classées, selon le code forestier de 1965, constituaient le domaine forestier permanent de l'État et gérées par l'administration forestière.

1. Les parcs et réserves

Plus d'une dizaine de parcs et réserves furent créés dans les années 60. Ils permettaient de préserver les richesses fauniques et floristiques du pays. Majoritairement situés dans la zone forestière, ils s'étendent d'Est en Ouest du pays. Dans l'ensemble, voici les parcs et réserves qui furent créés à cette époque[47] :

- Le parc national de la Comoé : le parc le plus vaste de l'Afrique de l'ouest, il couvre une superficie de 1 149 000 ha, à cheval sur les sous-préfectures de Téhini, Bouna au nord et à l'est, la sous-préfecture de Nassian au sud et au sud-est, la sous-préfecture de Kong à l'ouest et au nord-ouest. Il doit son nom à la rivière Comoé qui la traverse du nord au sud. À l'origine se trouvait la réserve de faune de Bouna créée par arrêté n°22 du 30 novembre 1942 constituée de trois blocs (un noyau central, une réserve totale de faune et une réserve partielle). Par décret 68.81 du 9 février 1968[48], ces trois parties ont été regroupées en un parc national d'une superficie de 1 150 000 ha.
- Le parc national de la Marahoué : situé au centre-ouest de la Côte d'Ivoire, il est à cheval sur les localités de Bediala, Bonon, Zuenoula et Bouaflé. Il est le résultat du regroupement des forêts classées de Zuenoula, de Séninlégo, Bouaflé et Tos. De réserve totale en 1956, il a été érigé en parc national par le décret 68-80 du 9 février 1968[49] et couvre une superficie de 101 000 ha.
- Situé dans l'ouest de la Côte d'Ivoire, le parc national du Mont Péko est à cheval sur les localités de Bangolo et Duékoué et couvre une

---

[47] Ministère de l'Agriculture et des Ressources Animales *: Op.cit.* p.189.

[48] Décret n°68-81 du 9 février 1968 portant création du Parc national de la Comoé cité par A. AGGREY (1er mars 2012), *Op.cit.* p146.

[49] Décret 68-80 du 9 février 1968 portant création du Parc national de la Marahoué cité par A. AGGREY (1er mars 2012), *Op.cit.* p153.

superficie de 34 000 ha. Le massif du Mont Péko a été érigé en parc national par le décret 68-79 du 9 février 1968[50] en vue de protéger les sommets des Monts Kahoué 967m, Péko 1062m et de préserver la faune et la flore de cette région dans un but scientifique, éducatif et touristique.

- Le parc national du Banco : parc péri-urbain situé à Abidjan, il couvre une superficie de 3000 ha. Dès 1924, le massif forestier du Banco a bénéficié des travaux de prospection avant d'être classé réserve du Banco, puis station de recherche forestière et floristique avant d'être érigé en parc national par le décret du 31 octobre 1953. C'est en 1953 qu'ont eu lieu les aménagements (pistes, étang, etc.). Le parc du Banco est couvert « d'une forêt dense sempervirente, psammohygrophile à *terraeanthus africanus et heisteria parvifolia.* »[51]. Très riche autrefois, avec guib harnaché, plusieurs espèces de céphalophes, des primates des suidés (hylochère) et une avifaune importante, la faune est actuellement très rare et de nombreuses espèces ont disparu. On y rencontre encore du guib harnaché, quelques bandes de singes et des oiseaux menacés par le braconnage et des agressions de toutes sortes.

- La réserve du Mont Nimba : située à la frontière de la Côte d'Ivoire, du Libéria et de la Guinée, cette réserve est le résultat des missions d'exploration des montagnes de cette région de 1909 à 1959. Vu l'intérêt représenté par cette région au niveau de sa biodiversité, le massif forestier fut classé en 1944, avec statut de réserve intégrale, dont une superficie de 5 000 ha pour la partie ivoirienne. Véritable château d'eau, la réserve du Mont Nimba abrite les sources d'une cinquantaine de cours d'eau.

- La station d'écologie dite « de Lamto » est située à la pointe sud du V baoulé, dans la région de Tiassalé. Par l'arrêté n°857 AGRI/DOM du 12 juillet 1968, un terrain de 2500 ha a été mis à la disposition de l'université nationale de Côte d'Ivoire. L'appellation ''Lamto'' de cette station scientifique provient des noms des fondateurs Lamotte et Tournier.

Au total, à la fin des années 60, l'État avait procédé à la création ou au réaménagement d'une dizaine de parcs et réserves. Ensemble, avec les forêts classées, ils donnaient un début assez prometteur à la politique de protection et de conservation des massifs forestiers de la Côte d'Ivoire.

---

[50] *JOCI* n° 11 du 22 février 1968, p.307.

[51] Ministère de l'Agriculture et des Ressources Animales : *Op.cit.* p.241.

2. Les forêts classées

Dans les années 60, l'État de Côte d'Ivoire avait lancé une vigoureuse politique de classement des forêts. Ces forêts classées se rencontraient tant dans la zone forestière du sud que dans les domaines savanicoles du nord. Dans les régions forestières du sud, qui font l'objet de la présente étude, des portions plus ou moins importantes du patrimoine forestier ont été classées. En rapport avec leur statut juridique, ces forêts classées se distinguent en deux catégories.

Il y a les forêts classées appartenant au domaine forestier permanent de l'État. Ainsi, toutes « les forêts qui ont été classées avant la publication du présent décret, à l'exclusion de celles qui sont visées aux articles 9 et 10 (du décret n°78-231 du 15 mars 1978) et les périmètres de protection »[52] forment la première catégorie. À celles-ci, s'ajouteront toutes les autres forêts qui présentent le caractère d'un massif forestier et qui seront incorporées dans le domaine permanent par arrêté du ministre des Eaux et forêts, postérieurement à la date de publication du présent décret. La particularité de cette première catégorie de forêts classées est que « le domaine forestier permanent de l'État est affranchi de tous droits d'usage autres que ceux prévus aux articles 15 et 16 de la loi n°65-425 du 20 décembre 1965, portant Code forestier ; les défrichements y sont interdits conformément à l'article 8 de ce Code, et réprimés selon les dispositions de l'article 50 »[53].

La seconde catégorie est constituée de forêts classées appartenant au domaine forestier rural de l'État. Il s'agit des forêts classées avant la publication du décret de 1978 fixant les modalités de gestion du domaine forestier de l'État et inscrites sur une liste en annexe de ce décret. À la différence de la première catégorie, « les forêts du domaine forestier rural de l'État font l'objet de plans d'aménagement agricole. Elles sont déclassées progressivement au moment de la mise en valeur de ces plans par arrêté conjoint du ministre des Eaux et forêts, du ministre de l'agriculture et du ministre de l'économie et des finances et du Plan »[54].

---

[52] Décret n°78-231 du 15 mars 1978, Art .4

[53] Décret n°78-231 du 15 mars 1978, Art .5

[54] Décret n°78-231 du 15 mars 1978, Art .10.

Au total, à la fin des années 60[55], une superficie globale de 2 404 270 ha[56] fut classée dans la zone forestière et faisait partie du domaine forestier permanent de l'État. Elles se répartissaient dans les grandes régions forestières du pays. Dans la région forestière d'Abidjan, furent classées une trentaine de massifs forestiers d'une superficie de 718 670 ha. Il s'agit, entre autres, des forêts classées de Dogodou, Mopri, Irobo-Cosrou, Kavi, Loviguié, Anguédédou, Brassué, etc. Dans la région forestière de San Pedro, une dizaine de forêts classées (Davo, Haute-dodo, Bolo, Niou-Niourou, Rapide Grah, Mono-Gaga, etc.) se partageaient une superficie de 661 200 ha. Dans la région de Man, à l'extrême ouest du pays, c'est une vingtaine de périmètres forestiers qui furent classés couvrant une superficie 643 750 ha. Il s'agit des forêts classées de Scio, de Duékoué, de Tiapleu, de Mont Dableu, de Gouélé, etc. Dans la zone de Daloa, au nombre de sept (Téné, Zuoké, Lahonda, Sangoué, Doka, Haut-sassandra, Nizoro), les forêts qui ont été classées à cette époque cumulaient une superficie de 205 340 ha. Enfin, dans la région de Bouaké, une vingtaine de périmètres forestiers furent placés sous ce statut, couvrant une superficie de 163 110 ha. Il s'agit entre autres de Dé, de Bouaflé, de Séguié, de Mando, de Bodio-Doubélé, de Sérébi-Proungbo, de Sanaimbo, d'Ahua, de Savan.

De même, plus d'une cinquantaine de périmètres forestiers furent inclus dans le domaine forestier rural avec une superficie globale 713 750 ha[57]. Elles étaient situées dans les régions d'Abidjan (23), de San-Pedro (8), de Man (6) ; de Daloa (9), de Bouaké (12) et de Bondoukou (1).

À l'analyse, l'État de Côte d'Ivoire, durant la première décennie après l'indépendance, a déployé une vigoureuse politique de protection et conservation du patrimoine forestier. Cette politique se concrétise à travers la création des réserves, parcs nationaux et forêts classées. La mise en œuvre de cette politique confirme deux réalités. D'une part, l'État de Côte d'Ivoire est soucieux de préserver l'avenir de l'agriculture. C'est pourquoi, il réserve très tôt des portions importantes du massif forestier qui seront progressivement mises au service de ce secteur suivant des plans d'aménagement. D'autre part, il était conscient à cette époque des risques d'une destruction du patrimoine forestier national

---

[55] Pour plus de détails sur les forêts classées durant cette période se référer à l'annexe n° IV et V

[56] A. AGGREY, *Op. cit.* p.24.

[57] *Id.* p.30.

susceptible de provoquer de sérieuses crises écologiques. C'est pourquoi, le code forestier de 1965 créait déjà un domaine forestier permanent de l'État dans lequel toute activité agricole est proscrite.

En plus de cette première série de dispositions, l'État, à travers la SODEFOR, entreprend la réhabilitation du couvert végétal dans les zones où il commençait à être entamé.

II. LES ACTIONS DE REBOISEMENT

La politique de reboisement a débuté à l'époque coloniale. En effet, « les premiers reboisements ont débuté en 1926 »[58]. Ils furent assurés à cette époque par le service forestier. En 1966, avec la création de la SODEFOR, le programme de reboisement devient la mission centrale de cet organisme public. Ainsi, la SODEFOR réalisa ses premières plantations dès 1967. Mais avant cette date, l'administration forestière assurait plus ou moins cette tâche.

Dans l'ensemble, jusqu'en 1970, la reforestation a porté « sur 21 342 ha, dont 8 792 ha jusqu'en 1964 et 8 167 ha de 1965 à 1970, pour un coût de 2 460 millions (1 500 millions en zone forestière). Un projet de plantations d'espèces à haut rendement (200 à 300 m^3 par ha) portant sur 60 000 ha a été établi par le CTFT »[59]. De 1960 à 1970, ce sont 2 460 millions de francs CFA qui ont été consacrés aux actions de reboisement, dont 1 500 millions en zone forestière. De 1967 à 1970, la SODEFOR a dépensé 1 315 millions de francs CFA provenant particulièrement du produit de la taxe sur le reboisement représentant 2% de la valeur mercuriale des grumes exportées.

Ces actions de reboisement ont été initiées à cette époque parce que les défrichements agricoles avaient été « responsables de la disparition de 2 800 000 ha de forêts naturelles de 1956 à 1966 »[60]. Le massif forestier exploitable était passé en moyenne de 9 800 000 ha en 1956 à 7 020 000 ha en 1965 à 6 300 000 ha en 1970.

---

[58]Ministère de l'agriculture, (1970, octobre), *Dix ans de développement agricole 1960-1969, perspectives d'avenir*, p.154.

[59] *L'économie ivoirienne*, (1971), Numéro spécial du bulletin de l'Afrique noire, Paris, Ediafric, p.38.

[60] *Id.*p.37.

Au début de ces actions de reboisement en 1966, la SODEFOR visait une cible globale de 300 000 ha de forêt reconstituée en raison de 10 000 ha par an pour espérer rattraper l'écart créé par la dégradation rapide du couvert végétal. Mais ce premier objectif « est rapidement passé au second plan face aux besoins de financement »[61]. À la fin des années 60, la SODEFOR avait réussi à replanter moins de 30 000 ha « alors que le rythme de déboisement s'élevait à 500 000 ha par an »[62].

En conclusion, l'on peut affirmer sans ambages qu'à la fin des années 60, les fondamentaux de la politique forestière de la Côte d'Ivoire étaient déjà mis en place par l'État. Du cadre juridique à l'administration forestière en passant par le dispositif de formation d'un personnel qualifié, tout était en place pour une meilleure protection du patrimoine forestier national. Sur le terrain ; l'on enregistre aussi la relance des actions de réhabilitation du couvert végétal à travers le reboisement. Avec toutes ces belles dispositions des pouvoirs publics, on est tenté de dire que la protection et la conservation du patrimoine forestier étaient la priorité majeure de l'État de Côte d'Ivoire au début de l'indépendance.

Cependant, un contraste apparait lorsqu'on se réfère à la politique agricole impulsée dans la même période d'autant que l'essor de ce secteur économique reste le principal responsable de la disparition de la forêt primaire.

---

[61] L. ÉDOUARD. et J.G. IBO, *Op. cit.*, p.31.

[62] *Id.* p.35.

CHAPITRES II

LA PROMOTION DE L'ÉCONOMIE DE PLANTATION AU DÉTRIMENT DU PATRIMOINE FORESTIER

À partir de 1960, les nouveaux dirigeants de la Côte d'Ivoire moderne n'avaient osé adopter une politique économique de rupture mais plutôt opté pour la continuité dans la trajectoire imprimée par les autorités coloniales depuis les années 30 faisant de l'agriculture le pilier de l'économie ivoirienne. L'innovation dans ce domaine durant la première décennie de l'indépendance (1960-1970), réside dans la promotion accrue de l'agriculture en général et du binôme café-cacao en particulier, les deux cultures phares de cette économie de plantation en vogue en Côte d'Ivoire depuis l'époque coloniale.

Cette promotion de l'activité agricole s'est traduite par la création de plusieurs structures publiques intervenant à différents niveaux. Il s'agit des structures d'encadrement et d'appui technique au monde paysan (SATMACI, MOTORAGRI) ; des structures de financement de l'agriculture (la BNDA, la CAISTAB) et divers instituts de recherche agricole. Tous ces organismes publics étaient placés sous la tutelle du ministère de l'agriculture.

En déployant cette politique dans le secteur agricole, l'État de Côte d'Ivoire lui apportait un appui décisif à son essor. Or, la dynamique agricole se réalise au détriment du massif forestier. En réalité, l'agriculture ivoirienne a toujours été traditionnelle et extensive utilisant peu d'intrants chimiques. Le principal facteur de production reste, dans ces conditions, la conquête de nouvelles terres dans la forêt primaire. C'est ce qui explique la progression très rapide du front pionnier agricole.

Au début des années 70, l'impact du développement remarquable de l'agriculture de plantation en Côte d'Ivoire était visible sur le patrimoine forestier, notamment, dans les principaux foyers de production du sud-est et de l'est à travers une déforestation accélérée. Cette pression sur la forêt s'était traduite dans ces zones par une constante infiltration des planteurs dans les forêts classées.

I. LES OUTILS D'APPUI DE L'ÉTAT AU SECTEUR AGRICOLE

Les structures d'encadrement, de financement et les instituts de recherche ont été les principaux outils d'intervention et d'appui au secteur agricole en Côte d'Ivoire. Au sommet de cette pyramide se trouvait le ministère de l'agriculture qui était la cheville ouvrière de la politique de l'État dans le domaine agricole.

1. Le ministère de l'agriculture

Le ministère de l'agriculture a toujours été l'un des ministères les plus constants dans l'appareil gouvernemental de la Côte d'Ivoire. Cette constance est un indicateur de la place qu'occupe ce secteur d'activité dans le système économique et social du pays. Depuis l'indépendance, ce ministère a été réaménagé à plusieurs reprises, englobant, parfois, d'autres champs d'intervention tels que la forêt, les ressources animales, l'environnement. Toutefois, l'agriculture y a toujours occupé une position centrale.

Dans la première décennie de l'indépendance, « le ministère de l'agriculture a été réorganisé en 1964 et 1966 »[63]. En effet, le décret n°66-47 du 8 mars 1966[64] scinde les attributions qui avaient été fixées en 1964 entre le ministère de la production animale d'une part, et le ministère de l'agriculture, d'autre part. Ses prérogatives couvraient alors les domaines agricoles et forestiers. De manière succincte en voici ses attributions à cette époque[65] :

---

[63] Ministère de l'agriculture, (1970, Octobre), *Dix ans de développement agricole 1960-1969, perspectives d'avenir*. p.1.

[64] *Ibid.*

[65] *Ibid.*

- L'enseignement et la formation professionnelle agricole ;
- L'éducation rurale ;
- La recherche agronomique ;
- La pré-vulgarisation agricole, la prospection pédologique :
- La conservation et la restauration des sols ;
- La vulgarisation agricole, l'amélioration et le développement de la production végétale, l'application des mesures phytosanitaires ;
- La définition et l'élaboration des programmes d'hydraulique rurale ainsi que l'étude technique et l'exécution des programmes d'hydraulique rurale et pastorale ;
- L'étude des problèmes techniques forestiers ;
- La conservation et le repeuplement des forêts ;
- La coopération et la mutualité ;
- Les affaires domaniales ;
- Le soutien et la stabilisation des prix des productions agricoles ;
- La définition des normes de conditionnement des produits agricoles ;
- Le crédit agricole ;
- La tutelle des sociétés d'État dont les objectifs entrent dans le cadre des attributions ci-dessus.

En conformité avec cette dernière attribution, le ministère de l'agriculture s'est vu confier la gestion de plusieurs sociétés publiques intervenant dans le secteur agricole. Progressivement, ce ministère fut structuré au plan national avec des directions régionales. Cette structuration est une « originalité de la réorganisation de 1964 »[66] qui créait dans chaque préfecture une direction départementale de l'agriculture. Le directeur départemental regroupe sous sa direction, dans chaque préfecture, les représentants des directions centrales du ministère de l'agriculture. Tous ces représentants relèvent du directeur départemental dont ils sont les conseillers spécialisés.

---

[66] *Id.* p.3.

La conception de l'action gouvernementale au plan national dans le domaine agricole dépend de ce ministère et l'exécution sur le terrain est du ressort de ses directions décentralisées et des structures publiques placées sous sa tutelle.

2. Les structures d'encadrement

Dans le domaine agricole, l'État ivoirien a mis en place durant la période 1960-1970 plusieurs organismes publics chargés d'encadrer le monde paysan. Il s'agit principalement de :

- La Société d'Assistance Technique pour la Modernisation de l'Agriculture en Côte d'Ivoire (SATMACI) créée par l'arrêté n°35/AEP/PLAN/1 du 14 avril 1958[67] sous forme de société d'État jusqu'en 1980 où, par le décret n°80-1251 du 28 novembre de la même année, elle fut promue Établissement public à caractère industriel et commercial (EPIC). Dès sa création elle fut chargée de la lutte anti-capside de la cacao-culture. Pour cette première mission, voici le point que faisait son Directeur Général, au début des années 70, devant les chocolatiers de passage en Côte d'Ivoire :

> La lutte contre les capsides se poursuit avec des traitements massifs chaque année au lindane (Isomère l'HCH) en raison de 500 000 litres par an. Ce produit qui devient rare et cher sera remplacé prochainement par des carbamates (Eloctron-PPC3-Orthobux, etc.). La pourriture brune très limitée dans le Sud-ouest du pays ne constitue pas un danger réel. La SATMACI possède son propre réseau de distribution offrant aux paysans regroupés en coopératives ou isolés le matériel et les produits de traitement au même prix quel que soit l'éloignement[68].

Durant la période 1958-1970, la SATMACI a été le moteur de la modernisation agricole et de la promotion des grandes cultures en Côte d'Ivoire. À ce titre, elle était chargée de vulgariser les techniques

---

[67] Ministère de l'Agriculture et des Eaux et Forêts, (1986), *Structures agricoles et forestières en Côte d'Ivoire*, p.236.

[68] D. BRA KANON, (1975, Avril), « L'exposé du Directeur Général de la SATMACI aux chocolatiers de passage en Côte d'Ivoire » in *Terre et progrès, le journal du planteur*, n°11, p.32.

modernes agricoles auprès des paysans. Son action couvrait alors tout le territoire national. Progressivement elle devient l'instrument privilégié de la politique de diversification des cultures initiée par l'État. C'est pourquoi, elle fut impliquée fortement dans le lancement des plans palmier et cocotier avant la création de la SODEPALM en 1963. Elle prit en charge successivement les opérations de régénération cacaoyère, de ranching, de développement de la riziculture et l'encadrement des planteurs africains de banane et d'ananas.

- La Motorisation de l'Agriculture (MOTORAGRI) créée en 1966[69] et promue Établissement public à caractère industriel et commercial en novembre 1980. Sa création a été amorcée depuis 1965 avec la création au sein du ministère de l'agriculture d'un service chargé de la promotion du machinisme agricole. C'est dans le sillage de ce service que la MOTORAGRI voit le jour en 1966. Dotée d'importants moyens techniques elle était chargée moyennant des prestations de service « de réaliser les travaux d'aménagement (défrichement, piste, barrage, plates-formes de village, etc.) qu'il est nécessaire d'entreprendre au profit des collectivités rurales, des sociétés d'État et de toutes sociétés dans le cadre des programmes agricoles »[70]. Durant la première décennie de l'indépendance, cette structure publique a réalisé d'importants travaux sur toute l'étendue du territoire. Les résultats se présentent comme suit :

Tableau 1 : Quelques activités de la MOTORAGRI avant 1970

Régions	Défrichement	Sous-solage	Labour	Pulvérisage	Semis	Barrages	Plateformes de village
	Ha	Ha	Ha	Ha	Ha		
Nord	2 200	1 700	6 450	22 250	6 700	-	17
Centre	7 500	5 900	4 500	13 650	5 000	5	42
Centre-ouest	1 850	1 100	500	600	150	-	31
Ouest	1 200	1 000	450	1 500	550	-	9
Est	2 300	1 200	500	650	240	-	12
Sud	4 050	2 300	750	550	560	-	8
Total	**19 100**	**13 200**	**13 150**	**39 200**	**13 200**	**5**	**122**

Source : *Ministère de l'agriculture, (1970, Octobre), Op. cit. p.47.*

Au regard des données du tableau ci-dessus, deux remarques se dégagent au-delà même de la proportion des travaux réalisés par la MOTORAGRI durant cette période. D'une part, les actions de cette structure couvraient toutes les régions de la Côte d'Ivoire et d'autre part,

69 Ministère de l'agriculture, (1982, Mai), *L'agriculture ivoirienne aujourd'hui,* Abidjan, p.26.

70 Ministère de l'agriculture, (1970, Octobre), *Op. cit.* p.45.

elles concernaient divers travaux. Il s'agit des travaux de défrichement, de sous-solage, de labour, de pulvérisage, de semis, de construction de barrage et de plates-formes de village.

À cette époque, la MOTORAGRI et la SATMACI ont été les deux structures agricoles dont les actions prenaient en compte diverses cultures et couvraient le territoire national. Les autres sociétés publiques agricoles géraient soit une production précise soit opéraient dans une zone géographique bien déterminée. Dans ce registre, en zone forestière on avait des entreprises comme le groupe SODEPALM-PALMINDUSTRIE-PALMIVOIRE ; la SAPH ; le groupe de sociétés fruitières SODEFEL, SONACO, SOPRODAV et COFRUCI.

- Le groupe SODEPALM-PALMINDUSTRIE-PALMIVOIRE regroupait des sociétés qui avaient en charge l'encadrent des planteurs de palmier à huile et de cocotier. La SODEPALM fut la première société d'État créée en 1963[71] et chargée de l'exécution du plan de développement de la culture du palmier à huile. En 1967, le gouvernement lui confie également l'exécution du plan cocotier. Compte tenu de l'ampleur et les implications posées par le plan palmier deux autres sociétés filiales de la SODEPALM ont été créées chacune avec des responsabilités particulières.

La PALMINDUSTRIE, avec un capital de 2,5 milliards FCFA, était chargée de créer et d'exploiter des plantations industrielles de palmier à huile et cocotier. Elle collectait également les produits des plantations villageoises. Enfin, elle assurait la transformation industrielle des produits et l'élevage de bovins sous palmeraie. Elle avait sous sa responsabilité l'exploitation et la gestion des plantations et huileries de palme à Ehania, Toumanguié, Eloka, Divo, Boubo, Soubré, Iboké, Irobo, Yocoboué, Toupah, Okrouyo, Bolo ; des plantations de cocotiers à Assinie, Port-Bouët, Grand Lahou, Glické et de l'huilerie de graine et installation de stockage à Abidjan[72].

Quant à PALMIVOIRE, elle était chargée de la gestion des blocs industriels et des huileries, et de la commercialisation des produits des trois sociétés.

---

[71] Ministère de l'agriculture, (1970, Octobre), *Op. cit.* p.7.

[72] Ministère de l'agriculture, (1982, Mai), *Op.cit.,* p.22.

- La Société Africaine de Plantations d'Hévéas (SAPH) est une société anonyme par actions créée avant l'indépendance précisément en 1956 avec un capital de 200 millions FCFA[73]. Bien que l'hévéa fût très peu connu en Côte d'Ivoire, des essais ponctuels encourageants et des conditions écologiques favorables furent à l'origine de cette expérience. Les premières pépinières avec des graines provenant du Vietnam furent réalisées au milieu des années 50. En 1956, des plantations industrielles de 374 ha furent réalisées à Toupah (Dabou) et à Bongo (Bonoua). Elles ouvraient alors la voie à un programme qui devait conduire jusqu'en 1964 à l'établissement de 7 964 ha d'hévéa.

Cette société a pour objet l'étude, la création, la mise en valeur, l'exploitation de plantations d'arbres à caoutchouc ; l'achat et la vente de toutes matières de la nature de celles produites par les arbres, arbustes et cultures à caoutchouc.

- Le groupe de sociétés fruitières SODEFEL, SONACO, SOPRODAV et COFRUCI :

C'est par décret n°102 du 13 mars 1968[74] que l'État crée la Société pour le Développement des Fruits et Légumes (SODEFEL) qui reprend les activités d'assistance technique aux planteurs africains de banane et d'ananas antérieurement exercées par la SATMACI en y ajoutant les cultures maraichères et les fruitiers divers. Ainsi, La SODEFEL s'occupait plus particulièrement de la banane (poyo et plantain), de l'ananas (pour l'exportation en frais et la conserverie), de l'arboriculture fruitière et des cultures maraichères.

La Société Nationale de Conditionnement (SONACO) fut créée en 1964 avec un capital de 150 millions de FCFA. Elle était chargée de l'exportation de la totalité de la production ivoirienne de bananes en cartons. À la fin des années 60, la SONACO disposait de 19 ateliers de conditionnement construits sur les lieux de production.

La création de la Société d'étude pour le Développement de la Culture de l'Avocat en Côte d'Ivoire (SOPRODAV-CI), en janvier 1964, a été déterminée par le programme d'étude sur l'avocat financé par le fonds européen de développement. Elle était chargée de mener les études pour une production à grande échelle de l'avocat en Côte d'Ivoire.

---

[73] Ministère de l'Agriculture et des Eaux et Forêts, (1986), *Op. cit.* p.149.

[74] Décret n°102 du 13 mars 1968 portant création de la Société pour le Développement des Fruits et Légumes (SODEFEL).

Enfin la Coopérative Agricole de Production Bananière et Fruitière de Côte d'Ivoire (COFRUICI) a été créée en décembre 1968 après la décision de dissolution de COBAFRUIT et COBASANDRA. Sa vocation était de regrouper l'ensemble des planteurs de banane en Côte d'Ivoire.

Ces structures d'encadrement des acteurs du domaine agricole ont été complétées par des organismes publics de financement.

3. Les organismes publics de financement de l'agriculture

Le financement public des activités agricoles en Côte d'Ivoire a été principalement l'affaire de deux organismes : la Caisse de Stabilisation et de Soutien des Prix des Produits Agricoles (CSSPPA) et la Banque Nationale de Développement Agricole (BNDA).

À l'origine de la Caisse de stabilisation se trouvait la volonté de l'administration publique de prendre le contrôle de la commercialisation du café et du cacao, deux produits phares de l'économie ivoirienne. La genèse de cette structure remonte dans les années 50 bien avant l'indépendance. À cette époque était organisé, au sein du ministère des finances, des affaires économiques et du plan, un service de conditionnement chargé du contrôle de la qualité des produits dans le port d'Abidjan. En 1962, par le décret n°62-37 du 8 février 1962[75] les deux caisses de stabilisation l'une pour le café et l'autre pour le cacao, créées depuis 1955, fusionnent pour former une seule caisse. C'est la fusion de ces deux caisses qui donne naissance à la Caisse de Stabilisation et de Soutien des Prix des Produits Agricoles (CSSPPA) par le décret n°64-315 du 17 septembre 1964[76] et réorganisée par celui n°66-445 du 21 septembre 1966[77].

[75]Décret n°62-37 du 8 février 1962 portant fusion en une seule caisse les deux caisses de stabilisation l'une pour le café et l'autre pour le cacao créées depuis 1955.

[76] Décret n°64-315 du 17 septembre 1964 portant création de la Caisse de Stabilisation et de Soutien des Prix des Produits Agricoles (CCSSPPA).

[77] Décret n°66-445 du 21 septembre 1966 portant réorganisation de la Caisse de Stabilisation et de Soutien des Prix des Produits Agricoles (CCSSPPA).

Originellement, les principaux objectifs de cette société d'État étaient :

- La régularisation des prix de produits agricoles ;
- La compensation entre les prix d'achat garantis aux producteurs et les prix de vente à l'exportation ;
- La recherche, la mise en œuvre et le financement de toutes mesures propres à accroître la productivité des cultures industrielles pour les rendre plus compétitives sur les marchés mondiaux ; à améliorer la qualité et le conditionnement de ces produits agricoles ; etc.

Mais progressivement, en fonction des enjeux économiques et des orientations politiques du domaine agricole, la caisse de stabilisation a été amenée à intervenir dans des domaines dépassant largement son cadre initial du café et du cacao. Ainsi, par décret n°68-78 du 9 février 1968[78], la liste des cultures de son champ d'intervention établie en 1967 fut élargie. Désormais, en plus du café et du cacao, cette caisse était chargée de soutenir et de stabiliser les prix des productions du coton, de la banane, des produits du palmier, du coprah, du tabac. Dans le cadre de cette diversification de ses cibles, « les ressources dégagées annuellement sont en général affectées selon le schéma suivant : 60% pour la stabilisation, 15% à des opérations d'intérêt économique, 15% à des opérations d'intérêt social et 10% en dotation à la BNDA »[79]. Durant des décennies, cette caisse a joué un rôle fondamental dans la mobilisation des fonds et le soutien du monde agricole en Côte d'Ivoire. Elle était épaulée par la BNDA.

La Banque Nationale de Développement Agricole (BNDA) est une société mixte créée par la loi n°68-08 du 06 janvier 1968[80] avec un capital de 3 milliards de FCFA. Elle avait démarré effectivement ses activités en août de la même année. Elle était chargée d'apporter son concours financier au développement des spéculations agricoles, animales ou forestières, à la pêche, à l'habitat rural, à l'artisanat, à la mobilisation de l'épargne rurale. C'était donc un établissement financier destiné au développement de l'agriculture en Côte d'Ivoire. À ce titre, non seulement elle mettait à la disposition du monde agricole des prêts de

---

[78] Ministère de l'agriculture, (1982, Mai), *Op.cit.*, p.29.

[79] *Ibid.*

[80] Loi n°68-08 du 06 janvier 1968 portant création de la Banque Nationale de Développement Agricole (BNDA).

différentes natures sur différentes périodes mais aussi collectait les épargnes des milieux ruraux.

En effet, la BNDA accordait trois types de crédits :

- Des crédits d'investissement et d'équipement ;
- Des crédits de campagne ;
- Des crédits de soudure

En fonction de leur nature, ces crédits pouvaient être remboursables à court, à moyen ou à long terme. Le délai de remboursement de crédit à court terme était fixé à deux (2) ans maximum ; à moyen terme à sept (7) ans et à dix (10) ans pour les prêts à long terme. Chaque type de crédit était destiné à des objectifs bien précis[81]. Les crédits d'investissements étaient destinés à des équipements en cheptel vif (acquisition de bétail) et agricole (acquisition de machines et de matériels agricoles, d'outillages, etc.) ; à la réalisation de plantations nouvelles ; à l'amélioration des terres et leur mise en valeur ; à la construction collective d'habitations rurales ; à l'acquisition de terres, d'anciennes plantations, de machines et matériels d'occasion ; etc. Quant aux crédits de campagne, ils étaient destinés aux dépenses courantes d'exploitation (engrais, semences, produits d'entretien de cultures, vivres, carburant, etc.) ; la préparation et la commercialisation des produits agricoles ; etc. Enfin, les crédits de soudure étaient destinés aux petits producteurs pour faire face aux dépenses courantes de leur exploitation pendant la période creuse qui précède leur récolte.

À la pratique, le crédit de soudure avait suscité un énorme engouement chez les paysans. En effet,

> d'un caractère social très important pour le monde rural pendant la période dite pré-récolte, les prêts de soudure sont réservés aux petits paysans faisant partie d'un groupement de 6 personnes au minimum. Leur montant varie de 10 000f à 50 000f CFA au maximum et le remboursement ne doit pas excéder neuf mois. Il est assorti d'une commission forfaitaire de 10% sur le montant accordé. (...). Il convient de remarquer que le nombre de groupements qui était de 280 en 1968-1969 pour un chiffre d'affaires de 125 695 000 francs est passé à 3 882 groupements en 1973-1974 pour un

---

[81] (1973, Août), « Planteurs ! Quelle aide pouvez-vous attendre de la BNDA ? », in *Terre et progrès, le journal du planteur*, N°1, pp.26-27.

montant 1 278 963 000 francs intéressant 103 sous-préfectures comportant 80 441 bénéficiaires[82].

L'écho favorable de ce type de prêt auprès des planteurs était dû au fait qu'il proposait une avance sur récolte pour leur éviter le piège infernal des prêteurs traditionnels usufruitiers dont les conditions entrainaient leur endettement perpétuel. Le prêt de soudure était donc un prêt ''anti-usure'', sa finalité était de libérer le paysan et de l'amener à s'autofinancer à long terme. Sept ans après sa création, cette banque avait distribué près de 6 milliards de prêts de soudure détaillés de la manière suivante[83] :

Années	Campagnes Montants (millions)	Campagnes Montants (millions)	Nbre de groupements	Nbre de sous-préfectures
1968-69	126	5 635	280	27
1968-70	187	8 248	462	31
1970-71	438	20 913	1 042	44
1971-72	1 106	46 755	2 182	70
1972-73	1 477	74 606	3 550	96
1973-74	1 279	80 841	3 882	103
1974-75	1 229	77 600	3 690	107

L'analyse du tableau montre que l'engouement suscité par la BNDA auprès des paysans était énorme et est resté constant jusqu'au milieu des années 70. De 5 635 bénéficiaires durant l'année 1968-69, année de sa création, l'on atteint le chiffre de 20 913 durant la campagne 70-71 soit une augmentation de 371.12%. En 1975, les bénéficiaires des crédits de soudure de la BNDA se chiffraient à 77 600 soit une croissance de 1377.10%.

En définitive, la contribution de la BNDA a été significative dans le domaine agricole, à cette époque. Elle constituait un outil fondé par l'État afin d'apporter à la masse des planteurs, principaux acteurs de l'économie ivoirienne, un appui décisif dans leur action de développement de diverses cultures commerciales. Toutes ces actions étaient aussi renforcées par la formation et la recherche scientifique au

---

82 (1974, Juin), « Les prêts de soudure », in *Terre et progrès, le journal du planteur*, N°6, p.13.

83 (1975, Juin), « La BNDA et les prêts de soudure », in *Terre et progrès, le journal du planteur*, N°12, p.9.

profit de l'agriculture à travers les centres de formation créés par l'État à cet effet.

4. La formation et la recherche agronomique

L'État de Côte d'Ivoire avait mis un point d'honneur à la formation dans le domaine agricole au début de l'indépendance. Cette importance accordée à la formation agricole se remarque à travers de multiples centres de formation créés à cet effet durant la première décennie de l'indépendance. Il s'agit entre autres[84] de l'École Nationale Supérieure Agronomique (ENSA) ; du Lycée Agricole de Bingerville (LAB) ; de l'École Forestière de Bouaké (EFB) ; du Centre de Formation Rurale d'Abengourou (CFR) ; etc.

En réalité, à la fin de l'ère coloniale, la formation agricole était presque inexistante en Côte d'Ivoire. La preuve, « en 1960 l'enseignement agricole disposait de 14 professeurs permanents dont 1 Ivoiriens et 12 vacataires uniquement préoccupés par des problèmes d'enseignement agricole proprement dit »[85]. Cinq ans après en 1965, le constat est que ce personnel enseignant avait évolué. On comptait alors 31 professeurs permanents dont 11 Ivoiriens et 36 vacataires dont 17 Ivoiriens soit un total 68 professeurs. À ce nombre ; il faut ajouter des conférenciers bénévoles provenant des instituts de recherches ou des Services administratifs dont l'enseignement n'était pas la préoccupation principale. En plus de la formation théorique, une partie de ce personnel s'était tournée aussi vers l'encadrement sur le terrain à cette époque. À la fin des années 60, aussi bien le personnel de l'enseignement agricole que celui de la formation professionnelle s'est accru dans des proportions importantes puisque ce secteur disposait d'un personnel global de 124, comptant 57 professeurs permanents dont 17 Ivoiriens et 67 vacataires dont 23 Ivoiriens.

Quant aux résultats, ils étaient aussi significatifs en termes de croissance du nombre de formés durant cette même période. En effet, les statistiques donnent, « au total, en ce qui concerne les Ivoiriens, pour la période de 1960-1965, 234 cadres dont 40 supérieurs, pour la période

---

[84]Infra : l'historique de ces centres de formation mixte (agricole et forestier) a été déjà faite plus haut dans le 1er chapitre.

[85] Ministère de l'agriculture, (1970, Octobre), *Op. cit.* p.17.

1966-1970, 450 cadres dont 83 supérieurs »[86]. Quant à la formation professionnelle, en comparant les chiffres durant « les périodes 1960-1965 et 1965-1970 on s'aperçoit que pendant la première période environ 550 individus, essentiellement dans les domaines coton et café-cacao, ont bénéficié de formation professionnelle contre 2.895 personnes, soit cinq fois plus pendant la seconde »[87].

Tout ce dispositif de formation était renforcé par la recherche agronomique qui était l'affaire des instituts de recherches appliquées. À chaque production ou groupe de productions agricoles était affecté un institut de recherche. L'IRHO menait des recherches dans le secteur du palmier à huile, du cocotier et des oléagineux ; l'IRCA intervenait dans l'hévéaculture ; l'IFCC dans le domaine du café, cacao et d'autres plantes stimulantes ; l'IRTC dans le coton et le textile exotique ; dans le secteur des fruits et agrumes tropicaux intervenait l'IFAC ; l'IRAT pour les cultures vivrières ; la CTFT pour les productions et industries forestières ; etc. À l'analyse, la Côte d'Ivoire est l'un des rares pays tropicaux à « disposer d'une gamme complète d'organisme de recherches appliquées. Les résultats obtenus après mises au point pratiques et diffusion par les organismes de vulgarisation sont à l'origine de l'essor des grandes productions agricoles ivoiriennes intervenues au cours de la décennie écoulée »[88].

Cette gamme de structures de recherches agronomiques était complétée par l'appui de certains organismes internationaux comme la Fondation Ford qui intervenait dans la formation des scientifiques, des chercheurs ivoiriens notamment dans le domaine de la génétique, de l'échange de l'information entre chercheurs, etc.

Au total, la recherche scientifique et la formation avaient été très tôt associées et mises au service de l'agriculture en Côte d'Ivoire par les pouvoirs publics. Ils avaient également mis en compétition pour une saine émulation les acteurs du domaine agricole à travers des initiatives publiques comme la Coupe Nationale du Progrès.

---

[86] Ministère de l'agriculture, (1970, Octobre), *Op. cit.* p.21.

[87] *Id.*

[88] *Id.* p.5.

5. La Coupe Nationale du Progrès

À l'indépendance, la Côte d'Ivoire, pays agricole de production rurale, s'est donnée pour objectif d'accroitre ses capacités de production et de réduire les disparités entre le monde rural et urbain. Pour atteindre ces objectifs, il fallait assurer à chacun mais surtout aux ruraux un minimum d'information, d'éducation, de promotion sociale et culturelle. Les mass-médias et surtout la radio et la télévision avaient un rôle majeur à jouer dans ce cadre.

Parmi les organes de presse qui existaient à cette époque, la radio avec un émetteur de 100kw qui lui permettait de couvrir presque tout le pays et même au-delà, était le canal d'information préféré des ruraux. Ses émissions en langues nationales étaient très suivies par le monde rural. C'est donc un atout très important pour bâtir l'unité nationale et combattre l'isolement.

Sur instruction du chef de l'État, la Radiodiffusion Télévision Ivoirienne (RTI) lançait en 1965 un programme d'information rurale intitulé « *la terre au soleil* ». Conçue dans le style des magazines-reportage, cette émission devait conquérir la plus large audience, jusque dans le hameau le plus reculé où le transistor était l'une des premières acquisitions du paysan dès qu'il avait en possession ses revenus financiers. Au cours de ces émissions, techniciens, chercheurs, administrateurs, encadreurs prodiguaient tour à tour des conseils au monde paysan.

Encouragé par ces premiers succès, la radio ivoirienne commençait dès le mois de janvier 1966 à diffuser un second programme de très courtes émissions, cette fois, quotidiennes. Ces microprogrammes d'éducation rurale étaient conçus sous trois formes : slogans simples, témoignages exemplaires et contes brefs accessibles au grand public et agrémentés de musiques traditionnelles. Ces émissions étaient diffusées en plus de dix langues nationales. En général, il s'agit de conseils pratiques relatifs à divers domaines du développement économique et social.

Fort du succès de ces deux premières expériences et pour stimuler davantage l'effort collectif consenti librement par les masses paysannes, la radio sous le patronage du ministère de l'information, a mis sur pied un jeu, avec la participation de plusieurs autres ministères ou institutions de l'État. La radio organise une série de concours dotés de prix qui désignent dans chaque département du pays, la sous-préfecture qui aura fourni pendant une période de deux ans, le plus gros effort en matière de production agricole, d'élevage, d'hygiène, de santé, d'habitat, de commerce, d'épargne, de scolarisation, d'encouragement à la jeunesse, à l'artisanat, à la conservation du patrimoine culturel, à la protection de la faune et de la flore, à la lutte contre l'exode rural, etc.

Le caractère original de ce premier concours appelé *Coupe des sous-préfectures*, était de ne pas s'adresser aux individus mais aux collectivités. Ce n'était donc pas l'effort d'un individu qui était récompensé mais celui d'une communauté toute entière. Autre originalité, les efforts demandés à la collectivité retenue ne se limitaient pas à la gamme de toutes les matières citées plus haut mais touchent à l'amélioration des conditions sociales du monde rural.

EN 1967, un autre concours obéissant au même principe dénommé *la Coupe des exploitants agricoles individuels* fut institué.

La Coupe Nationale du Progrès fut la fusion de ces deux concours qui engageaient le monde rural sur plusieurs fronts. Mathieu Ekra, à l'époque ministre de l'information fut le créateur de ce célèbre concours. Il était organisé de manière thématique. Chaque édition était placée sous le sceau d'un thème général. Par exemple, en 1967, c'est le riz qui avait été choisi comme thème du concours des exploitants agricoles individuels. Grâce aux émissions consacrées à cette culture, « le paysan a appris qu'un labour profond, effectué avec une houe, peut accroître la productivité de 20 à 30%, qu'un sarclage opéré à temps peut augmenter le rendement de 20 à 40%, qu'avec des semences sélectionnées qui ont subi un traitement contre les maladies parasitaires, ils peuvent obtenir deux à trois récoltes par an et, enfin que la récolte à la faucille est beaucoup rapide que la récolte à la machette »[89].

Le riz a été le seul thème du premier concours des exploitants agricoles. Par la suite, les efforts des paysans devaient aussi s'étendre sur ceux du cacao, du palmier à huile, du café, du cocotier, du coton, du tabac, du maïs, des orangers et du mandarinier, du manguier, de la tomate, de l'oignon, de la pomme de terre, etc. Toute cette gamme de produits agricoles était prise en compte pour permettre aux paysans de n'importe quelle région de présenter au moins deux cultures de son choix et de répondre ainsi concrètement à la nécessité de diversification de l'agriculture préconisée par l'État.

---

[89] Ministère de l'agriculture et des ressources animales, 1997, *Op.cit.*, p138.

Très vite, cette compétition suscite un véritable engouement au sein de la masse paysanne. En témoignent ces chiffres relatifs au nombre de candidat à chaque édition[90] : 400 en 1967-68 ; 700 en 68-69 ; 2 000 en 1969 ; 3 000 en 1971 et 1974 ; 3 500 de 1975 à 1983 et 6 000 en 87-89. *La Coupe Nationale du Progrès* était donc devenue populaire dans les années 70 et 80 non seulement par la communication médiatique qui l'accompagnait mais également par les récompenses remises aux lauréats. Par exemple, en 1975, des récompenses allant de 500 mille à 2 millions FCFA ont été distribuées à six lauréats au plan national. Dans l'ordre décroissant, elles se répartissent comme suit[91] :

Prix offert par le Président de la république en dehors des prix régionaux

1) **2 000 000 FCFA**
2) **1 000 000 FCFA**
3) **500 000 FCFA**
4) **500 000 FCFA**
5) **500 000 FCFA**
6) **500 000 FCFA**

Les heureux lauréats sont les suivants[92] :

- Premier national exploitant : Sansan Kouao (région Est). Il a présenté deux grandes plantations modernes de café et de cacao. En plus de ces deux champs, ce premier paysan de l'année cultive du riz irrigué dans un bas-fond de 8 ha aménagé par lui-même, 4 ha de manioc, de l'igname, de la canne à sucre, du palmier à huile, du cocotier et des agrumes. Il pratique de la pisciculture (dans un étang d'environ 0,5 ha), l'élevage du mouton, et de la volaille. Par ailleurs, il utilise ses revenus à l'entretien de sa famille, la scolarisation de ses enfants, l'amélioration de son matériel d'exploitation et la modernisation de son habitat.

- Deuxième national exploitant : Tchimou N'doli François (région Sud). Il a deux nouvelles plantations de café et de cacao, une maison moderne, mais n'a pas encore pu s'attacher à l'amélioration de ses cultures vivrières.

---

[90] *Id.* p.139.

[91] (175, Février), « La coupe Nationale du Progrès » in *Terre et progrès*, N° 10, p.2.

[92] *Ibid.*

- Troisième national exploitant : Abiyou Gabriel (région Centre-ouest). Il n'a pas encore accordé une grande importance aux cultures vivrières ni amélioré son habitat. Mais grâce à un crédit qu'il vient d'obtenir à la BNDA, il est en train d'équiper sa plantation en matériel moderne d'exploitation. Sa plantation de cacao, quoiqu'un peu trop ombragée est très bien entretenue. Il a présenté comme cultures principales le café et le cacao.

- Quatrième national exploitant : Ladji Doumbia (région Centre). Il est cultivateur de riz irrigué et de coton. En plus de ces deux cultures, ce paysan produit un peu d'igname, du manioc, du haricot sec, du voandzou, du gingembre et quelques arbres fruitiers. Cependant, il ne pratique pas l'élevage et sa maison mériterait d'être modernisée.

- Cinquième national exploitant : Wessougueleli Sekongo (région nord). Il a présenté du riz irrigué et du coton. Il est décidé à mieux connaitre toutes les techniques de sa deuxième culture et à améliorer son milieu de vie. Son élevage de bovins, de caprins, porcins, et volaille est également le plus important parmi les lauréats régionaux.

- Sixième national exploitant : Boué Jean (région ouest). Il possède de très grandes plantations. Pour le concours, il a présenté des plantations de café et de cacao. Son habitat reste à améliorer mais il mérite des félicitations en matière de riziculture pluviale.

La popularité de cette compétition et l'évolution des besoins des auditeurs ont conduit à l'instauration de deux nouveaux concours accueillis avec beaucoup d'intérêt. Il s'agit de la coupe inter-villages en 1976-78 et la coupe inter-GVC (Groupement à Vocation Coopérative) en 1987-89.

Devenue un outil de développement et de saine émulation, la Coupe Nationale du Progrès rattachée en 1980 au Ministère de l'Agriculture et des Eaux et Forêts fut transformée en un service autonome. Il ne s'agissait pas de modifier ses objectifs généraux ni ses modalités essentielles. Il s'agissait tout simplement de les rendre encore plus opérationnels en adaptant ses structures et ses moyens d'intervention aux exigences d'une société en pleine mutation.

Ce service comprenait outre la direction, le bureau administratif et financier et la commission nationale (jury national), une cellule radiodiffusion, une cellule télévision qui produit des émissions bimensuelles, une cellule presse écrite produisant le journal du planteur, un trimestriel paraissant à 10 000 exemplaires distribué gratuitement en milieu rural et dans les structures techniques d'encadrement et, enfin, une cellule concours chargée de l'organisation et du suivi des concours : la Coupe des exploitants agricoles individuels, la Coupe des Groupements à Vocation Coopérative (GVC), la Coupe des villages et la Coupe des sous-préfectures. Cette dernière cellule était chargée également d'organiser des comices, des foires et des expositions agricoles.

Le service de la Coupe Nationale du Progrès assurait l'acheminement des récompenses sur les lieux des cérémonies. Généralement, les plus hautes personnalités de l'État présidaient ces cérémonies apportant ainsi le soutien du parti et du gouvernement à la campagne d'éducation et de promotion du monde rural. La présence du chef de l'État ainsi que ses dons rehaussait la cérémonie.

Dans l'ensemble, la Coupe Nationale du Progrès a été un outil d'incitation du monde rural à accorder un plus grand intérêt au travail de la terre. Elle a servi de canal de sensibilisions aux meilleures techniques culturales, donc à la promotion de l'agriculture. Toutes ces actions conjuguées ont donné les lettres de noblesse de l'agriculture en Côte d'Ivoire. Toutefois, l'essor agricole enregistré par la Côte d'Ivoire était au détriment de la forêt primaire.

II. LES PREMIERS SIGNES DE DÉFORESTATION À L'EST ET AU SUD-EST

La mise en place de tous ces organismes publics au début des années 60 en vue d'assurer la promotion de l'agriculture en Côte d'Ivoire avait contribué fortement à un essor remarquable de l'économie de plantation, à travers les principales cultures d'exportation (café, cacao, palmier à huile). Ce développement de l'agriculture a été à la base de la forte croissance économique du pays dans les années 70 qualifiée de ''miracle ivoirien''.

Durant la première décennie de l'indépendance, les régions de l'est et du sud-est étaient les foyers les plus actifs de ces productions agricoles. Par exemple, la première boucle du cacao était logée dans la région de l'est avec comme foyer central le Département de Bongouanou. C'est pourquoi, très tôt, les premiers signes de déforestation avec en prime la saturation foncière se faisaient sentir dans cette partie du pays. Les conséquences de cette situation de blocage furent d'une part l'infiltration des planteurs dans les forêts classées et d'autre part l'amorce d'un processus d'émigration de ceux-ci vers d'autres zones pour conquérir de nouvelles terres cultivables. Ces agressions des forêts classées, bouquets de forêts primaires sauvegardées, par des paysans de plus en plus voraces se faisaient malheureusement avec l'accord tacite de l'administration publique qui n'hésitait pas parfois à déclasser des portions entières en faveur des agriculteurs.

1. L'essor de l'économie de plantation et la saturation foncière à l'est et au sud-est

À la fin des années 60, l'essor de l'économie de plantation était indéniable en Côte d'Ivoire. Parmi toutes les cultures pratiquées, la caféiculture et le cacao-culture étaient en tête du peloton au niveau du front pionnier. Certes, plusieurs autres cultures industrielles (palmier à huile, hévéaculture, banane poyo, ananas ; etc.) accompagnaient la dynamique de l'économie de plantation, mais, la pratique de ces cultures secondaires n'était centrée que dans certaines régions de sorte qu'elles ne constituent pas les meilleurs facteurs explicatifs de la consommation du potentiel forestier par l'agriculture. Pour mieux appréhender cette réalité, nous avons donc axé notre analyse sur la dynamique du binôme café cacao qui furent adoptées par la grande masse des paysans ivoiriens et par conséquent faisaient bouger le front pionnier.

L'essor de ces deux cultures déjà faisait la renommée de la Côte d'Ivoire à cette époque. Certes leurs productions étaient d'envergure nationale mais d'importantes disparités existaient entre les différents secteurs régionaux lorsque celles-ci sont ramenées à l'échelle régionale. Cette analyse est corroborée par les statistiques ci-après :

Tableau 2 : Production de cacao (fèves) par département (1000 tonnes brutes)

Secteurs agricoles	**1960-61**	**1964-65**	**1965-66**	**1966-67**	**1967-68**	**1968-69**	**1969-70**
Abidjan	11,5	13,3	10,2	13,3	12,9	15,4	12,2
Aboisso	2,1	3,7	2,3	3,2	3,3	3,0	6,1
Agboville	1,0	2,0	1,0	1,9	2,8	2,5	3,6
Adzopé	10,1	13,1	9,3	13,2	13,8	12,0	16,4
Divo	6,2	7,5	6,6	10,6	12,3	10,0	17,8
Total départements sud-est	**30,9**	**39,6**	**29,4**	**32,2**	**45,1**	**42,9**	**56,1**
Abengourou	10,6	17,0	16,0	17,9	14,3	14,0	16,5
Bondoukou	13,2	21,7	23,2	26,5	20,2	18,0	25,2
Dimbokro	20,0	31,6	28,9	32,8	31,8	29,0	32,2
Total départements de l'est	**43,8**	**70,3**	**68,1**	**77,2**	**66,3**	**61**	**73,9**
Daloa	1,8	2,3	2,4	2,5	3,1	4,0	6,1
Gagnoa	4,5	9,4	7,7	11,0	13,7	13,0	18,9
Total départements centre-ouest	**6,3**	**11,7**	**10,1**	**13,5**	**16,8**	**17,5**	**25,0**
Biankouma	-	-	-	-	-	-	-
Man	-	-	0,1	0,2	0,4	0,6	0,5
Danané	-	-	-	-	-	0,5	0,1
Départements ouest	**-**	**-**	**0,1**	**0,2**	**0,4**	**1,1**	**0,6**

Source : Ministère de l'Agriculture et des Eaux et Forêts, TII, *Les produits agricoles destinés à l'industrie et à l'exportation,* p.24.

Histogramme 1 : évolution de la production de cacao (fèves) par région de 1960 à 1970

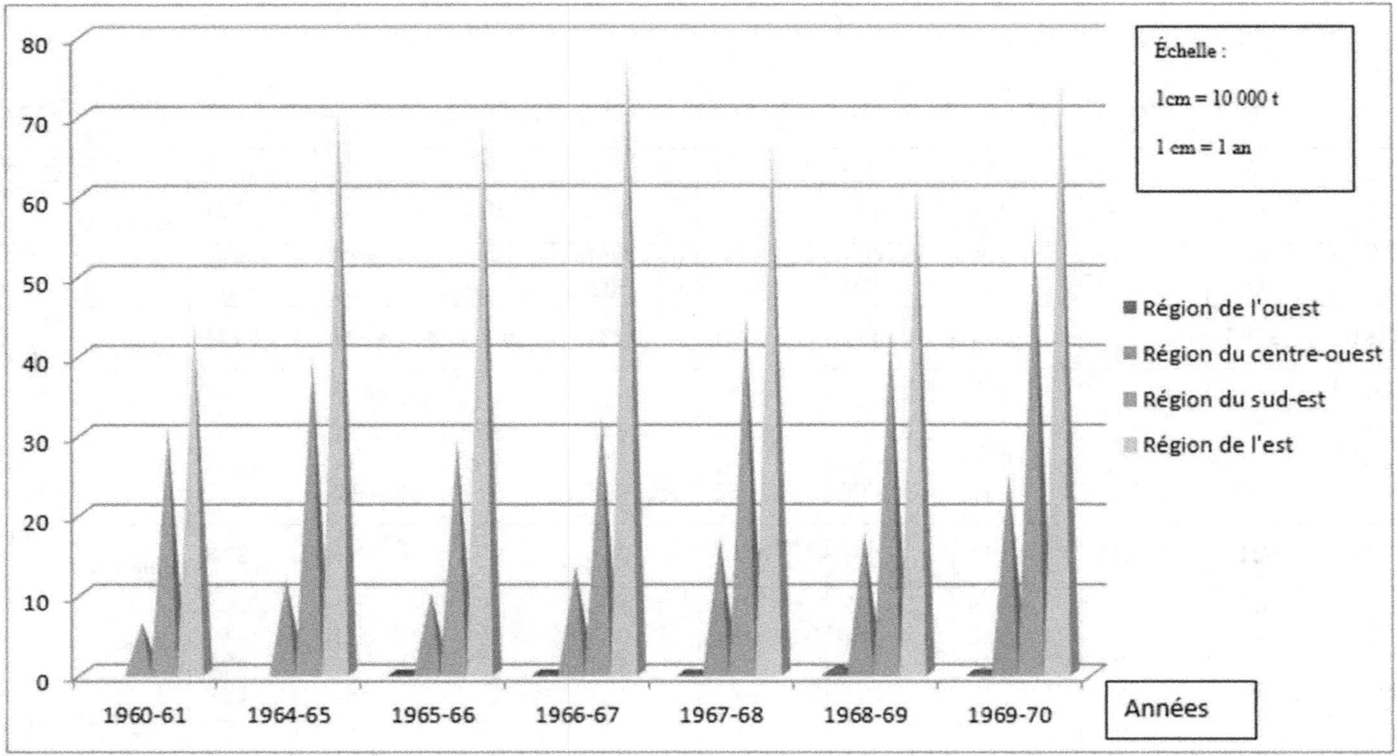

Tableau 3 : Superficies en production de cacao par campagne et par secteur agricole (1000 ha).

Secteurs agricoles	1959-60	1960-61	1961-62	1962-63	1963-64	1964-65	1965-66	1966-67	1967-68	1968-69
Abidjan	14,5	15,5	16,0	16,0	17,0	17,5	18,5	20,0	21,5	23,0
Aboisso	6,5	7,0	7,0	7,0	7,5	8,0	8,5	9,0	9,5	9,5
Agboville	34,5	36,5	38,5	38,5	40,0	41,5	43,5	45,0	46,0	47,0
Dabou	10,0	10,5	11,0	11,0	11,5	12,0	12,5	13,0	13,0	14,5
Divo	16,5	17,0	17,5	19,0	19,0	19,0	20,0	20,0	20,5	22,0
Bassam	6,5	7,0	7,5	7,5	8,0	8,5	9,5	10,0	11,0	11,0
Total départements sud-est	**88,5**	**93,5**	**97,5**	**99,0**	**103,0**	**106,5**	**112,5**	**117**	**121,5**	**127,0**
Abengourou	25,5	26,0	26,5	27,5	28,5	30,5	31,5	34,0	36,0	38,5
Bondoukou	32,5	33,0	33,5	34,5	35,5	35,5	36,0	36,0	36,0	38,0
Bocanda	35	36,5	37,5	38,0	39,0	40,5	41,5	43,0	43,5	44,0
Dimbokro	19	20,0	21,5	22,0	25,0	26,5	29,5	30,0	31,0	31,0
Total départements de l'est	**112,0**	**115,5**	**119,0**	**122,0**	**128,0**	**133,5**	**138,5**	**144,5**	**146,5**	**151,5**
Daloa	6,0	7,5	9,0	9,0	10,0	10,0	12,5	13,0	13,5	14,5
Gagnoa	12,5	13,0	13,5	14,0	16,5	18,5	20,5	22,0	25,0	26,0
Total départements centre-ouest	**18,5**	**20,5**	**22,5**	**23,0**	**26,5**	**28,5**	**33,0**	**35,0**	**38,5**	**40,5**
Départements ouest	**1,0**	**1,0**	**1,0**	**1,0**	**1,0**	**1,0**	**1,5**	**1,5**	**1,5**	**1,6**

Source : Ministère de l'agriculture et des eaux et forêts, TII, *Les produits agricoles destinés à l'industrie et à l'exportation,* p.20.

Courbes 1 : Évolution des superficies en production de cacao par campagne et par secteur agricole de 1959 à 1969

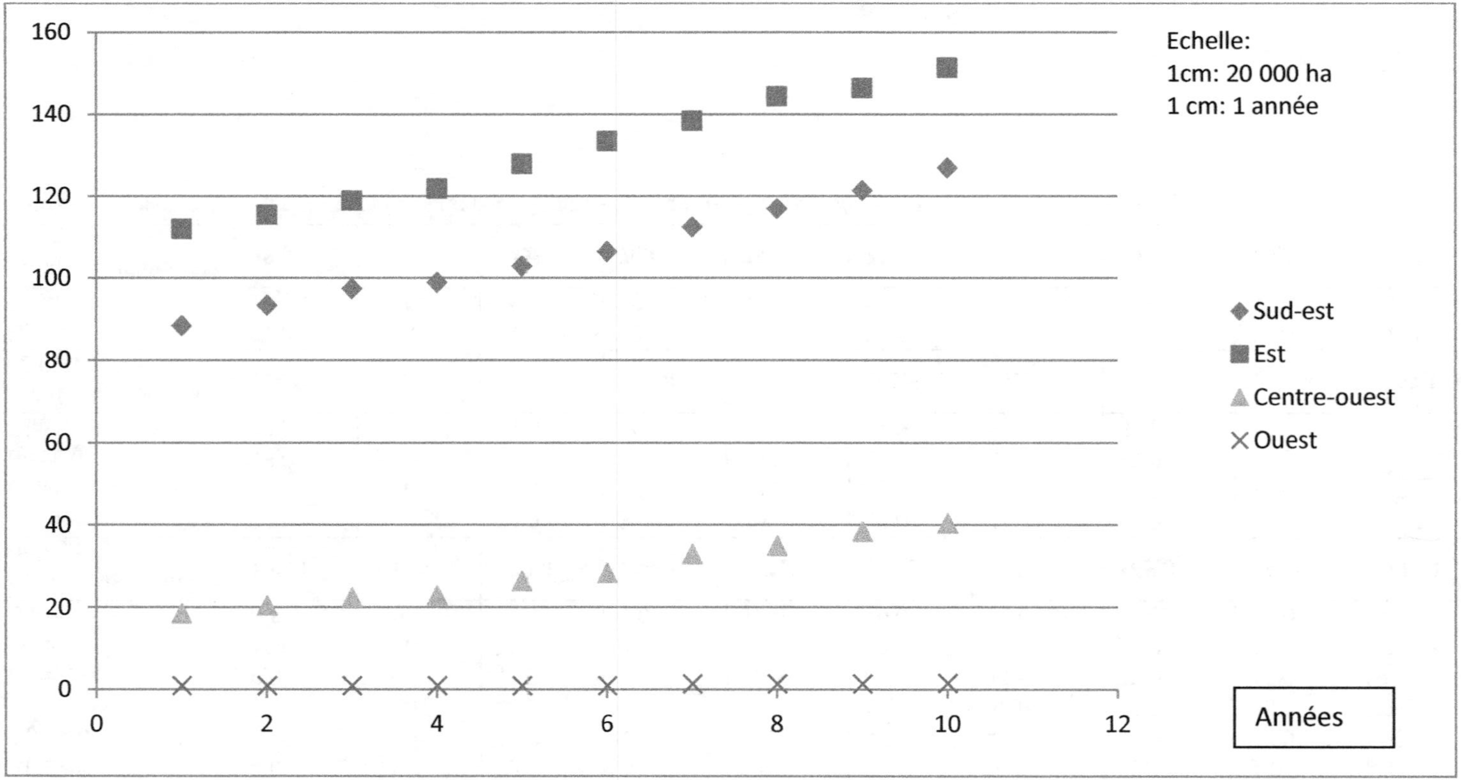

Tableau 4 : Superficies en production de café par campagne et par secteur agricole (1000 (Ha)

Secteurs agricoles	1959-60	1960-61	1961-62	1962-63	1963-64	1964-65	1965-66	1966-67	1967-68	1968-69
Abidjan	4,0	5,0	7,0	16,0	8,0	8,5	9,0	9,0	9,0	40,5
Aboisso	33,5	35,0	37,0	41,0	44,0	45,0	47,0	47,0	48,0	52,5
Agboville	39,0	43,0	46,0	48,0	52,0	55,0	56,0	57,0	58,0	23,5
Dabou	9,0	11,5	13,0	15,0	16,5	17,0	17,0	17,0	17,0	-
Divo	15,0	17,0	18,0	20,0	21,0	22,0	23,0	24,0	24,0	27,5
Bassam	6,5	7,0	8,0	9,0	10,0	10,0	11,0	11,0	11,0	-
Total départements sud-est	**107,0**	**107,0**	**129,0**	**149,0**	**151,5**	**157,5**	**163,0**	**165,0**	**167,0**	**144,0**
Abengourou	23,0	27,0	32,0	37,0	40,0	42,0	44,0	44,0	45,0	49,5
Bondoukou	8,0	9,0	11,0	13,0	14,0	15,0	17,0	18,0	19,0	17,0
Bocanda	45,0	51,0	61,0	71,0	80,0	84,5	87,0	89,0	91,0	} 100,6
Dimbokro	34,0	37,0	42,0	46,0	50,0	51,0	53,0	54,0	55,0	
Total départements de l'est	**110,0**	**124,0**	**146,0**	**167,0**	**184,0**	**192,5**	**201,0**	**205,0**	**210,0**	**167,1**
Daloa	21,0	24,0	29,0	32,0	33,0	34,0	35,0	36,0	37,0	43,5
Gagnoa	27,0	30,0	35,0	38,0	40,0	41,0	42,0	43,0	43,0	37,7
Total départements centre-ouest	**48,0**	**54,0**	**64,0**	**70,0**	**73,0**	**75,0**	**77,0**	**79,0**	**70,0**	**81,2**

Source : Ministère de l'Agriculture et des Eaux et Forêts, TII, *Les produits agricoles destinés à l'industrie et à l'exportation,* p.72.

Histogramme 2 : Évolution des superficies en production de café par campagne et par secteur agricole de 1960 à 1969.

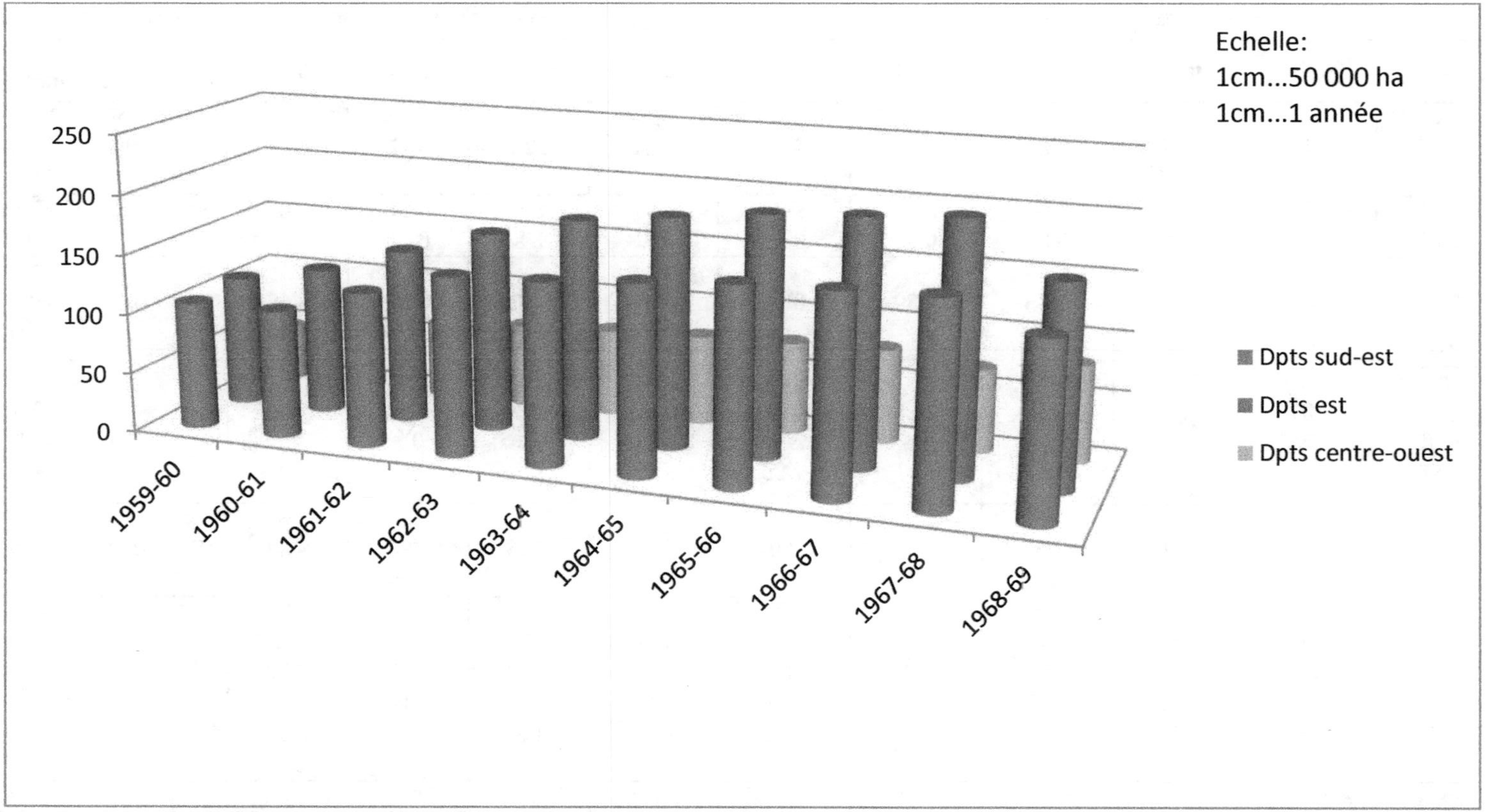

Tableau 5 : Production de café vert par campagne et par secteur agricole (1000 tonnes brutes).

Secteurs agricoles	1959-60	1960-61	1961-62	1962-63	1963-64	1964-65	1965-66	1966-67	1967-68	1968-69
Abidjan	1,6	2,5	1,5	3,6	3,5	3,0 15,0	3,5	2,3	3,8	11,7
Aboisso	13,4	17,0	8,1	16,1	18,2	18,5	18,4	11,8	20,1	15,3
Agboville	15,6	21,1	11,3	19,6	21,5	5,7	21,7	14,2	24,3	5,3
Dabou	3,6	5,4	2,9	6,5	6,8	7,4	6,7	4,2	7,0	-
Divo	6,0	8,3	4,0	9,0	8,7	3,4	9,1	6,0	10,0	12,3
Bassam	2,6	3,4	1,8	4,0	4,1		4,4	2,7	4,6	-
Total départements sud-est	**88,5**	**93,5**	**97,5**	**99,0**	**103,0**	**106,5**	**112,5**	**117**	**121,5**	**127,0**
Abengourou	9,2	15,0	7,5	16,5	23,5	14,0	23,0	9,0	27,0	25,2
Bondoukou	2,4	4,0	1,5	4,7	7,5	5,0	8,0	2,5	6,0	10,9
Bocanda	18	24,0	13,2	28,0	42,0	33,0	43,0	20,8	50,8	} 61,7
Dimbokro	10,2	14,8	4,2	11,5	20,0	16,6	21,0	7,0	17,6	
Total départements de l'est	**39,8**	**57,8**	**26,4**	**60,7**	**93,0**	**68,6**	**95,0**	**39,3**	**101,4**	**97,8**
Daloa	7,4	12,0	8,3	13,0	17,0	15,0	18,0	9,0	21,0	19,4
Gagnoa	10,8	15,0	8,8	15,0	18,5	12,0	20,0	11,0	20,5	15,9
Total départements centre-ouest	**18,2**	**27,0**	**17,1**	**18,0**	**35,5**	**27,0**	**38,0**	**20,0**	**41,5**	**35,3**
Départements ouest	**15,0**	**17,0**	**16,0**	**21,0**	**29,0**	**19,0**	**34,5**	**15,0**	**35,0**	**1,6**

Source : Ministère de l'Agriculture et des Eaux et Forêts, TII, *Les produits agricoles destinés à l'industrie et à l'exportation,* p.75.

Histogramme 3 : Évolution de la Production de café vert par campagne et par secteur agricole de 1959 à 1969

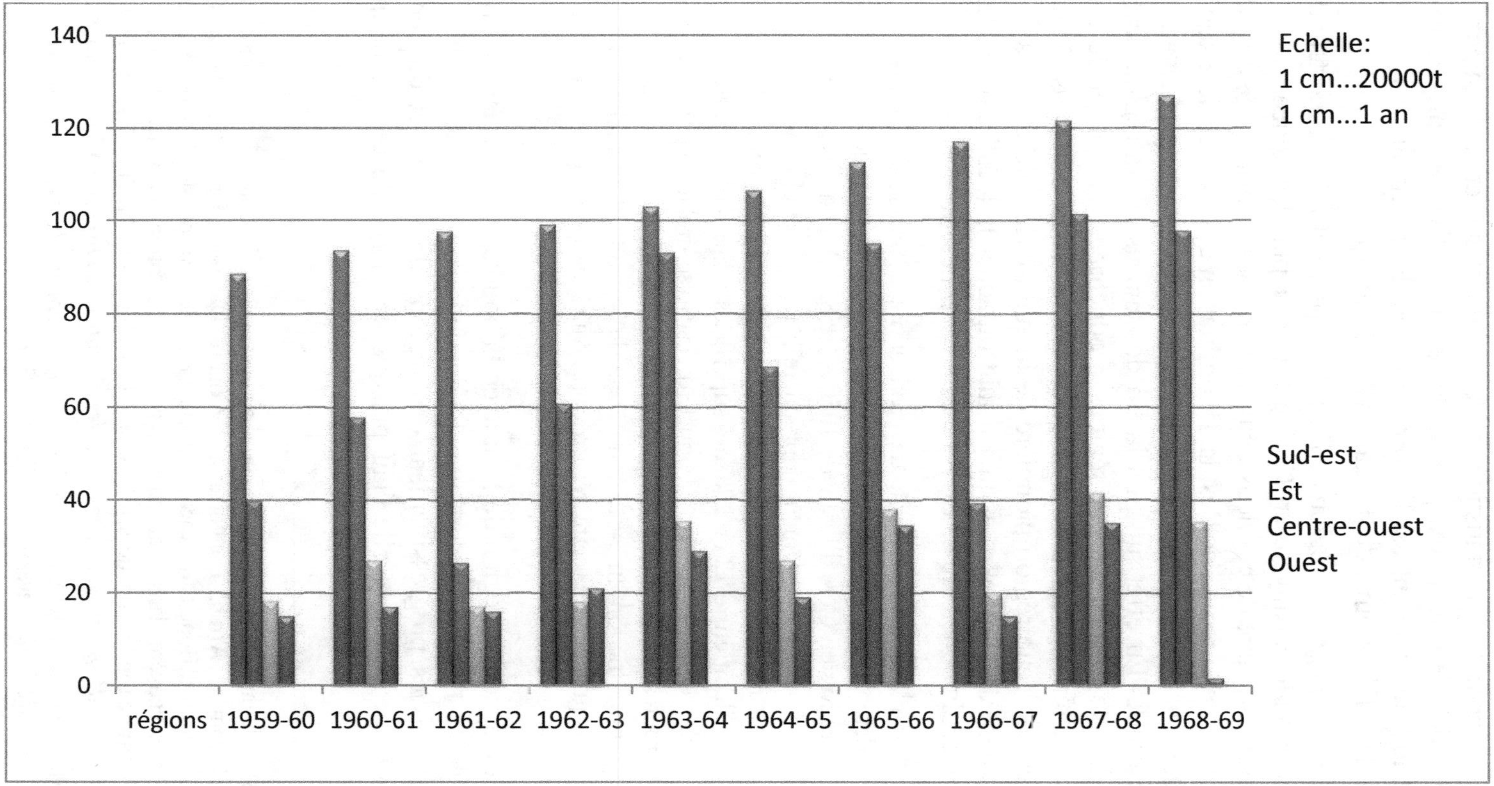

En observant les statistiques de productions et des superficies cultivées des deux cultures phares de la Côte d'Ivoire (café-cacao), le constat le plus frappant est l'énorme avance de la région de l'est et du sud-est dans l'économie de plantation à cette époque.

En réalité, la grande région de l'est fut le premier foyer important de la production café-cacaoyère en Côte d'Ivoire depuis les années 50. C'est l'essor remarquable de ces deux cultures pérennes, surtout celle du cacao, qui a valu à cette région de l'est la dénomination de ''boucle de cacao''[93]. Cette zone a été longtemps le poumon de l'économie de plantation en Côte d'Ivoire. En effet, jusqu'à la fin des années 60, la région de l'est était à la tête du peloton des régions productrices du café et du cacao comme en témoignent les statistiques des tableaux ci-dessus. Mais, à l'intérieur de cette région pionnière de la culture du café et du cacao, le département de Dimbokro auquel il faut rattacher la localité de Bocanda pour former la boucle du cacao figurait au premier rang. Ainsi,

> au plan de la superficie de production, la boucle du cacao détenait entre 22 et 28% des superficies totales de cacaoyers cultivés en Côte d'Ivoire de 1950 à 1968. (...). Pour le caféier, elle occupait également la première place en ce qui concerne les superficies de 1950 à 152 et 1955 à 1977 avec une part oscillant entre 12 et 22% des superficies totales cultivées. Au plan de la production, la boucle du cacao se situait en tête de toutes les régions en détenant jusqu'en 1968 plus de 28% de la production du cacao. Au niveau de la production caféière, jusqu'en 1969, cette région conservait encore sa première place avec une part se situant entre 21 et 24% »[94].

À l'évidence, la région de l'est avec la boucle du cacao était à la tête des grandes régions précurseurs de l'économie de plantation en Côte d'Ivoire suivies progressivement des régions du sud-est et du centre-ouest. Quant à l'ouest, elle était presque en marge de cette économie.

---

[93] « La Boucle du cacao est la région située au centre-est de la Côte d'Ivoire, comprenant les villes comme Arrah, Bongouanou, M'batto, Daoukro, Dimbokro, M'bahiakro, Prikro. Le nom ''Boucle de cacao'' a été donné en raison de l'importance de la production cacaoyère dans cette zone et du tracé en forme de boucle fermée de la principale artère routière qui dessert la région », cf. C. BENVENISTE, (1969), *La boucle du cacao (Côte d'Ivoire), étude régionale des circuits de transport*, Paris, Orstom, p.2.

[94] AFFOU, YAPI et KOUADIO TANO (1991), *La boucle du cacao en Côte d'Ivoire : une situation migratoire inversée*, ORSTOM, p.308.

C'est pourquoi très vite les premiers signes de la saturation foncière et de la déforestation apparaissaient dans ces régions.

La saturation foncière et la déforestation à l'est et au sud-est comme dans bien d'autres régions sont consécutives au modèle de l'économie de plantation. En effet, dans ce système de production extensive la conquête de nouvelles terres, dans la forêt primaire, constituait le principal atout pour maintenir ou accroître le rendement. Dans ces conditions, les planteurs dans un esprit de concurrence se lançaient dans une course à la terre pour conquérir plus de superficie.

De manière générale, à l'est et au sud-est, cette conquête foncière a été l'œuvre des autochtones Agni. En réalité, « à l'Est et au Sud-est, la conquête foncière est antérieure à l'indépendance. Les autochtones Agni, réputés bons travailleurs, s'étaient très vite intéressés à la culture du café et du cacao. Ils accueillaient, certes, d'autres travailleurs venus d'ailleurs, mais ils étaient généralement employés comme manœuvres dans leurs plantations. Il s'agissait pour la plupart des Voltaïques et des Baoulé »[95].

En clair, la conquête foncière à l'Est de la Côte d'Ivoire a été l'œuvre des autochtones et « plusieurs travaux à l'échelle départementale confirment le fait généralement admis d'une contribution majeure des autochtones au développement de leur région. Les Agni en particulier gardent la réputation de grands planteurs de la Côte d'Ivoire. Ainsi, J.M Gastellu et Affou Yapi rappellent que 76% des exploitations de plus de 50 hectares se trouvent dans le Sud-est »[96]. Ainsi, au moment où les allogènes arrivent en masse à la recherche de terres libres cultivables, les autochtones de la région de l'Est contrôlaient la quasi-totalité des leurs. Progressivement, une bourgeoisie terrienne s'était constituée dans cette région disposant d'énormes capitaux qui leur avaient permis de se lancer dans la course foncière dans d'autres régions du pays.

La dynamique de l'économie de plantation avait contribué à une déforestation accélérée dans cette partie du pays. À la fin des années 60, la saturation foncière avait atteint ses limites à l'est et au sud-est provoquant l'effondrement progressif de l'économie de plantation dans ces régions. En effet, « le fonctionnement du système de l'économie de plantation provoque une occupation maximale du sol. En retour, quand le

---

[95] P. K., TANO (2015, Septembre), « Le foncier rural ivoirien à la croisée des chemins : genèse et structuration d'une crise : 1900-1998 », in *revue El-HAKIKA*, Revue Académique éditée par l'université Hamed DRAIA (Adrar-Algérie), N° 34, p17.

[96] *Id.,* p.24.

sol n'est plus disponible, le système est bloqué et s'effondre »[97]. C'est ce scénario qui se produisit à l'est et au sud-est de la Côte d'Ivoire à la fin des années 60. Face à cette situation de blocage du système économique, les planteurs de ces régions adoptèrent deux attitudes :

- Une première frange décida d'émigrer vers d'autres régions à la conquête des forêts vierges de ces zones. Ce fut le cas au centre-ouest qui devint, dans un premier temps, leur destination privilégiée notamment dans les sous-préfectures de Gagnoa, Oumé, de Daloa, etc. En effet, « les nombreux défrichements entrepris dans le centre-ouest, la création de jeunes plantations de cacao, eurent pour résultat l'accroissement spectaculaire des productions de Divo, de Daloa et de Gagnoa. Le centre-ouest devint alors dès la campagne 1969-1970, la première région cacaoyère : 33,9% de la production contre 19,4% pour le sud-est, 21,1% pour l'est et 24,2% pour le centre »[98]. La région de l'est, première boucle du cacao venait de perdre sa place de leader dans les régions productrices de cacao en Côte d'Ivoire au profit du centre-ouest. L'entrée en production de nouvelles plantations de cacao permit à cette région d'atteindre la production record 95 200 tonnes soit 45,7% de la production nationale durant la campagne 1973-1974. En clair, à la fin des années 60, le front pionnier de la production café –cacaoyère fut déplacé de l'est au centre-ouest puis au sud-ouest.

- Un second groupe, demeuré sur place, par manque de terres cultivables s'attaquèrent aux forêts classées de ces régions. Face à ces agressions des forêts classées l'État adopta une attitude de laisser-faire. Finalement, sous la pression de ces planteurs plusieurs forêts classées furent déclassées en leur faveur.

2. L'agression des forêts classées et le laisser-faire de l'État

Avec l'économie de plantation, le statut de la terre a énormément évolué dans les sociétés africaines. À l'est et au sud-est de la Côte d'Ivoire, la terre était au départ une propriété de la communauté. En réalité, à l'époque précoloniale, bien avant l'arrivée des Européens,

---

[97] J.M GASTELLU, (1978, Février), « La course à la terre dans le Moronou », *séminaire inter-instituts sur le dynamisme foncier et l'économie de plantation*, p.7.

[98] B. DIAN (1985), *L'économie de plantation en Côte d'Ivoire forestière*, Abidjan-Dakar-Lomé, Les nouvelles Éditions Africaines, p.265.

> l'espace, pour les populations traditionnelles d'Afrique noire, signifie : lieu de chasse, de cueillette, d'influence mystique, de mise en valeur en cultures d'autoconsommation et de subsistance. Il permet la survie et l'épanouissement d'un ensemble d'individus. Il s'est alors établi un rapport social entre les communautés rurales et l'espace qui les entoure. Il ne peut appartenir à un seul groupe. Celui qui détient le pouvoir de communiquer avec les forces occultes en rapport avec la terre, est la courroie de transmission entre les populations et ces forces mystiques de la forêt, garant des pluviométries et de la productivité[99].

C'est cette relation sociale et spirituelle étroite établie entre les sociétés africaines et leurs terres qui se traduisent, dans certains cas, dans leur organisation politique par l'existence d'un chef de terre, autorité très influente chargée de célébrer tous les cultes dédiés à la terre. Il est le représentant du lignage ou du groupe qui détient l'autorité de gérer et de contrôler l'espace qui est sous son influence. Généralement, il est le descendant de l'ancêtre-fondateur ayant découvert le site sur lequel toute la communauté s'est établie par la suite. C'est donc une autorité qui perpétue l'autochtonie de son lignage. Cependant, son autorité sur la terre n'est que morale et spirituelle. Par son biais, l'espace formé par le terroir du village appartient à toute la communauté. C'est un bien collectif et non individuel. Les communautés villageoises ou lignagères avaient donc la jouissance de ces terres qui ne pouvaient souffrir d'aucune souillure ni de profanation. Ainsi, il était interdit d'y accomplir des actes incestueux ou des crimes. De même, des jours, selon les croyances des communautés, sont dégagés dans la semaine où il était formellement interdit d'y mener des activités.

Avec l'avènement de la colonisation et l'introduction de l'économie du marché, la terre devient un bien à posséder à titre individuel. Devenue le moteur principal de l'économie de plantation, la possession de la terre devient l'une des préoccupations majeures en milieu rural. Les planteurs développent alors plusieurs stratégies pour conquérir plus de superficies de forêts pour y créer des plantations de café et/ou de cacao.

---

[99] M. KOFFI ; F. FILI (1999), *Dossier documentaire : politiques foncières en Afrique de l'Ouest : cas du Burkina Faso, de la Côte d'ivoire et du Mali*, Montpellier, Cnearc, p.9.

Une stratégie adoptée par les planteurs consistait à défricher des dizaines d'hectares de forêt pour empêcher d'autres concurrents de s'y introduire. Puis progressivement, le planteur cultivait une partie de cette forêt défrichée chaque année. Cette méthode matérialisait la course à la terre et faisait avancer à un rythme accéléré le front pionnier. Dans d'autres cas, avec l'amenuisement du massif forestier « une des stratégies les plus élaborées était la méthode à ''saute-mouton''. Au lieu de faire avancer régulièrement son ''aréole'', le planteur ouvrait plusieurs fronts pionniers périphériques, isolant ainsi de grandes réserves forestières dans lesquelles personne ne pouvait entrer »[100].

Avec la saturation foncière de plus en plus apparente, la stratégie des planteurs était de franchir les limites des forêts classées de la région en s'infiltrant d'abord par petits groupes et ensuite faire pression sur l'administration en vue d'un déclassement de ces forêts en leur faveur, lorsque que leur nombre devenait plus important. Ces pratiques frauduleuses vis-à-vis de la loi s'étaient généralisées à l'est et au sud-est surtout avec le laxisme de l'État qui s'apparentait à un feu vert tacite. Ce fut le cas dans « la forêt classée de la Manzan (finage de Diamarakro S/P d'Abengourou) qui couvrait 14 500 ha et qui fut réduite à 4 500 ha, 10 000 ha ayant été défrichés clandestinement. (…) ce défrichement clandestin a obligé les autorités à déclasser la forêt au profit des occupants »[101].

Ce même cas de figure s'était opéré dans le Moronou voisin où les planteurs ouvraient de nouvelles plantations dans des lieux appelés *trao*. Ce terme *trao* était une déformation Agni du mot français *travaux* et qui traduisait deux notions principales. Il s'agit, d'une part, des activités du service des Eaux et forêts dans ces forêts classées et, d'autre part, des pistes ouvertes par les exploitants forestiers suivant lesquelles se déroulaient les infiltrations de ces planteurs clandestins. Sous la pression de ces clandestins, presque toutes les forêts classées de la région furent déclassées. Ce fut « le cas de la forêt classées de l'Agbo »[102] située entre les Agni Morofwè du Moronou et les Attié d'Akoupé.

---

[100] B. KINDO (1978, octobre) « La course à la terre convoitée chez l'Agni d'Abengourou », *Séminaire Inter-instituts sur le dynamisme foncier et l'économie de plantation*, p.10.

[101] *Id.* P.18.

[102] J.M GASTELLU, (1978, février) *Séminaire inter-instituts sur le dynamisme foncier et l'économie de plantation*, p.9.

Dans l'ensemble, voici quelques-unes de ces forêts classées de l'est et du sud-est qui furent déclassées par l'État en faveur des planteurs clandestins de café et de cacao[103]. Dans la région forestière d'Abidjan on peut citer le déclassement des forêts classées de Dogodou (26 800 ha) ; d'Irobo-Cosrou (25 900 ha) ; de Yapo (22 300 ha) ; de Taabo (6 200 ha) ; de Offumpo (3 200 ha) ; de Besso (5 500 ha) ; de Brassué (5 500 ha) ; d'Agnibilékro (26 200 ha) ; de l'Agnéby (4 800 ha) ; etc. Dans la région du centre-est placée sous la responsabilité administrative du cantonnement de Bouaké, on peut citer les forêts classées de la Séguié (5 300 ha) ; de Sérébi-Proum-Gbo (1 600 ha) ; d'Orumbo Boka (3 600 ha) ; d'Abéanou (35 600 ha) d'Arrah (12 300 ha) ; de Banguéra (24 400 ha) ; d'Etroukro (17 400 ha) ; etc. En clair, face à la pénurie de terres cultivables à l'est et au sud-est, ces déclassements de forêts placées au départ sous le contrôle du pouvoir public étaient un appui décisif à l'action destructrice de la forêt des planteurs de café et de cacao qui avaient réussi à faire disparaitre tous les lambeaux de forêts primaires dans ces régions.

Le constat est donc clair. Au début de l'indépendance, l'État de Côte d'Ivoire avait mis en place tous les mécanismes administratifs, juridiques et institutionnels pour une meilleure protection de la forêt et de la biodiversité. Malheureusement, le système d'économie de plantation initié depuis l'époque coloniale et renforcé par l'État de Côte d'Ivoire à partir des années 60 a fait exploser ces digues de protection de la forêt.

À l'analyse de la situation, apparaît une réelle ambivalence entre les objectifs avoués de protection de la nature forestière par les pouvoirs publics et la politique agricole promue en Côte d'Ivoire. En effet, comment protéger le massif forestier d'un pays lorsque ce même pays adopte un système économique qui fait de l'exploitation de la forêt le moteur principal de sa croissance. C'est comme vouloir une chose et son contraire. Le résultat est qu'au bout de deux décennies (1950-1970) d'intense exploitation, les principaux foyers de production de cette économie de plantation qu'étaient l'est et le sud-est étaient essoufflés et entamaient leur déclin. La saturation foncière étant arrivée aux limites de l'acceptable, le front pionnier se déplaça par conséquent vers d'autres régions où la forêt primaire était encore plus disponible. Il s'agit notamment du centre-ouest et du sud-ouest. Et, là encore, l'État assiste sans agir au "massacre" du massif forestier dans ces zones. Souvent

[103] A. AGGREY, *Op. cit*, p.30-31.

même, il devient le précurseur du mouvement de conquête de la terre dans ces contrées. La conquête foncière dans les régions du centre-ouest et du sud-ouest s'amorce au début des années 70 et atteint son niveau de saturation à la fin des années 80. C'est la seconde phase de la déforestation en Côte d'Ivoire.

DEUXIÈME PARTIE

LA CONQUÊTE FONCIÈRE DU CENTRE-OUEST ET DU SUD-OUEST : 1970-1990

La période de 1970 à 1990 correspond à la deuxième phase de la conquête forestière par l'économie de plantation en Côte d'Ivoire à travers le déplacement du front pionnier de l'est et du sud-est au centre-ouest et au sud-ouest. La conquête foncière de ces régions se réalise selon deux principes directeurs.

Primo, l'État a été à la pointe des grandes initiatives de la mise en valeur agricole des massifs forestiers de ces zones. Il s'agit de la création de l'Autorité pour l'Aménagement de la Vallée du Bandama (AVB) et de l'Autorité pour l'Aménagement de la Région du Sud-ouest (ARSO), toutes deux, sociétés d'État créées en 1969. Ces deux structures publiques ont été les bras séculiers de l'État de Côte d'Ivoire dans sa politique d'intégration des régions du centre-ouest et surtout du sud-ouest à l'économie nationale.

Secundo, la course à la terre durant cette période se déroule dans un contexte de vide juridique en la matière. En effet, après la tentative avortée d'application de la loi du 20 mars 1963, le domaine du foncier rural a vogué dans un vide juridique jusqu'à la fin des années 90. En lieu et place d'une réglementation claire et rigoureuse, les autorités ivoiriennes avaient opté pour une politique foncière empirique à travers la doctrine de la terre *"appartient à celui qui la met en valeur"*. Plus grave, cette philosophie politique était prônée et appliquée à un moment où la terre était devenue un bien très précieux à cause du succès économique de ce pays principalement bâti sur l'essor de l'agriculture. La course à la terre étant ainsi lancée, le flux migratoire tant interne qu'externe vers les zones du Centre-ouest et du Sud-ouest était devenu très intense. Au bout du compte, on aboutit à une saturation foncière avec la multiplication des conflits fonciers entre autochtones et migrants, entre communautés villageoises et allogènes, entre nationaux et étrangers, etc. En toute logique, ces régions étaient devenues les principaux pôles de productions agricoles et forestières en Côte d'Ivoire.

Paradoxalement, face à la déforestation irréversible dans ces régions, l'État, principal initiateur des actions de conquête des massifs forestiers de ces régions, relance et renforce sa politique de protection forestière à travers un certain nombre de réformes du cadre institutionnel, juridique, fiscal, etc. Ces différentes initiatives de lutte contre la déforestation étaient fortement appuyées par certains partenaires internationaux.

CHAPITRE III

L'IMPLICATION DE L'ÉTAT DANS LA CONQUÊTE FONCIÈRE DU CENTRE-OUEST ET DU SUD-OUEST

La conquête agricole des massifs forestiers du centre-ouest et du sud-ouest a été dans une large mesure à l'initiative de l'État de Côte d'Ivoire. Pour donner un coup d'accélérateur et mieux coordonner cette politique sur le terrain, deux organismes publics furent créés : l'AVB et l'ARSO. La création de ces deux structures, était une prime d'encouragement de l'État à la masse paysanne de plus en plus à l'étroit à l'est, au sud-est et au centre qui n'hésitait pas à prendre le chemin de l'immigration. Ces flux migratoires au sud-ouest avaient une configuration cosmopolite avec une frange très importante de ressortissants des pays de la sous-région. Il s'agit, en plus des allogènes ivoiriens, principalement des Voltaïques, des Maliens, des Béninois, des Togolais, des Guinéens, etc.

L'implantation des étrangers dans ces régions fut facilitée, en amont, par la politique d'ouverture du Président Félix Houphouët-Boigny formalisée dans le domaine foncier à partir de 1970 lorsque celui-ci affirme lors du congrès du PDCI-RDA à Yamoussoukro que *« la terre appartient à celui qui la met en valeur »*[104]. Cette déclaration du premier Président de la république de Côte d'Ivoire fut alors érigée en norme directrice de la gestion foncière du pays.

---

[104] N. DIABY (1996,18-22 Novembre), « Étude de cas : les conflits fonciers dans la région du Sud-ouest (San-Pedro) » in *séminaire Régionale*, Gorée, Dakar, p217.

I. CRÉATION ET ACTIONS DE L'AVB

L'Autorité pour l'Aménagement de la Vallée du Bandama (AVB) était une structure publique créée par l'État pour remplir des missions précises. Dans l'accomplissement de ses missions, cette structure avait favorisé et encadré l'implantation de certaines populations des savanes du centre dans des régions du centre-ouest et du sud-ouest. En initiant ces actions de ponction de population du centre pour organiser leur implantation dans ces régions forestières, les pouvoirs publics ouvraient de façon implicite la voie à une occupation anarchique de la forêt primaire par tous les nationaux et non nationaux à l'étroit chez eux et donc à la recherche de terres cultivables.

1. Création et missions de l'AVB

L'Autorité pour l'Aménagement de la Vallée du Bandama (AVB) est un organisme public créé par le décret n° 69-315 du 8 juillet 1969[105] pour coordonner les actions de développement des régions du centre, du centre-ouest et du nord. Ses missions ont été définies par ce décret précisément en son article 3. À ce titre, il était chargé de remplir un ensemble de tâches qui se résument en ces points-ci[106] :

- La coordination et le contrôle de la construction du barrage de Kossou et des équipements hydro-électriques correspondants ;
- Les transferts de populations délogées par les eaux du nouveau lac et leur réinstallation avec reconstitution des potentiels de production sur les nouveaux terroirs.

  Plus tard, le plan quinquennal 1971-1975, qui couvrait la période de réalisation des actions de l'AVB, fut conçu pour mieux faciliter la concrétisation de ses objectifs. Dans une certaine mesure ce plan montre « combien l'aménagement de la vallée du Bandama se présente comme l'une des opérations intégrées essentielles et rappelle à la suite de quelles manières dans le passé de telles opérations

---

[105] Décret n° 69-315 du 8 juillet 1969 portant création de l'Autorité pour l'Aménagement de la Vallée du Bandama (AVB).

[106] Autorité pour l'Aménagement de la vallée du Bandama (1973, Mars), *Mission de l'AVB à moyen terme*, Abidjan, AVB, p.1.

globales ont été jugées indispensables »[107]. L'AVB agissait de concert sur le terrain avec d'autres sociétés publiques de développement notamment la Compagnie Ivoirienne de Développement du Textile (CIDT) dans les zones de savane du centre et du nord et la Société d'Assistance Technique pour la Modernisation de l'Agriculture en Côte d'Ivoire (SATMACI) dans les régions forestières du centre-ouest. C'est dans ce cadre qu'une convention fut signée le 28 novembre 1972 entre la SATMACI et l'AVB en vue de conduire ensemble des actions sur le terrain en faveur du monde paysan.

À l'évidence, dans l'accomplissement de ses missions, surtout celle concernant la relocalisation des sinistrés du barrage de Kossou, l'AVB avait contribué dans une certaine mesure à la conquête des étendues forestières du centre-ouest et du sud-est de la Côte d'Ivoire.

2. Les actions de relocalisation des populations sinistrées.

Depuis sa création, l'AVB a eu à son actif plusieurs réalisations de diverses natures. Il s'agit des aménagements hydroélectriques ; du transfert et relogement des populations sinistrées ; des activités de formation et d'encadrement des populations sur des activités agropastorales et la pêche ; de la réalisation des infrastructures routières ; des études générales de planification et d'aménagement ; etc.

Parmi toutes ces actions accomplies sur le terrain, les opérations de transfert et de relogement des populations principalement des régions du centre dans d'autres régions forestières du centre-ouest et du sud-ouest ont été assez déterminantes dans le processus de conquête des massifs forestiers de ces zones. Cependant, il est bien de préciser que la relocalisation des sinistrés des barrages de Kossou et Taabo n'a pas été qu'un transfert systématique vers les zones forestières du centre-ouest et du sud-ouest. Il s'est agi de prime abord de procéder à une relocalisation régionale, c'est-dire, trouver de nouveaux sites d'habitation aux sinistrés dans la même aire géographique. Le tableau des transferts, au milieu des années 70, se présente de la manière suivante :

---

[107] *Id*, p.3.

Tableau 6 : Situation des opérations de transfert de population au 30/9/1975

S/P des nouveaux villages	Nouveaux villages	Populations transférées	S/P des anciens villages	Anciens villages
	Kongo	1 533	SAKASSOU	Abi Koffikro-Ble Akazankro
	Bolongo	780	oo	Bolongo Ouelessi
	Bondossou	1 606	oo	Bondossou-Gassou Yaokro
	Kofessou	100	oo	Kofessou
	Odiae	1 043	oo	Odiae
	Assandre	2 996	oo	Konbobi-Konan n'drikro-Kanouan Aguibonou-
SAKASSOU	Ayaou-Sokpa	2 800	SAKASSOU	N'Zueda-Diamalabo-Melakro-Aougnanssou-Sorofoue
	Aman-Slekro	954	+ BOUAFLE	Sagui Ouassou-Beobon'Zue-Kpetroukro-Ayaou
	Toumodi Fas	384	SAKASSOU	Tiebissou-Dieou-Akoyebo Aman Salekro-Aman
	Taya Moukro	401	oo	koffikro-Gbessou Toumodi Fassou
	Kouadio-Sak.	934	oo	Abi-Koffikro-Bleakanzakro
	Kenefoue	1 050	oo	Kouadio-Sakassous-Kouebokan Kenefoue-Mangredan
	Total	**14 042**		
	Assakra	1 126	BEOUMI	Assakra-Ourenou-Bindo-Gbasse, Grobonou-Fitabro-
	Fitabro	944	oo	Loliebo-Niambrun-Bagou-Bgo-Tiendoukro-Kouadio-
	Niambrun	1 474	oo	N'drikro-Menakro
	Yoboue Nzue	1 439	oo	Nimbo-Aluibo-Mangli-Bossi-Andizende
	Dieviessou	3 338	BEOUMI+SAK	Boyakro-Brikro-
BEOUMI	Boyakro	2 240	BEOUMI	Kongobo-Melebo-Asse
	Kongobo	1 866	oo	Akende-Rousse
	Akende	1 050	oo	Bourebo
	Bourebo	1 281	oo	Abouakro-Bouahirebo
	Abouakro	1 415	oo	M'babo, Samoussi
	M'babo Sam.	1 190	oo	
	Total	**17 363**		

BODOKRO	Guienzoukro	800	BEOUMI+BODOKRO	Guienzoukro-Kouakoukro
	Goli Kpang-	1 574		Bendekro-Ya Koffikro-Minakro
	Alekro	1 421		Alekro-N'dri Konankro
	Total	**3 795**		
YAMOUSSOUKRO	Angosse	1 120	YAMOUSSOUKRO+	Angosse-Atrenou-
	Alangoua	1 550	TIEBISSOU	Alangoua-Gbessou
	Suibonou	800	YAMOUSSOUKRO	Souibonou
	Kongouanou	1 378	°°	Kongouanou
	Bocabo	680	°°	Bocabo
	Kossou	534	°°	
	Total	**6 062**		
TIEBISSOU	Douibo	850	TIEBISSOU	Nangrekro-Sagui Ouassou
	Molonou	1 375	°°	Molonou
	Diaman-Sak.	997	°°	Diaman-Sakassou
	M'Vankro	2 275	°°	Huakre-Abika-Amanze
	Koffi Agokro	563	°°	Koffi-Agokro
	Koriakro	679	°°	Koriakro-Lossou
	Taki-Salekro	1 470	°°	Aman-Salekro
	Total	**8 227**		
BOUAFLE	Nangrekro	1 271	SAKASSOU	Nangrekro Sagui Ouassou
	N'denoukro	1 381	BOUAFLE	Krekrenou
	Atosse	1 305	°°	N'denou-Diomanbo
	N'doufoukankro	1 493	°°	N'doufoukankro-Aale
	Benou	379	°°	Benou
	Ble	1 493	°°	Ble Amanikro-Ble Zamblekro
	Akoviebo	1 150	SAKASSOU	Akoviebo Dieou Ayaou
	Alloua Bassi	831	BOUAFLE	Alloua
	Diacohou	1 506	°°	Diacohou
	Total	**10 516**		

BOUAFLE	Do Sakassou Grobonou Dan Boigny-kkro Nonoua **Total**	604 1 005 727 770 **3 186**	TIEBISSOU °° °° BEOUMI	Do Sakassou Grobonou Dan-Tiendoukro- ya Sakassou-Kansi-Koriakro-Lossou Agbaou- Asseyakro-Borebo-Boyakro-Brikro-Kokofle.
	TOTAL GENERAL	**63 191**		

Source : Autorité pour l'Aménagement de la vallée du Bandama (1976, mars), Rapport d'activités année 1976, Abidjan, AVB, p.8-9.

En observant le tableau ci-dessous, le constat est que durant le premier quinquennat de son existence, l'AVB avait réussi à relocaliser un nombre assez important de sinistrés, environ 63 191, sur de nouveaux sites. Ceux-ci se trouvent principalement dans la zone de savane baoulé. Il s'agit des régions de Sakassou, de Béoumi, de Bodokro, de Yamoussoukro et de Tiébissou. En clair, une vague de déguerpis, majoritairement d'origine baoulé du centre de la Côte d'Ivoire, ont été relocalisés chez leurs frères de mêmes régions.

Cependant, une autre partie de ces populations sinistrées furent installées par l'AVB dans des régions forestières du centre-ouest, notamment à Bouaflé. Cette tendance à orienter les populations délocalisées hors de leur aire d'origine a été une facette importante des actions de l'AVB. En effet, une partie des sinistrés s'était montrée réfractaire à l'option de l'AVB de les relocaliser dans les régions savanicoles qui ne leur offraient pas de meilleures possibilités de productions agricoles. Ils lorgnaient au contraire les terres fertiles des régions forestières mieux disposées à la production café-cacaoyère devenue leur principale activité. L'État, à travers l'AVB, n'avait pas tardé à répondre favorablement à cette pression des planteurs baoulé. C'est pourquoi une majorité d'entre eux fut installée en pays Gouro, notamment dans les zones de Bouaflé, Kounahiri, Gohitafla, Sinfra, etc. Mieux, d'autres encore furent transférés plus loin au sud-ouest du pays dans la région de San-Pedro. Dans les détails, voici les statistiques de transferts de ces populations dans les régions concernées :

Tableau 7 : Nombre d'habitants transférés de 1971 À 1976.

	1971	1972	1973	1974	1975	1976
BOUAFLE						
Nangrèkro	1 000	1 271				
Nangrèkro (SK)	450					
Sagui Ouassou (SK)	550					
Ayaou Kékrénou (SK)	-	271				
N'Dènoukro		1 381				
N'Dènoukro (BF)	-	802				
Diamanbo (BF)	-	579				
Atossé		1 305				
Atossé (BF)	-	735				
Kroukouaméssou (BF)	-	570				
Bénou (BF)	-	379				
N'doufoukankro (BF)	-	1 493				
N'doufoukankro (BF)	-	501				
Térènou (BF)	-	119				
Akotiakro (BF)	-	108				
Forossou (BF)	-	373				
Ablé	-	292				
Blé						
Lagrikro (BF)		350				
Nianda (BF)		350	1 254			
Blé Amanikro (BF)		-				
Blé Zamblékro (BF)		-	263			

Akoviébo	-	-	) 641			
Akoviébo (SK)	-		)	1 506		
Diéou (SK)	-	-	-			
Ayaou Tiébissou (SK)	-	-	-	) 1 150)		
Diacohou (BF)	-	-	-		**1 506**	
Alloua Bassi (BF)	-	-	-	-	**831**	
TOTAL BOUAFLE		-	-	-		
Annuel	1 000	5 079	904	1 150	2 337	-
Cumul	1 000	6 079	6 983	8 133	10 470	10 470
KOUNAHIRI						
Akendé	-	-	1 050			
Akendé (BM)						
Renssé (BM)						
Boyakro	-	1 250	2 240			
Boyakro (BM)	-	1250	-			
	-	-	990	-	-	-
Brikro (BM)	-	-	1 281	**4 571**	**4 571**	**4 571**
Bourèbo (BM)						
TOTAL KOUNAHIRI	-					
Annuel	-	**1 250**	**3 321**			
Cumul		**1 250**	**4 571**			
SAN-PEDRO						
Do Sakassou (TB)	-	684				
	-					

Grogbonou-Dan	-	1 005				
Grogbonou-Dan	-	) [1 005]				
Tiendoukro	727	)				
	)					
Boigny-Kro	727	727				
Ya Sakassou Kansi (TB)	)					
Koriakro (TB)						
Lossou (TB)	-					
Nonoua	-		770			
Agbaou (BT)	-	-				
Asseyakro (BT)	-	-				
Borèbo (BM)	-	-				
Boyakro (BM)	-	-	) [770]			
Brikro (BM)		-	)			
Kokoflè (BM)		-	-			
		-				
TOTAL SAN-PEDRO						
Annuel	**727**	**1 689**	**770**	-	-	-
Cumul	**727**	**2 416**	**3 186**	**3 186**	**3 186**	**3 186**

Source : Autorité pour l'Aménagement de la vallée du Bandama (1978, mars), Rapport d'activités année, Abidjan, AVB, p.9, 13-14.

Ces populations, une fois installées sur leurs nouveaux sites, bénéficiaient d'un ensemble de projets réalisés par l'AVB. Il s'agit des appuis techniques et matériels pour le développement des activités économiques dans le domaine agropastoral et de la pêche ; de la construction des habitats, des routes, de la formation et animation du monde rural, etc. Ces projets étaient financés par des fonds publics et parapublics. À titre d'illustration, « l'AVB a bénéficié au cours de l'année 1976-1977 de trois sources principales de financement : le budget général de fonctionnement, le BSIE, le FED et de l'aide offerte par les États-Unis et la coopération française. En outre, dans le cadre du projet de l'aménagement hydro agricole de la vallée du Kan, elle a obtenu une nouvelle ressource extérieure, combinant un crédit financier et un crédit acheteur »[108]. Cette nouvelle source extérieure de financement était un consortium de banques (DAVK) constitué de la Chasse Manhattan Bank et Lazard de France. Ce consortium avait consenti pour les années 1977 et 1978 un crédit de 1 milliard 750 millions de F CFA destinés à la réalisation du programme agro-industriel de la vallée de Kan à Tiébissou.

En définitive, durant les premières années de la décennie 70, l'État ouvrait grandement la voie de la conquête des massifs forestiers du centre-ouest et du sud-ouest. La conquête foncière dans ces régions forestières par des populations venues d'autres régions du pays a été réalisée avec l'accord, l'encadrement et la participation de l'État à travers ses structures créées à cet effet. L'AVB se chargeait principalement du centre, du centre-ouest au moment où l'ARSO intervenait dans le sud-ouest.

II. L'ARSO : CRÉATION ET RÉALISATIONS

L'ARSO, à l'image de l'AVB, était une structure publique créée sur initiative de l'État pour remplir un certain nombre de missions dans le sud-ouest ivoirien. Ces actions avaient favorisé, dans une large mesure, la conquête agricole des immenses étendues forestières de cette région qui se présentait au début des années 70 comme une enclave naturelle du pays. La création de l'ARSO procédait donc d'un constat fait par les pouvoirs publics, celui d'une région encore à la périphérie de l'économie nationale, duquel découlait par conséquent ses missions.

---

108 Autorité pour l'Aménagement de la vallée du Bandama (1978, Mars), *Op.cit*, p.161.

1. Historique de la création de l'ARSO

La région du sud-ouest couvre une superficie totale de 37 000 km^2 soit 11% du territoire national[109], avec la ville de San-Pedro comme capitale régionale. Elle abrite également les localités de Divo, Lakota, Tabou, Sassandra, Grand-Béréby, Fresco, Taï, etc. Au début des années 70, voici la réflexion que faisait Félix Houphouët-Boigny à propos de cette région :

> San-Pedro, c'est pour nous l'espoir, en donnant la vie à une région, de fournir des emplois nouveaux, en nombre considérable et aussi des terres à tous ceux qui auront le souci de les mettre en valeur, de créer, en définitive, un pôle de développement qui contribuera à l'équilibre de notre économie. C'est aussi un pari raisonnable, celui de l'enthousiasme, de la foi en l'avenir de notre volonté de doter notre pays d'une infrastructure à la mesure de nos besoins[110].

C'est en 1959 que le gouvernement ivoirien lança un inventaire général des potentialités physiques, humaines et économiques du pays. Les résultats de cet inventaire posèrent, pour la première fois, la nécessité de construire un port dans l'ouest de la Côte d'Ivoire. L'objectif inavoué était de mettre en valeur l'immense région presque inhabitée (2,2 hbts/km^2) située entre Sassandra et Tabou.

Au début des années 70, un second impératif venait s'ajouter à cette première nécessité, celui de trouver une région potentiellement riche capable d'absorber les populations du centre chassées par la mise en eau du barrage de Kossou. Face à ces enjeux socio-économiques, l'État décida de prendre la direction des opérations de mise en valeur du sud-ouest ivoirien. C'est d'ailleurs l'appréciation faite par Emmanuel Dioulo, Président-Directeur Général de l'ARSO en ces termes « la mise en valeur de la région du sud-ouest procède directement de la politique délibérée du gouvernement de la république de Côte d'Ivoire tendant à réduire les disparités régionales »[111]. Effectivement, les disparités entre les régions de l'est et du sud-est et le sud-ouest étaient criardes au regard de ses productions agricoles. En effet, « les ressources se limitaient à une

---

[109] Autorité pour l'Aménagement de la Région du Sud-Ouest, (S.d), *Sud-ouest ivoirien*, p.1.

[110] Autorité pour l'Aménagement de la Région du Sud-Ouest, (S.d), *Sud-ouest ivoirien*, p.1.

[111] Autorité pour l'Aménagement de la Région du Sud-Ouest, (S.d), *Sud-ouest ivoirien*, p.2.

production insignifiante de café : 1 400 tonnes en 1960, et de banane : 5,2% de la production totale en 1965 »[112]. Les infrastructures de communication étaient presque inexistantes. Le Wharf de Sassandra ne fonctionnait plus et les rares productions agricoles de cette région étaient acheminées vers le port d'Abidjan par la route non bitumée Sassandra-Lakota-Divo.

C'est donc pour équilibrer le rôle prépondérant joué jusqu'alors par le port d'Abidjan et sa région que la mise en valeur du sud-ouest, avec en prime la création d'un port en eau profonde à San-Pedro, s'était imposée comme une priorité nationale. Deux actes gouvernementaux furent déterminants dans la concrétisation de ce projet. Il s'agit de la création de l'Autorité pour l'Aménagement de la Région du Sud-ouest (ARSO) en 1969 suivie de celle du port de San-Pedro par la loi 71-336 du 12 juillet 1971[113]. La mise en œuvre de ces deux décisions avaient permis de mettre en place un programme complet de planification des initiatives de développement de toute cette région.

2. Missions de l'ARSO

Placée sous la tutelle directe de la Présidence de la République, l'ARSO était dirigée par un Président-Directeur Général assisté d'un Conseil d'Administration composé de 12 membres représentants du gouvernement, de l'Assemblée Nationale et du Conseil Économique et Social. Calquée sur le modèle de la *Tennessee Valley Authority du new deal américain*, elle a été créée pour accomplir quatre missions fondamentales[114] :

- Conception du schéma-directeur d'aménagement et du programme de développement de la région ;
- Exécution du programme de développement en liaison avec les ministères concernés ;
- Coordination de toutes les actions entreprises en vue de l'organisation et du développement de la région ;

---

[112] B. DIAN (1985), *Op. cit.* p.430.

[113] Loi n° 71-336 du 12 juillet 1971 portant création du port de San-Pedro.

[114] Ces différentes missions de l'ARSO ont été définies par le décret n°69-546 du 22 décembre 1969 portant sa création.

- Contrôle, en liaison avec les ministères, des opérations sous-traitées à d'autres sociétés ou organismes d'intervention.

La déclinaison de ces missions de l'ARSO en objectifs stratégiques a été la quintessence du schéma-directeur conçu en 1975 et qui prévoyait trois grandes périodes d'exécution :

- La première étape (1966-1975) prenait en compte l'urgence du désenclavement de la région au moyen de la création, d'une part du port de San Pedro, d'autre part, de la dotation de l'arrière-pays d'infrastructures routières conséquentes ; la promotion à grande échelle de cultures industrielles notamment le palmier à huile, l'hévéaculture, le cocotier, etc.

- La deuxième phase (1976-1985) devrait être consacrée à la valorisation des ressources forestières et l'implantation des cultures industrielles. La valorisation des ressources forestières passait par l'implantation des unités industrielles pour la transformation des richesses ligneuses de la région. De même, le plan de développement des cultures industrielles accordait une place de choix à l'intensification de l'agriculture paysanne par la formation, l'encadrement et la recherche. Dans le schéma-directeur, cette deuxième phase fut baptisée ''la mise en place du développement''.

- La troisième étape ou étape ''du décollage économique'' devrait voir la concrétisation de tous ces objectifs assignés à l'ARSO. Malheureusement, les activités de cette structure n'iront pas jusqu'à cette période puisque qu'elle fut dissoute en 1980, ses missions étant considérées comme largement accomplies.

3. Les réalisations de l'ARSO

En dépit de la brusque interruption des activités de l'ARSO par sa dissolution à mi-parcours, plusieurs réalisations tant économiques que sociales sont à son actif de 1969 à 1980. Dans l'ensemble, quatre points focaux meublent le tableau des réalisations de l'ARSO : la valorisation des ressources forestières de la région du sud-ouest ; le développement des cultures agricoles ; l'encadrement du flux migratoire pour la conquête foncière de cette zone et la réalisation d'importantes infrastructures socio-économiques.

L'un des objectifs majeurs du gouvernement ivoirien en créant l'ARSO était d'exploiter de manière rentable l'immense potentiel forestier de la région du sud-ouest du pays demeurée jusqu'au début des années 70 en marge des principaux foyers d'action des exploitants forestiers. C'est dans ce cadre qu'un périmètre papetier d'environ 350 000 hectares fut créé en 1975 dans lequel toute activité agricole et d'exploitation forestière était interdite. Par décret n° 77-15 de 1977[115], ce périmètre deviendra le site de la forêt classée des Rapides Grah. La SODEFOR avait été sollicitée pour créer des plantations d'essences ligneuses appropriées. C'est ainsi « qu'elle réalisa 780 hectares d'essences papetières dont 294 hectares de pin, 422 hectares d'eucalyptus et 64 hectares de gmélina »[116].

En outre, sous son instigation, le gouvernement ivoirien engage la réforme de la modernisation de la profession d'exploitant forestier. À cet effet, un décret datant du 31 octobre 1972, stipule que « toute demande d'agrément et d'attribution de permis doit dorénavant être soumise à une commission nommée par arrêté du Président de la République et composée du Secrétaire d'État chargé de la reforestation, d'un représentant de l'Assemblée nationale, d'un représentant du conseil économique et social et trois représentants de la profession »[117]. À travers ce maillage serré des procédures d'attribution des permis d'exploitation forestière se dessine clairement la volonté de l'État de travailler désormais avec de vrais professionnels en éliminant toute approximation.

Le développement des cultures d'exportation dans l'arrière-pays du port de San Pedro était le deuxième axe d'actions de l'ARSO sur le terrain. Dans ce registre, elle intervenait à deux niveaux : la réalisation des plantations industrielles et l'accompagnement et l'encadrement de la masse paysanne issue du flux migratoire. En effet, l'ARSO avait piloté à cette époque la création de vastes complexes agro-industriels de diverses cultures (palmier à huile, cocotier, hévéaculture, agrumes, etc.). En 1975, au titre des plantations industrielles, la SODEPALM avait planté 45 000 hectares de palmier à huile à Sassandra, 13 000 à San Pedro ; 6 000 hectares de cocotiers à Tabou, etc. Dans la même tendance, « la création de la SOCATCI, intervenue en janvier 1973 après la dissolution de la SODHEVEA, marque, avec le projet de Grand-Béréby, le point de départ

---

[115]Décret n° 77-15 de 1977 portant création de la forêt classée des Rapides Grah.

[116] A.G. ABOUA (2001), *Op.cit.* 171.

[117] Décret n°72-695 du 31 octobre 1972 fixant la procédure d'attribution des agréments d'exploitants forestiers et des permis temporaire d'exploitation, Art.2.

du programme de mise en place des grands blocs agro-industriels gouvernementaux »[118].

Parallèlement à ces investissements massifs des pouvoirs publics à travers la création de ces plantations industrielles, le flux migratoire de la masse paysanne aussi s'intensifiait. Elle s'investissait presque dans toutes les cultures d'exportation en vogue à cette époque mais plus singulièrement dans la cacao-culture. Cet aspect des actions de l'ARSO cadraient bien avec le troisième axe de ses réalisations qui était l'encadrement du flux migratoire.

L'implantation et l'encadrement des populations rurales venues d'autres régions du pays sur les terres fertiles du sud-ouest ont été le troisième volet des actions de l'ARSO. Dans ce processus de conquête foncière de l'arrière-pays du port de San Pedro par les paysans migrants, deux axes d'actions de l'ARSO se distinguent. D'une part, son intervention directe en amont comme en aval dans le processus de transfert et d'assistance d'une partie des populations sinistrées du barrage de Kossou au sud-ouest de la Côte d'Ivoire et d'autre part l'encadrement d'un intense flux migratoire de populations d'origines disparates qui accompagne, dans un effet d'entraînement, ce mouvement de mutation économique entamé par l'État. À l'initiative de l'ARSO, une bonne partie des déguerpis du barrage de Kossou ont été transférés et implantés sur des sites identifiés et préparés à cet effet au sud-ouest. Dans le plan quinquennal 1971-1975, « 5 périmètres villageois pour les migrants venus de Kossou étaient prévus pour la réalisation d'importants programmes sectoriels (palmier, cocotier, hévéa, cacao, café, riziculture irriguée) »[119]. En fin de compte, sur les 5 périmètres prévus, seulement trois connurent un début de réalisation[120] :

---

[118] *L'économie ivoirienne*, (1971), Numéro spécial du bulletin de l'Afrique noire, Paris, Ediafric, p.71.

[119] *Id.* p.254.

[120] A.G. ABOUA, (2001), *Op.cit.* p157.

- Le périmètre 1 situé au nord-est de San Pedro et à l'est de la forêt classée des Rapides Grah ;
- Le deuxième à l'est de la réserve de Taï ;
- Le troisième périmètre localisé au nord-ouest du parc de Taï.

Pour rendre plus viables ces périmètres de peuplement, d'importantes infrastructures furent réalisées dans cette région. Il s'agit de :

- la construction des villages modernes avec toutes les commodités pour une vie décente (latrines, puits, maisons en matériaux durs, etc. Quatre villages modernes furent bâtis sur le premier périmètre de peuplement (Boignykro, Grobonoudan, Dosakassou et Nonoua).
- La réalisation d'importantes infrastructures de communication notamment le port de San Pedro, des routes, des ponts, des aérodromes, etc.
- La réalisation des infrastructures pour la valorisation des immenses potentialités touristiques de la région (ouverture de 1 500 Chambres à Pointe Taki, Grand-Béréby et Monogaga et l'aménagement de l'arrière-pays (circuits, réserves de faune et de flore[121]).

La mise en œuvre de cette politique délibérée de l'État d'intégrer l'exploitation des massifs forestiers dans l'économie nationale avait constitué un motif d'encouragement et d'incitation à un important courant migratoire de populations rurales tant ivoirienne qu'étrangère à la recherche de terres disponibles et cultivables. Très vite, les services de l'ARSO furent débordés face à cette immigration incontrôlée.

III. La ruée des planteurs migrants vers le centre-ouest et le sud-ouest

Dans la foulée de la mise en œuvre des programmes régionaux de développement déployés par l'État, un courant migratoire en direction du centre-ouest et du sud-ouest du pays s'est mis en place. La saturation foncière à l'est et au sud-est, le cours de plus en plus élevé des produits d'exportation notamment le cacao, la politique foncière du *laisser-aller* à travers la doctrine d'Houphouët-Boigny selon laquelle ''*la terre*

121 Autorité pour l'Aménagement de la Région du Sud-ouest, (S.d), *Op. cit*, p.12.

appartient à celui qui la met en valeur'' ont été, entre autres facteurs, les mobiles de cette ruée des planteurs migrants en direction de ces régions.

1. Les effets dominos de la politique de « la terre appartient à celui qui la met en valeur »

L'adoption de cette politique d'Houphouët-Boigny était consécutive à l'échec de l'application de la législation foncière de 1963 qui était restée mort-née. En conséquence de cette situation, le domaine foncier ivoirien était régi par le décret colonial du 15 novembre 1935. C'est dans ce contexte de vide juridique et d'incertitude que le Président Félix Houphouët-Boigny fit cette déclaration lors du Congrès du PDCI-RDA en 1970 : « Il y a suffisamment de terres cultivables, ce sont les bras qui manquent. Le gouvernement et le parti ont décidé dans l'intérêt du pays, à tout citoyen d'origine ou d'adoption, qui met une parcelle de cette terre en valeur quelle que soit son étendue, le droit de jouissance à titre définitif et transmissible à ses héritiers »[122]. Depuis lors, faute d'une législation sérieuse, c'est dans l'esprit de cette déclaration que l'occupation et l'exploitation de la terre s'était réalisée en Côte d'Ivoire. Elle fut érigée, de facto, en loi et appliquée comme telle dans ce pays. À l'analyse, en faisant cette déclaration, le premier Président de la Côte d'Ivoire moderne était mu par des mobiles politiques et économiques.

Au niveau politique, cette déclaration sonnait comme un feu vert donné et une invite faite à tous ceux qui désiraient accéder et exploiter la terre. La course à la terre était ainsi insidieusement lancée et les populations de l'Est (Agni) et du Centre (Baoulé) étaient, à l'interne, plus intéressées par cette conquête foncière. Elles étaient suivies dans cette aventure par les ressortissants Burkinabé, Maliens, Guinéens, etc. Et, dans ce contexte sensible d'après indépendance fraîchement acquise où les tensions politiques persistantes (affaires du Sanwi en 1963, du Guébié en 1970), le soutien de la masse paysanne était primordial pour le régime d'Houphouët-Boigny. Cette politique d'ouverture illimitée dans le processus d'accès à la propriété foncière était adoptée à dessein pour obtenir une assise politique dans le monde paysan. C'est ainsi qu'avec le déclin de la boucle du cacao à l'Est, l'on assista à un déplacement

---

[122] N. DIABY (1996, 18-22 novembre), « Étude de cas : les conflits fonciers dans la région du Sud-ouest (San-Pedro) » in *Gérer le foncier rural en Afrique de l'Ouest : Séminaire Régionale*, Gorée, Dakar, p217.

progressif du front pionnier de l'Est au Centre-ouest, au Sud-ouest et plus tard à l'extrême Ouest.

Et, dans ce mouvement, les planteurs Baoulé du centre, Agni de l'est, Malinké du nord de la Côte d'Ivoire étaient à la pointe de la conquête de ces nouvelles terres cultivables dans ces régions. Progressivement, « les allogènes du Nord profitent également des rapports croissants en faveur des migrants. À partir des années 1970-1975, les Mossi hésitent de moins en moins à s'installer dans des campements isolés, et, ainsi, échapper au contrôle foncier des autochtones »[123]. En réalité, la course à la terre en Côte d'Ivoire se déroulait avec une participation très active des ressortissants de la sous-région, sans que l'autorité publique ait les moyens légaux de la contrôler faute d'une législation claire.

Au plan économique, il faut préciser que le Président Houphouët appartenait à la vieille garde de planteurs ivoiriens traumatisés par la politique discriminatoire de l'administration coloniale en matière de main-d'œuvre et qui croyait fermement que sans un flux migratoire en faveur de la Côte d'Ivoire, le développement économique axée sur l'agriculture était quasi impossible. Ainsi, en ouvrant grandement l'accès au foncier ivoirien à tout le monde, même aux non nationaux, il pensait créer les conditions d'un succès économique certain. Dans cette tendance, « à l'indépendance, l'État ivoirien renforce les facilités de migrations définitives par sa politique foncière en promulguant la loi ''la terre appartient à celui qui la travaille''. L'incitation aux migrations va presque jusqu'à l'attribution de la nationalité ivoirienne à tous les voltaïques qui s'installent comme planteurs »[124]. À l'évidence, tant que la terre, une ressource épuisable, restait disponible pour tout le monde, cette politique pouvait se justifier car elle permettait à l'État de prélever une forte plus-value pour financer les projets de création des infrastructures économiques et sociales.

Dans ce contexte de vide juridique, seules les règles coutumières définies par les communautés autochtones servaient de mode opératoire pour l'accès des migrants à la terre. Mais très rapidement, face à l'intensité du flux migratoire, ces règles s'étaient avérées inopérantes car les communautés autochtones de ces régions furent subjuguées et

---

[123] F. RUF, (1988, Juin), *Stratification sociale en économie de plantation ivoirienne : premières questions. Premières réponses par l'histoire*, Thèse de doctorat, TI, CIRAD/IRAT, Montpellier et Paris, p50.

[124] *Id.*, p18.

débordées. C'est alors que le système du tutorat fut introduit dans les procédures d'accès à la terre. En outre, ces voies d'accès à la terre obéissaient aussi à certains facteurs tels que la densité démographique et le contrôle effectif du terroir par les populations autochtones. Bref, l'accès à la propriété foncière par les migrants dans les régions du centre-ouest et du sud-ouest s'est opéré selon différentes procédures.

2. Les modes d'accès à la terre des planteurs migrants.

Contrairement aux régions de l'Est et du Sud-est de la Côte d'Ivoire où la course à la terre s'était déroulée dans une large mesure entre les planteurs des ethnies autochtones (Agni, Attié, Abbey, etc.), la conquête foncière du centre-ouest et du sud-ouest était l'œuvre de personnes étrangères à ces régions. Dans ce contexte, dans les débuts, les transactions se déroulaient entre les communautés autochtones et les premiers migrants.

Dans le centre-ouest et le sud-ouest, le courant migratoire des planteurs allogènes (baoulé, malinké, voltaïques), de loin, les migrants les plus actifs dans le processus de conquête de ces régions, débute dans les premières années de l'indépendance. Mais, il gagne en intensité à partir des années 70. La pression démographique, la saturation foncière à l'est et les impacts environnementaux de la construction des barrages hydroélectriques (Kossou, Taabo) au centre ont été les mobiles de cette émigration massive des populations baoulé vers les régions forestières du centre-ouest. Et les premiers migrants parvenus dans les pays Bété, Bakwé, Dida, Gouro, etc. s'étaient adressés aux populations autochtones pour leur installation. Des recherches de la géographe Colette Vallat sur l'immigration des Baoulé en pays Bakwé donnent un aperçu des rapports entre les premiers migrants et les autochtones en ces termes : « généralement, le nouveau venu arrivait à la tombée du jour, passait la nuit dans un village Bakwé (Niamangui, Kopéragui, Oupoyo, Kpéhiri, Nibi). Au matin, les autochtones le conduisaient jusqu'au morceau de forêt qu'il pouvait désormais exploiter »[125].

---

[125] C. VALLAT, (1979), « L'immigration baoulé en pays Bakwé : étude d'un front pionnier » in *Cahier ORSTOM, Série Sciences Humaines*, Vol. XVI, N° 1-2, p.105.

Dans cette transaction, le nouveau venu devait se soumettre aux prescriptions coutumières des communautés donatrices. Généralement, elles se résumaient à des dons symboliques (bouteilles de liqueur, modiques sommes, etc.). Et pour cela, le demandeur s'adressait aux autorités coutumières qui ne plaçaient pas cette transaction sous le sceau d'un contrat-vente de la forêt mais plutôt d'un don à *''un frère venu du lointain''*. À cette époque, l'autochtone ne percevait pas le migrant comme un dangereux envahisseur mais un frère accueilli dans la pure hospitalité légendaire ivoirienne. Ainsi, dans la région du sud-ouest, l'arrivée des migrants a été très bien accueillie par les autochtones. Comme l'indique A. Schwartz, « les Bakwé, longtemps isolés, sont plutôt contents de voir venir à eux des allochtones, qui sont enfin pour eux une garantic d'ouverture vers l'extérieur »[126].

Les allochtones baoulé n'étaient pas les seuls à être accueillis dans ces régions. Étaient de la partie, des ressortissants d'autres communautés ivoiriennes tels que les malinkés du nord classés sous le vocable de *Dioula,* les Agni de l'est, ainsi qu'une forte communauté de ressortissants de la sous-région notamment des voltaïques, des Maliens, des guinéens, des togolais, etc. et, au fur et à mesure que le front pionnier progressait, le poids démographique de ces communautés de migrants gagnait en importance. Cette croissance démographique des migrants faisait voler en éclat les procédures coutumières d'accès à la terre. D'ailleurs les communautés autochtones totalement submergées n'avaient plus les coudées franches pour imposer leurs traditions aux allogènes. Elles sont donc royalement ignorées dans les procédures d'installations des nouveaux migrants qui arrivent dans la région. C'est alors que nait le système du *tutorat.*

Progressivement, les allogènes avaient réussi à échapper au contrôle des autochtones car la plupart du temps ces derniers ne vivaient pas dans les villages autochtones mais dans des campements qu'ils créent sur le site de leurs plantations. En réalité, leur séjour dans ces villages autochtones avait été souvent de courte durée puisqu'après l'obtention des terres auprès des autorités soit administratives soit coutumières, ils fondent leurs propres campements sur leurs nouvelles terres et, avec l'arrivée massive d'autres membres de la même communauté ethnique, se transforment généralement en de gros villages. L'installation des

---

[126] A. SCHWARTZ, (1979), « Colonisation agricole dans le sud-ouest ivoirien » in *Cahier ORSTOM*, Série Sciences Humaines, vol. XVI, N° 1-2, p.83-101.

nouveaux venus n'étaient du ressort des autorités coutumières autochtones mais des premiers migrants qui deviennent leurs tuteurs. Ce sont eux qui vont se charger d'orienter celui qui vient d'arriver vers la portion de forêt dans laquelle il doit ouvrir sa plantation. Souvent, ce dernier arrive chez le tuteur comme manœuvre pour un temps précis (une année généralement) et à la fin, le tuteur était tenu de lui trouver une terre à cultiver.

Cette règle a été le principe directeur de la conquête surtout du sud-ouest à cause de la faible densité démographique de cette région. De toute évidence, « le sud-ouest était une région sous-peuplée. L'inventaire démographique réalisé en 1968 donnait une densité moyenne de 2,2 hab. /km^2. La population, en majorité autochtone, se localisait seulement le long de la côte et dans quelques agglomérations intérieures comme Soubré, Taï, Grabo, et Sassandra. Sur la majeure partie du sud-ouest s'étendait une vaste forêt très peu habitée. C'était un véritable ‘‘désert humain'' »[127]. Compte tenu de cette densité démographique très lâche, les allogènes installés sur ces terres ont appliqué le principe de terre vacante et sans maître. En effet, si les premiers migrants par la loi du plus grand nombre qui était en leur défaveur s'étaient adressés aux autorités coutumières autochtones pour pouvoir bénéficier de terres cultivables, ceux qui arrivent plus tard ne se sentent plus obligés de se référer à ces dernières mais plutôt aux plus anciens membres de leur communauté. Ces pratiques étaient liées au renversement des équilibres démographiques de ces régions et témoignent de l'ampleur des flux migratoires orientés vers celles-ci. Elles ont été aussi à l'origine des violents conflits fonciers qui y ont éclatés avec la raréfaction des terres disponibles.

3. Stratification et ampleur des flux migratoires vers le centre-ouest et le sud-ouest

Le flux migratoire en direction des régions du centre-ouest et sud-ouest se décompose en deux tendances : celle du réseau interne animé par des populations ivoiriennes et la tendance externe principalement des ressortissants de la sous-région ouest-africaine.

[127] Ministère du Plan (1969), *Le sud-ouest ivoirien, effort de développement*, cité par B. DIAN (1985), *Op.cit.*, p.430.

Au plan interne, certaines populations forestières de l'est du pays notamment les Agni de l'ancienne boucle du cacao ; les Baoulé et Malinké des savanes du centre et du nord étaient à la pointe de cette immigration. Les travaux de certains chercheurs en l'occurrence J-P. Chauveau et J. Richard signalent la présence des planteurs baoulé et commerçants Dioula dans le centre-ouest avant l'indépendance. Ils écrivent à cet effet que « dès 1946, les rapports administratifs parlent du dynamisme des allochtones Dioula dans le commerce et les Baoulé et Bété dans les plantations. (...). Le mouvement s'accentue, surtout entre Oumé et le Bandama où de nombreux Baoulé originaires des savanes de Toumodi viennent chercher des terres forestières le long de leur route d'arrivée en pays Gouro »[128]. Seulement, avec la saturation foncière des régions de l'est et du sud-est ; le démarrage des travaux de construction du barrage de Kossou au centre du pays, ce mouvement migratoire baoulé avait connu une accélération au début des années 70.

À la même époque, cette frénésie de conquête foncière atteint les massifs forestiers du sud-ouest. À côté des villages modernes créés de toute pièce par les structures publiques telles que l'ARSO ou l'AVB, se développent des campements ou villages de migrants solitaires. Il n'existe pas de statistiques régulières, mais quelques chiffres disparates établis sur la question sont fort éloquents. Le canton Bakwé dans la région de Soubré est un échantillon intéressant pour illustrer l'ampleur de ce mouvement migratoire : « en 1971, la population du canton Bakwé de la sous-préfecture de Soubré était de 3 484 habitants ; elle passe à 11 956 en 1975 et au début de l'année 1977, elle peut être estimée à plus de 15 000 habitants. Entre 1971 et 1975, la densité de cette population augmente de 1 à 4 habitants »[129]. Ce flux migratoire s'est étendu à toutes les régions du centre-ouest notamment en pays Gouro (Bouaflé, Sinfra, Zuénoula, etc.), Gagou (Oumé), Bété (Gagnoa, Guibéroua, etc.) et du sud-ouest en pays Dida (Divo, Lakota) Godié (Sassandra, Fresco, Guitry) ; Bakwé (Soubré) ; Néo (San Pedro) ; Kroumen (Taï, Grabo, etc.).

---

[128]J.P. CHAUVEAU et J. RICHARD (1976), « Une périphérie recentrée à propos d'un système local d'économie

de plantation en Côte d'Ivoire », in *Cahier d'études Africaines*, Abidjan, ORSTOM, N° XVII-4, p.485-524.

[129] B. DIAN (1985), *Op.cit.*, p.152.

Le courant migratoire externe, animé par les ressortissants de la sous-région, en direction de ces régions forestières était également intense. Voltaïques, Guinéens, Maliens, Togolais, Béninois étaient les principaux acteurs de cette migration étrangère dans le centre-ouest et le sud-ouest ivoirien. De loin, les Voltaïques dominaient numériquement ce courant migratoire. L'immigration voltaïque en Côte d'Ivoire date également de l'époque coloniale. Elle fut institutionnalisée au début des années 1930 avec la création des villages mossi dans le centre-ouest précisément en pays Gouro par le gouverneur Dieudonné Reste. Ainsi, en plein cœur de la région Gouro sont implantés ces villages (Garango, Koudougou, Koupela, Tenkodogo, Kaya, Ouagadougou) destinés à abriter et sédentariser des ressortissants voltaïques.

Depuis les années 70, avec la politique de *''la terre appartient à celui qui la met en valeur''* prônée par Félix Houphouët-Boigny. C'est en masse qu'ils s'implantèrent dans les régions du sud-ouest et du centre-ouest. Ils arrivent dans ces régions surtout avec l'expérience acquise dans la pratique de la cacao-culture dans l'ancienne boucle du cacao où, à l'image des Baoulé, la plupart d'entre eux avaient travaillé comme manœuvres. Ils débarquent donc dans ces régions comme des ouvriers mais avec la ferme volonté d'être aussi des chefs d'exploitation, propriétaires de leurs plantations. De Divo à San Pedro en passant par Fresco, Sassandra, Soubré, etc. les voltaïques constituent une proportion très importante de l'immigration étrangère dans les régions du centre-ouest et du sud-ouest. Ensemble avec « les Maliens et Guinéens, ils représentent plus de 95% de l'immigration étrangère (...) et plus de 60% de la population de la forêt classée des rapides Grah »[130].

Avec cette arrivée massive des immigrants, l'équilibre social et surtout écologique de ces régions furent bouleversés. Vers la fin des années 80, les signes symptomatiques d'une saturation foncière y apparaissaient : conflits fonciers de plus en plus récurrents ; agression des forêts classées par des planteurs clandestins à la recherche de terres cultivables, déplacement progressif du front pionnier vers l'extrême ouest du pays ; etc.

---

[130] A.G. ABOUA (2001), *Le destin des forêts tropicales : l'État, les paysans, l'industrie, les coopératives dans l'aventure de la conservation des forêts tropicales du sud-ouest de la Côte d'Ivoire*, Thèse de doctorat en sociologie, Ottawa, p.163.

4. L'intensification des conflits fonciers

La configuration sociale de l'occupation foncière à l'est et au sud-est a été différente de celle du centre-ouest et du sud-ouest. Cette différenciation permet dans une certaine mesure d'expliquer les conflits fonciers qui devenaient de plus en plus récurrents et violents au fur et à mesure que le front pionnier tendait vers la région occidentale du pays.

À l'est et au sud-est, le processus de la conquête foncière débute à l'époque coloniale et s'étend jusqu'à la fin des années 60. Les populations autochtones, réputées bons travailleurs, s'étaient très vite intéressés à la culture du café et du cacao. Ils accueillaient, certes, d'autres travailleurs venus d'ailleurs, mais généralement en qualité de manœuvres dans leurs plantations. Il s'agissait pour la plupart des Voltaïques et des Baoulé. En clair, la conquête foncière à l'est de la Côte d'Ivoire a été l'œuvre des autochtones et « plusieurs travaux à l'échelle départementale confirment le fait généralement admis d'une contribution majeure des autochtones au développement de leur région. En particulier, les Agni gardent la réputation de grands planteurs de la Côte d'Ivoire. Ainsi, Jean-Marc GASTELLU et Yapi AFFOU rappellent que 76% des exploitations de plus de 50 hectares se trouvent dans le sud-est »[131]. Ainsi, au moment où les allogènes arrivent en masse à la recherche de terres libres cultivables, les autochtones de la région de l'est contrôlaient la quasi-totalité des leurs.

De plus, ils avaient réussi à se constituer de solides capitaux nécessaires pour la conquête des terres d'autres régions. Certes, des personnes étrangères à la région avaient réussi à se créer des plantations mais leur nombre assez faible ne permettait pas de désorganiser les structures sociales de base établies par les autochtones. Jusqu'au début des années 70, cette région était restée en tête du peloton des zones productrices du cacao du pays. Progressivement, sous l'effet de la dégradation des conditions climatiques, la boucle du cacao connut un essoufflement et « le centre-ouest devint alors dès la campagne 1969-1970, la première région cacaoyère : 39,9% de la production contre 19,4% pour le sud-est, 21,1% pour l'est et 24,2% pour le centre. L'entrée en production des jeunes plantations lui permit d'atteindre la production

---

[131] *Id.*, p24.

record de 95 200 tonnes, soit 45,7% de la production totale ivoirienne pendant la campagne 1973-1974 »[132].

La chute de la production cacaoyère à l'est doublée des conséquences de la construction du barrage de Kossou en 1970 entraina un départ massif des planteurs de l'est (Agni) et du centre (baoulé) vers les forêts du centre-ouest et du sud-ouest. Ceux-ci étaient suivis dans leur sillage par des ressortissants malinké du nord de la côte d'ivoire. De même, un flux important de voltaïques arrive aussi dans ces régions à la recherche de terres cultivables. Entre temps, la politiques de *la terre appartient à celui qui la met en valeur* était lancée par le régime du parti unique d'Houphouët-Boigny. Et, c'est dans cet esprit de *laisser-faire* que la conquête foncière va se dérouler dans ces régions. Au demeurant, si cette course à la terre se déroulait entre autochtones seulement, les conséquences pouvaient être à terme gérables.

Malheureusement, la Côte d'Ivoire étant une terre d'accueil, de nombreuses personnes d'origine étrangère, rangées toutes sous le vocable d'allogènes, étaient partie prenante dans cette conquête. Et comme la politique d'Houphouët rendait automatiquement propriétaire toute personne, quelle que soit son origine, ayant travaillé une portion de la forêt, les autochtones Gouro, Gagou, Bété, Godié, Bakwé Kroumen, etc. furent rapidement submergés et marginalisés dans la procédure d'accès à la terre. Le Baoulé ou le Mossi, autrefois manœuvre dans les plantations de l'Est, arrivent dans ces régions avec l'avantage de disposer d'un capital financier et de l'expérience. Au fil des années, outrepassant le respect de toute règle de bonne conduite, ceux-ci « se construisent un campement en pleine forêt à 4 ou 5 km du village autochtone et de la piste carrossable la plus proche. Ils défrichent, abattent, brûlent et plantent, tout en survivant avec un peu d'igname, de maïs, de banane et de gibier »[133].

À la fin des années 80, la terre considérée dès le départ comme ressource illimitée dans ces régions devint de plus en plus rare. Et avec la politique "du retour à la terre" prônée par l'État de Côte d'Ivoire, elle

> se trouve tout à coup insuffisante pour absorber les fils d'autochtones de la région qui veulent s'installer au village et suivre l'exemple des allogènes, c'est-à-dire les Baoulé des

---

[132] B. DIAN (1985), *Op.cit.* p265.

[133] *Id.,* p57.

> régions du centre qui continuent d'arriver, puisque leurs aînés leur ont ouvert la voie, et les étrangers burkinabé ou maliens qui, arrivés comme manœuvres des baoulé, ont progressivement acquis leur autonomie et s'installent à leur propre compte en faisant venir leurs parents qui à leur tour travailleront pour eux pendant une période, ensuite chercheront à s'installer[134].

Avec ce flux migratoire de plus en plus croissant, les autochtones éprouvent le sentiment d'être envahis et souvent réagissent par la voie de la violence pour tenter de faire déguerpir les occupants de leurs terres. C'est l'origine des conflits fonciers qui prennent rapidement le caractère d'un rejet de l'étranger. En réalité, c'est le signe évident d'une saturation foncière qui est la résultante d'inextricables procédures d'acquisition de terres par les migrants : don, achat, gage, prêt, métayage, location, mise en garantie, etc. Or, ces différentes procédures ne confèrent en aucun cas le droit de propriété au sens pur du droit positif. Dans ce contexte, les conflits fonciers se sont donc multipliés et l'appareil étatique, à travers les Juges, les Préfets, les Sous-préfets et les SADR[135], se trouve impuissant et incapable d'agir car ne disposant pas de cadre juridique référentiel pouvant orienter efficacement ses actions.

Ces conflits opposent tantôt les populations autochtones de ces régions d'accueil et les allochtones baoulé ou allogènes Burkinabé, tantôt les allogènes et les allochtones. Le principal tenant de ces affrontements souvent violents, soubresauts d'une crise socio-économique latente et de plus en plus profonde à la fin des années 80, est le contrôle de la terre devenue une denrée rare. Face à ce blocage lié à la saturation foncière dans ces régions, le reflexe des planteurs allogènes ou allochtones était de s'infiltrer clandestinement dans les lambeaux de forêts placées sous le contrôle de l'État.

---

[134] M. KOFFI ; F. FILI, *Op. cit.*, p25.

[135] Service des Affaires Domaniales et Rurales (SADR) de la direction départementale du Ministère de l'Agriculture chargé de délimiter les exploitations agricoles à la demande des paysans et du règlement des litiges.

5. La destruction des forêts classées

La destruction des forêts classées a été souvent sur initiative de l'État. Ce fut le cas dans le centre-ouest où, sous la responsabilité de l'AVB, l'État avait déclassé des forêts en vue d'y installer les populations déguerpies du centre. Ce fut le cas « de la forêt des Tos qui a été classée en 1937 et représentait 16 200 hectares. Par décret du 28/2/1970, cette forêt était déclassée (à l'exception de 370 hectares mis à la disposition de la SODEFOR : forêt de teck) au profit des paysans déguerpis de Kossou sous la responsabilité de l'AVB »[136]. Et d'après un recensement démographique de 1974, la population réinstallée s'élevait à environ 11 000 personnes, soit une densité de 55 hbts/km^2.

Mais la plupart du temps, l'agression des forêts classées a été le fait de planteurs qui ont profité du laxisme des pouvoirs publics pour s'infiltrer dans ces aires sensées être protégées. La technique des planteurs consistait à s'incruster de manière clandestine dans ces forêts classées, à les détruire de l'intérieur en y créant des plantations à l'insu ou souvent avec la complicité des agents chargés de leur surveillance. Progressivement, par la loi du plus grand nombre, ils exercent des pressions sur l'État pour un déclassement à leur faveur. Face à ces clandestins, la force publique était souvent neutralisée car à cette époque, le Président Houphouët-Boigny recommandait aux agents des eaux et forêts de ne pas détruire ce qui est déjà planté bien que ce fut dans une forêt classée.

Par ces actes illicites, les paysans avaient réussi à faire déclasser plusieurs forêts classées dans les régions du centre-ouest et du sud-ouest. Dans le cantonnement de Daloa furent déclassées à cette époque les forêts classées[137] de Bayota (51 000 ha) ; Téné, en partie, (21 800 ha) ; Zuoké, en partie, (10 200 ha) ; Lahouda, en partie, (340 ha) ; Sangoué, en partie, (21 100 ha) ; Doka, en partie, (920 ha) ; Haut-Sassandra, en partie, (23 300 ha) ; Vavoua (9 400 ha) ; Zagoréta (7 200 ha). Au total, furent déclassés environ 145 260 hectares de forêts denses dans la région de Daloa. À San Pedro, cette même tendance de déclassement des forêts

---

136 (P.) DE LA VAISSIÈRE (1978, octobre), « Stratégie pionnière et stratégie d'identification s'opposent-le cas de la forêt des Tos », in *Le dynamisme foncier et l'économie de plantation*, Abidjan, publication inter-instituts Cires-Igt-Gerdat-Orstom,, p.4.

137 A. AGGREY (2010, 1er mars), *Op.cit*, p.30.

classées fut poursuivie. Ainsi, sous la pression des planteurs, l'État mit à la disposition de l'activité agricole les forêts classées du Mont Bolo (9 500 ha) ; de la Haute-Dodo (47 640 ha) soit un total 51 140 hectares. D'autres massifs forestiers du domaine public subissaient également des agressions permanentes des planteurs clandestins qui ne font que grignoter sur leurs périmètres. C'est le cas du périmètre des forêts classées des Rapides Grah mis à la disposition des industries papetières. Le tableau suivant montre les détails de l'infiltration des planteurs dans cette forêt classée :

Tableau 8 : Importance démographique de la forêt classée Rapides Grah.

Origine	Catégorie	Ethnie	Nombre de chefs exploitants	Pourcentage
Ivoiriens	Autochtones	Bakwé Kroumens	524	3
	Allochtones **Total**	Baoulé Abron Autres	4 608 297 1 253 **6 158**	27 2 7 **37**
Étrangers	Allogènes	Burkinabé Maliens Autres **Total**	9 440 351 221 **10 002**	57 2 1 **60**
Totaux			**16 684**	**100**

Source : SODEFOR, 1996.

On remarque, selon les résultats de ce recensement qui a lieu au début des années 90, qu'un nombre impressionnant de planteurs (plus de 16 000) vivaient dans cette forêt placée encore sous la responsabilité de l'État. Ce recensement révèle d'abord un nombre marginal d'autochtones Kroumens et Bakwé. Ils étaient seulement 524 sur un total 16 684, soit 3%. Quant aux allochtones, ils représentaient 6 158 personnes soit 37% du chiffre global avec 4 608 Baoulé soit 27%. Enfin, les allogènes étaient au nombre de 10 002 soit 60% des clandestins qui vivaient sur ce périmètre du domaine public avec 9 440 Burkinabé soit 57% des allogènes. Le même phénomène s'observe aussi dans le périmètre de la réserve de Taï aussi bien dans la forêt classée que dans le parc.

Au début des années 90, la situation de la forêt ivoirienne était plus qu'alarmante. Le front pionnier agricole après avoir ravagé le couvert végétal des forêts primaires de l'est et du sud-est du pays avait progressé au centre-ouest et au sud-ouest. Durant les décennies 70 et 80, les planteurs allogènes et allochtones avec une agressivité extraordinaire ont opéré un bouleversement socio-écologique de ces régions. Très vite, leurs limites foncières furent atteintes et le front pionnier agricole s'orientait au tournant des années 90 vers l'ouest montagneux qui disposait encore à cette époque des massifs forestiers appréciables.

Paradoxalement, durant ces deux décennies infernales pour les massifs forestiers du centre-ouest et du sud-ouest avec une participation active de l'État, ce même État adoptait théoriquement un ensemble de dispositions juridiques institutionnelles, financières, etc. dont le but était de redynamiser la politique forestière.

CHAPITRE IV

LA REDYNAMISATION DE LA POLITIQUE FORESTIÈRE : 1972-1988

Pour faire face aux défis de plus en plus nombreux du secteur forestier, durant les décennies 70 et 80, l'État n'avait cessé de renforcer le cadre juridique, institutionnel et financier à coup de réformes. À cet effet, le corpus juridique régissant le secteur forestier fut étoffé par de nouvelles dispositions ; de même le cadre institutionnel fut réadapté avec le changement de statut de la SODEFOR en 1986, la création ou la réorganisation de certaines écoles de formation. Enfin, les dispositions financières du secteur à travers la fiscalité avaient été aussi réformées.

Dans la même période, la lutte contre la déforestation avait été intensifiée à travers les programmes de reboisements ; la relance des actions de création des réserves et parcs nationaux ; l'institutionnalisation symbolique d'une journée dédiée à l'arbre ; la création d'un comité national de défense de la forêt et de lutte contre les feux de brousse. Bref, toutes ces dispositions avaient été prévues par l'État dans la même période où la forêt ivoirienne connaissait un dépérissement drastique.

I. LA RÉFORME DU CADRE INSTITUTIONNEL

La réforme du cadre institutionnel du secteur forestier dans les années 70 et 80 concerne le changement de statut de la SODEFOR en vue de faire face à de nouveaux défis et la création où la réorganisation des centres de formation des cadres et agents du domaine forestier et agricole.

1. L'évolution du statut de la SODEFOR

La SODEFOR est une société d'État créée le 15 septembre 1966 sous l'appellation de Société pour le Développement des Plantations forestières dans le but de reconstituer le couvert végétal en perpétuelle dégradation. Elle est placée sous la double tutelle du ministère en charge des forêts et celui de l'économie et des finances. Elle a progressivement évolué en fonction de ses différentes raisons sociales et des missions successives qui lui ont été confiées. Ainsi, depuis sa création, elle a subi trois mutations successives, deux dans les années 80 précisément en 1980 et 1985 et la dernière en 1993[138].

La première, par le décret 80-125 du 28 novembre 1980[139] la transformant en Établissement Public à Caractère Administratif (EPA) ; la deuxième, par Décret n°85-132 du 20 février 1985[140] portant transformation de la Société pour le Développement des Plantations Forestières (SODEFOR) en Établissement public à caractère industriel et commercial (EPIC) et enfin la troisième par le décret n°93-206 du 03 février 1993 portant transformation de la SODEFOR en société d'État.

2. Création et réorganisation des centres de formation.

À la fin de la décennie 60, la formation des cadres forestiers et agricoles était une réalité en Côte d'Ivoire. Plusieurs centres de formation créés à cet effet avaient mis à la disposition de l'État un nombre assez appréciable de cadres spécialisés dans les domaines agricoles et forestiers. Le tableau ci-dessous fait un bilan partiel du personnel agricole et forestier formé dans ces centres :

---

[138] Infra : En fonction du découpage chronologique adoptée dans cet ouvrage, cette dernière mutation du statut de la SODEFOR sera analysée dans la troisième partie.

[139] Décret 80-125 du 28 novembre 1980 portant transformant de la SODEFOR en Établissement Public à Caractère Administratif (EPA).

[140] *JOCI* n°10 du 7 mars 1985 : Décret n°85-132 du 20 février 1985 portant transformation de la Société pour le Développement des Plantations Forestières (SODEFOR) en Établissement public à caractère industriel et commercial, p.118.

Tableau 9 : Effectifs des élèves des établissements agricoles et forestiers de 1959 À 1971.

Régions	Défrichement	Sous-solage	Labour	Pulvérisage	Semis	Barrages	Plateformes de village
	Ha	Ha	Ha	Ha	Ha		
Nord	2 200	1 700	6 450	22 250	6 700	-	17
Centre	7 500	5 900	4 500	13 650	5 000	5	42
Centre-ouest	1 850	1 100	500	600	150	-	31
Ouest	1 200	1 000	450	1 500	550	-	9
Est	2 300	1 200	500	650	240	-	12
Sud	4 050	2 300	750	550	560	-	8
Total	**19 100**	**13 200**	**13 150**	**39 200**	**13 200**	**5**	**122**

Source : Ministère de l'agriculture, (1970, octobre), *Dix ans de développement*..., p.28.

De 1959 à 1971, 2857 diplômés, ingénieurs, assistants et moniteurs forestiers et agricoles dont 2235 Ivoiriens sortirent de ces différents centres de formation donnant une base assez solide pour la modernisation de ces filières. Cependant, les besoins de plus en plus croissants en ressources humaines dans les secteurs forestier et agricole poussèrent l'État à réorganiser certaines écoles de formation et à créer d'autres. C'est ainsi que l'école forestière de Bouaflé fut créée en 1979 pour assurer la formation et le recyclage des gardes forestiers déjà en fonction. Depuis 1989, la formation des pensionnaires de cet établissement forestier s'étend sur une période de 11 mois dont les cinq premiers sont consacrés à la formation théorique et les six derniers à la phase pratique. Par ailleurs, la formation se déroulait dans un esprit « d'ivoirisation » des cadres du domaine forestier et agricole. De nombreux techniciens Ivoiriens spécialisés dans les domaines forestiers et agricoles furent alors formés dans le but de conduire la politique nationale définie par le gouvernement.

En 1985, l'État avait procédé à la restructuration de l'école forestière de Bouaké créée depuis 1939. Elle formait au départ des assistants et moniteurs en productions végétales et animales. Mais, depuis sa restructuration, l'État lui a confié une nouvelle mission qui lui a permis de se spécialiser en foresterie tant au niveau du monitorat qu'au niveau de l'assistanat des productions végétales et animales. Ce qui explique que depuis la rentrée scolaire 1985-1986, l'école forestière de Bouaké abrite désormais dans ses locaux, en plus de ce qui était sienne, tout ce qui a pu être transféré de l'ancienne école forestière du Banco. L'accès à cet établissement se fait par voie d'orientation après les années de tronc commun soit au centre de formation rurale d'Abengourou pour les cycles des moniteurs de PVA, soit au Lycée agricole de Bingerville pour les assistants PVA[141].

Durant cette même époque, autant le cadre institutionnel connaissait un renforcement, le corpus juridique du secteur forestier également se densifiait avec de nouveaux textes qui régulaient l'activité forestière.

II. La restructuration du cadre juridique et fiscal

La restructuration du cadre juridique du secteur forestier, dans les années 70 et 80, fut une réponse aux nombreux défis qui se profilaient dans ce domaine. L'État avait réglementé tous les contours de l'activité forestière à coups de décrets et autres arrêtés. Cette densification du corpus juridique de la filière forestière se doublait par la mise en place d'une fiscalité dans ce domaine.

1. La densification du cadre juridique du secteur forestier

La réglementation forestière adoptée à cette époque par l'État touchait divers aspects de ce secteur. Il s'agit entre autres :

- **Des modalités de gestion du domaine forestier de l'État :** en application du code forestier du 20 décembre 1965, le décret n°78-231 du 15 mars 1978[142] fut adopté fixant les modalités de gestion du domaine forestier de l'État. Ainsi, en son article premier[143], ce décret précise que le domaine de l'État tel qu'il est défini aux articles 5 et suivants de la loi n°65-425 du 20 décembre 1965, portant code forestier, est subdivisé en domaine forestier permanent de l'État et en domaine forestier rural de l'État. Le rôle de chaque domaine forestier est clairement défini à l'article 2 du décret : « le domaine forestier de l'État produit du bois et garantit l'équilibre écologique. Le domaine forestier rural de l'État constitue une

---

[141] P. K. TANO (2012), « Mise en place des fondamentaux de la politique forestière de la Côte d'Ivoire moderne : 1965-1980 », in *Revue ivoirienne d'Histoire*, EDUCI, N° 21, p.57.

[142] Décret n°78-231 du 15 mars 1978 fixant les modalités de gestion du domaine forestier de l'État.

[143] Décret n°78-231 du 15 mars 1978 : Art. 1er.

réserve de terres pour les opérations agricoles et en attendant son aménagement, est exploité pour son sous-bois »[144].

- **Des textes touchant à la fiscalité forestière :** deux textes juridiques furent adoptés au début des années 70 et se rapportant à l'institutionnalisation d'une fiscalité relative à l'activité forestière en vue de contribuer à la réalisation de certains programmes de réhabilitation du couvert forestier fortement dégradé. Ainsi, en 1972, la loi n°72-854 du 21 décembre 1972 fut adoptée, portant affectation à certaines dépenses du produit de la taxe de reboisement, de délimitation du domaine forestier et de protection de la faune. Le premier article[145] de ce texte de loi stipule que le produit de la taxe de reboisement, de délimitation du domaine forestier et la protection de la faune est affecté pour 77% aux opérations de reboisement, d'aménagement, de délimitation et de mise en valeur du domaine forestier et pour 23% aux opérations nécessaires à la protection de la faune et à la création, l'aménagement des parcs nationaux. Une année plus tard, un arrêté interministériel n°614 MER CAB, pris le 17 avril 1973, fixait les modalités de perception de l'indemnité forfaitaire due par les exploitants forestiers au titre des travaux d'intérêt général. Ce texte indique que « toute attribution de permis temporaire d'exploitation donne lieu à la perception d'une indemnité forfaitaire due par l'exploitant forestier au titre des travaux d'intérêt général et fixée par le ministre chargé de la forêt en fonction de la richesse du chantier, après avis de la commission prévue à l'article 10 du décret n°66-421 du 15 septembre 1966 »[146].

- **La réglementation des procédures d'attribution des permis d'exploitation forestière :** Cet aspect de l'activité forestière fut réglementé par deux textes. Le décret n°72-126 du 9 février 1972[147] précise les conditions dans lesquelles l'autorisation d'exploitation sur les permis temporaires d'exploitation forestière peut être accordée. Il stipule alors en son article premier que « la mise en exploitation effective des permis forestiers concédés à titre temporaire définis au titre IV du décret

---

[144] Décret n°78-231 du 15 mars 1978 : Art. 2.

[145] Loi n°72-854 du Décembre 1972 portant affectation à certaines dépenses du produit de la taxe de reboisement, de délimitation du domaine forestier et de la protection de la Faune.

[146] Loi n°72-854 du Décembre 1972 : Art. 2.

[147] Décret n°72-126 du 9 février 1972 portant autorisation d'exploitation sur les permis temporaires d'exploitation forestière.

n°66-421 du 15 septembre 1966, est soumise à autorisation préalable donnée par le ministre chargé de la forêt »[148]. Et, en la matière, sont admis à solliciter l'autorisation d'exploitation d'un permis forestier d'une part les attributaires de permis temporaires d'exploitation qui auront justifié de moyens en personnel et en matériel suffisants pour entreprendre l'exploitation et d'autre part les exploitants fermiers ayant passé avec des attributaires de permis temporaires d'exploitation un contrat de fermage approuvé par décision ministérielle.

En octobre 1972, un autre décret concernant la même question fut pris. Il s'agit du décret n°72-695 du 31 octobre 1972[149] fixant la procédure d'attribution des agréments d'exploitants forestiers et des permis temporaires d'exploitation. Ainsi, « tout agrément d'exploitation forestier et toute attribution de permis temporaire d'exploitation sont subordonnés à la procédure fixée par le présent décret »[150]. Désormais ce texte confie la responsabilité d'attribution des agréments et autres études à une commission après étude des demandes d'agrément et de permis temporaires par le ministre en charge des forêts. Renouvelable tous les deux ans et nommée par arrêté du président de la république, elle est composée d'un président (le ministre chargé de la forêt) ; des membres (1 représentant de l'Assemblée Nationale ; 1 représentant du Conseil Économique et Social ; 3 représentants de la profession) et d'un secrétaire avec voix non délibérative (1 représentant du ministre en charge de la forêt).

- **Des textes portant organisation des groupements des professionnels forestiers :** c'est le décret n°72-606 du 18 septembre 1972[151] portant création des sociétés civiles de groupement d'exploitants forestiers qui organisa le groupement d'exploitants forestiers en une société civile à durée de vie limitée, formée de personnes physiques et morales. Selon les dispositions de ce décret, « le groupement d'exploitants forestiers a pour objet la gestion des permis temporaires d'exploitation apportés par les associés »[152].

---

[148] Décret n°72-126 du 9 février 1972 : Art. 1er.

[149] Décret n°72-695 du 31 octobre 1972[149] fixant la procédure d'attribution des agréments d'exploitants forestiers et des permis temporaires d'exploitation.

[150] Décret n°72-695 du 31 octobre 1972 : Art. 1er.

[151] Décret n°72-606 du 18 septembre 1972[151] portant création des sociétés civiles de groupement d'exploitants forestiers.

[152] Décret n°72-606 du 18 septembre 1972 : Art. 2.

- **Enfin la réglementation de l'exploitation des bois d'œuvre et d'ébénisterie :** des dispositions antérieures réglementaient déjà l'exploitation des bois d'œuvre. C'est dans cette logique qu'un arrêté[153] de 1983 du ministère des Eaux et Forêts précisa certaines dispositions des décrets du 15 septembre 1966 et du 27 mai 1983 qui réglementait cet aspect de l'activité forestière. Cet arrêté précise toutes les modalités d'exploitation des bois d'œuvre. Ainsi, « toute personne physique ou morale désireuse de se livrer à l'exploitation de bois de service doit, au préalable, obtenir du ministre des Eaux et Forêts un permis de coupe »[154]. Et en son article 4, il précise que l'obtention d'un permis de coupe de bois de service doit faire l'objet d'une demande écrite sur papier libre adressé au ministre des Eaux et Forêts sous le couvert du directeur de la région forestière de la zone considérée et indiquant :

- ✓ Le nom, prénoms, nationalité, profession, domicile et adresse ;
- ✓ Le nombre de pièces de chaque catégorie sollicitée à mentionner sur le permis ;
- ✓ La situation de la zone sur laquelle aura lieu l'exploitation, avec un croquis à l'appui indiquant les limites exactes.

Ce permis est délivré pour une période de six (6) mois et assorti des redevances perçues par les services du trésor public. L'adoption de cette armada de réglementations visait deux objectifs. Elle était sensée d'une part professionnaliser l'activité forestière en Côte d'Ivoire et d'autre part donner tous les moyens juridiques à l'administration forestière pour mieux sécuriser les étendues forestières du pays. Cette réforme du cadre juridique était aussi doublée à cette époque d'une restructuration de la fiscalité forestière.

---

[153]Arrêté n°25 MINEFOR, CAB, du 26 août 1983 précisant certaines dispositions des décrets n°66-421 du 15 septembre 1966 et n°83-454 du 27 mai 1983, réglementant l'exploitation des bois d'œuvre et d'ébénisterie, de service, de fascinages, de feu et à charbon.

[154] Arrêté n°25 MINEFOR. CAB. du 26 août 1983 précisant certaines dispositions des décrets n° 66-421 du 15 septembre et n°83-454 du 27 mai 1983, règlementant l'exploitation des bois d'œuvre et d'ébénisterie, de service, de fascinage, de feu et à charbon.

2. La restructuration de la fiscalité forestière

C'est en 1912 que le secteur forestier en Côte d'Ivoire a connu un début de fiscalisation. En effet, l'arrêté du 15 avril 1912[155] fut celui qui modifia profondément les dispositions du décret de juillet 1900 en mettant à la charge des exploitants forestiers d'importantes redevances. Ainsi, « devaient-ils verser diverses redevances à l'administration dans le cadre de leur activité : une redevance de 1250f à titre d'exploitation de coupe, une provision de 250f pour la délimitation du chantier, une consignation de 1 500f à titre de caution pour garantir le salaire des travailleurs employés »[156]. Depuis lors, la fiscalité a été un aspect permanent intégré dans les législations forestières successives qui ont réglementé le secteur forestier.

Au début des années 70, cette fiscalité forestière a été reformée en profondeur. La base de cette réforme a été fixée par la loi n°72-854 du 21 décembre 1972 portant affectation à certaines dépenses du produit de la taxe de reboisement, de délimitation du domaine forestier et de protection de la faune. Elle a prévu trois niveaux d'imposition : les taxes forestières, les taxes d'abattage et les droits uniques de sortie (DUS).

Tableau 10 : Taxes d'exploitation du bois en Côte d'Ivoire (1972).

Types de taxes	Valeurs en monnaie locale (FCFA)
Taxes forestières	**Hectares**
Coût de PTE	50
Coût de renouvellement de PTE	15
Taxes locales	10
Taxes d'intérêt général (TIG)	400 000
Taxes d'abattage	**m^3**
Catégorie A	900
Catégorie B	400
Catégorie C	300
Droit unique de sortie	**% de valeur mercuriale**
Sciage de première catégorie	4
Sciage de deuxième catégorie	2
Sciage de troisième catégorie	2

Source : Banque mondiale, 1994.

155 *JOCI supplément* (16) du 31 août 1912 : Arrêté du 15 avril 1912 portant modification du régime forestier, pp.462-472.

156 P. K. TANO (2016, Février), *Le bois dans l'économie de la Côte d'Ivoire : 1880-1960*, Paris, Harmattan, p.55.

Fondamentalement, la quintessence de cette fiscalité des années 70 s'oriente à un soutien franc au programme de reboisement à hauteur de 77% comme l'indique clairement la loi du 21 décembre 1972 en son article 1. En effet, l'État avait besoin des ressources additionnelles importantes pour mieux conduire sur le terrain ses actions de réhabilitation des massifs forestiers sérieusement dégradés. Cette réforme fiscale avait donc la qualité non seulement de faire rentrer des devises dans les caisses de l'État mais également de favoriser un contrôle périodique de l'état du domaine forestier.

Les taxes forestières, composées du coût du permis temporaire d'exploitation, de son renouvellement et des taxes de contribution locale, sont payables en fonction de la superficie exploitée par le bénéficiaire du permis temporaire d'exploitation (PTE). Le coût du permis temporairc d'exploitation est fixé à 5O FCFA /hectare tandis que son renouvellement coûte 15f /hectare. Quant aux Taxes d'Intérêt Général (TIG) fixées à 400 000fcfa /hectare et la contribution locale (CDL), 10 FCFA/ hectare sont des mécanismes mis en place par l'État pour faire bénéficier aux populations rurales riveraines des périmètres d'exploitation forestière les retombées de l'activité forestière par la création et l'entretien des infrastructures économiques et sociales ainsi que la rétribution financière directe aux comités de gestion des périmètres d'exploitation.

Quant aux taxes d'abattage, elles sont en fonction de la qualité des essences classées en trois catégories (A, B, C). La taxe d'abattage des essences classées dans la catégorie A est fixée à 900 FCFA, celle de la catégorie B à 400 FCFA. Enfin, la catégorie C est taxée à hauteur de 300 FCFA.

Les droits uniques de sortis (DUS) constituent le troisième niveau de taxation prévue par la législation forestière. Imposable sur les grumes et les produits du sciage, elle se décompose également en trois catégories : sciage de première catégorie taxé à hauteur de 4% de la valeur mercuriale ; sciage de deuxième et troisième catégories avec 2% de leurs valeurs mercuriales.

Cette réforme de la fiscalité avait le mérite non seulement de créer des sources de revenus substantiels pour l'État afin de soutenir principalement les initiatives de reboisement mais aussi de favoriser par son caractère souple et attractif l'éclosion des industries forestières. En adoptant cette fiscalité, l'État de Côte d'Ivoire affichait sa ferme volonté de faire coïncider les dispositions théoriques de sa politique forestière aux actions pratiques de protection et de réhabilitation du domaine forestier.

III. Des initiatives pour la protection et la réhabilitation du patrimoine forestier

En plus des réformes du cadre institutionnel, juridique et fiscal, l'État prend plusieurs initiatives visant à l'amélioration de l'état des étendues forestières en Côte d'Ivoire. Il s'agit des programmes de reboisement confiés à la SODEFOR, de la création des comités nationaux de défense de la forêt et de lutte contre les feux de brousse en 1986, de l'institution d'une journée symbolique dédiée à l'arbre en 1983 et de la poursuite de la politique de création des parcs et réserves.

1. La relance des programmes de reboisement

Face aux prévisions alarmistes concernant le domaine forestier et ses implications socio-économiques et écologiques, le reboisement est apparu comme la solution idoine pour faire face à cette situation. Les initiatives de reboisement, sous forme d'enrichissement des massifs forestiers du pays rendu nécessaire par l'exploitation abusive des ressources forestières, ont lieu depuis l'époque coloniale. Plusieurs méthodes, souvent artificielles, furent expérimentées par les forestiers : plantations serrées sous forêt, sur culture, en layons, en recrû secondaire ; régénération naturelle ; etc.

L'objectif principal de ces actions d'enrichissement des massifs forestiers étant la production de bois d'œuvre d'exportation, seul un petit nombre d'essences connues à l'époque pour leurs qualités technologiques particulièrement remarquables était retenu. Évidemment, ces travaux d'enrichissement forestiers n'avaient pas donné de résultats escomptés car, d'une part, les efforts des sylviculteurs étaient dispersés dans plusieurs forêts et ne pouvaient qu'agir sur de petits périmètres, et d'autre part, les moyens mis à leur disposition étaient insignifiants pour des opérations d'envergure. C'est pour remédier à ces insuffisances que fut créée la Société pour le Développement des Plantations Forestières en 1966. En effet « dès 1966, la SODEFOR commençait à mettre en place de grands blocs industriels de plantations forestières d'essences commerciales de valeur et de haute productivité »[157].

Le premier chantier mécanisé de plantations industrielles de cette société a été réalisée à Matiemba situé dans la sous-préfecture de Sakassou où ont été plantés plus de 1000 hectares de teck. Par la suite, elle réalisa le chantier de la Séguié dans la zone d'Agboville en 1968 avec plus de 4000 hectares de teck. En 1971, le chantier de la Tené situé à 17 km d'Oumé fut ouvert avec une superficie de 29 700 hectares. Plusieurs autres sites ont abrité des blocs industriels de plantations de la SODEFOR sur lesquels furent plantés « principalement des Teck, des Framiré, et du sipo mais aussi de l'acajou, du Niangon, du Makoré, de l'Okoumé, du Frakré, du Samba, etc. »[158].

Dans l'ensemble, dix ans après sa création, c'est-à-dire de 1966 à 1976, ont été plantés environ 25 000 hectares d'essences[159] :

- **Essence à longue révolution**

Teck	900
Acajou	2 100
Sipo	2 300
Niangon-Makoré et divers	2 100
Total	**15 500**

- **Essence à moyenne révolution**

Framiré	5 200
Frakré	2 000
Okoumé	900
Samba	900
Divers (dont essences papetières)	1 000
Total	**10 000**

À partir de 1977, la SODEFOR, est passée à des méthodes de plantations intensives, faisant appel à la mécanisation des travaux. C'est

---

157 « La SODEFOR au secours de la forêt ivoirienne », in *Terre et progrès, le journal du planteur,* N°12, Août 1975, p.31.

158 « Reboisement : À la découverte du chantier de la Tené », (1975, Août), in *Terre et progrès, le journal du planteur,* N°12, p.4.

159 Ministère de l'agriculture et des eaux et forêts (1986), *Op. cit,* p.233.

ainsi que de 1977 à 1983, elle a pu planter encore 25 000 hectares d'essences à forte croissance répartis comme suit :

- Fraké 16 000 ha
- Crédrela 8 000 ha
- Samba 1 000 ha

Durant cette période, plusieurs sites de reboisement étaient placés sous sa responsabilité dans différentes régions du pays.

Tableau 11 : Les chantiers de reboisement de la SODEFOR de 1965 à 1981

Nombre de chantiers	Localité	Date d'ouverture	Superficie plantée
ABBE	S/P Agboville	1965	4 075 ha
IROBO	S/P Sikensi	1965	8 464 ha
MOPRI	S/P Tiassalé	1966	8 573 ha
SEGUIE	S/P M'batto	1967	5 263 ha
ANGUEDEDOU	S/P Bingerville	1967	1 341 ha
SANGOUE	S/P Oumé	1969	8 885 ha
BEKI	S/P Abengourou	1969	685 ha
TENE	S/P Oumé	1971	11 499 ha
RAPIDES GRAH	S/P San Pedro	1974	779 ha
BOUAFLE	S/P Daloa	1981	944 ha

Source : Ministère des Eaux et Forêts, (1986), *Op.cit.,* p.220.

Avec le plan quinquennal 1981 1985, l'objectif global assigné à la SODEFOR était d'atteindre un volume de 500 000 hectares de superficies reboisées avec un rythme de 10 000 ha par an. Mais de 1978 à 1988, sur une période de dix ans, elle n'avait réussi à ne planter que 42 859 hectares[160]. Ces chiffres montrent que les réalisations de la SODEFOR sont en deçà des prévisions de l'État. Cette réalité pose toute la problématique de la réhabilitation du domaine forestier en Côte d'Ivoire. Veut-on réellement créer les conditions d'une meilleure conservation des forêts où veut-on tout simplement faire croire aux yeux du monde qu'on développe une politique *écologisée* ? À cette question voici la réponse d'un concessionnaire industriel : « en Côte d'Ivoire, les politiques forestières sont ce qu'elles sont, c'est-à-dire une poudre aux yeux. En clair, elles ne sont jamais appliquées comme il se doit car en proie à la prédation de la corruption. Ici, l'administration se laisse facilement corrompre au dépens de la survie des écosystèmes forestiers »[161].

[160] O.D, SEUDIEU *Impacts de la production du café sur l'environnement*…p.23.

[161] African Industry

En plus des programmes de reboisement initiés par la SODEFOR, l'État lance à partir de 1986 la création du comité national de défense de la forêt et de lutte contre les feux de brousse.

2. La création du comité national de défense de la forêt et de lutte contre les feux de brousse

La création du comité national de défense de la forêt et lutte contre les feux de brousse était consécutive à la crise climatique que la Côte d'Ivoire avait connue au milieu des années 80. En effet, 1983-1984 est resté dans la mémoire collective comme l'une des années les plus sèches que le pays ait connu depuis l'indépendance. Cette année avait frappé « les esprits par l'ampleur de la crise. C'était le temps de la demande de rééchelonnement de la dette extérieure. C'était la sécheresse qui vida les barrages hydro-électriques et priva la Côte d'Ivoire d'électricité plusieurs heures par jours »[162]. Ce fut au départ une crise climatique avec une sécheresse aigüe, ensuite elle se transforma en une crise écologique avec les incendies d'une ampleur sans précédent qui ravagea tout sur son passage (forêts, plantations, campements, villages, etc.) et finie par se muer en une crise économique avec la baisse drastique des eaux des barrages, la rupture dans la fourniture nationale d'électricité, la chute des productions agricoles, etc.

C'est à l'issue de cet épisode traumatisant pour tout le pays mais assez préjudiciable pour le monde rural et pour mieux sensibiliser les populations sur les conséquences des incendies que les autorités avaient pris la décision de créer le comité national de défense de la forêt et de lutte contre les feux de brousse (CNDLFB) par décret n°86-378 du 4 juin 1986[163]. Sa mission principale était de sensibiliser les populations sur les précautions à prendre afin d'éviter ou de provoquer des incendies surtout en saison sèche.

Dans l'ensemble, les actions de cette structure sont restées très limitées sur le terrain. À l'image de la journée nationale de l'arbre

[162] F. RUF (1988, Juin), *Stratification sociale en économie de plantation ivoirienne : premières questions, premières réponses par l'histoire,* Thèse de doctorat, TI, Monpelier-Paris, CIRAD/IRAT, p.5.

[163] Ministère de l'Environnement, des Eaux et Forêts ; Organisation internationale des bois tropicaux (2009, mars), *Rapport national sur l'aménagement durable des forêts en Côte d'Ivoire suivant les critères et indicateurs de l'OIBT*, p.10.

instituée par l'État, la création du comité national de défense de la forêt et de lutte contre les feux de brousse est restée plus symbolique qu'une projection d'actions réelles sur le terrain. Depuis quelques années, des ONG de lutte contre les feux de brousse créées à l'initiative des populations ont pris le relais des actions de sensibilisation et lutte contre les feux de brousse dans certaines régions du pays (l'Indénié, le Moronou, le Djuablin, etc.). Dans les forêts classées, la SODEFOR a développé une stratégie de lutte contre les feux de brousse qui s'appuie sur la prévention et la lutte active impliquant les populations riveraines des forêts classées.

3. L'institutionnalisation de la « *journée nationale de l'arbre* » en 1983

Par décret n°83-743 du 28 juillet 1983[164], le gouvernement a institué une journée nationale de l'arbre. Elle avait pour objectif principal de marquer de façon indélébile dans la conscience collective nationale l'enjeu que représente la forêt dans la vie de l'humanité toute entière et en particulier pour la nation ivoirienne. Cette journée était sensée susciter un réel engouement pour la forêt chez les populations ivoiriennes et un intérêt particulier pour sa préservation. En clair, cette journée a été instituée pour rappeler à tout le corps social et aux décideurs politiques que la forêt est un bien précieux commun fortement menacée qui mérite d'être réhabilitée et protégée. C'est donc la prise de conscience au plus haut niveau du péril qui pèse sur le domaine forestier. La mobilisation de tout le corps social est alors nécessaire pour mener ce combat de la préservation du patrimoine forestier. C'est le sens de cet appel de Félix Houphouët-Boigny lors du 8e Congrès du Parti Démocratique de Côte d'Ivoire (PDCI) en 1985 en ces termes :

> Reconnaissons le rôle indispensable des forêts pour l'amélioration des conditions favorables à la poursuite du développement du pays. C'est pourquoi pour sa sauvegarde, la mobilisation de toutes les populations s'avère nécessaire. Le reboisement de notre forêt n'est pas l'affaire des seuls forestiers. Elle concerne toute la Côte d'Ivoire. En effet, si les techniciens de la forêt doivent reboiser notre patrimoine en

---

[164] Décret n°83-743 du 28 juillet 1983 instituant une journée nationale de l'arbre.

essences riches, nous devons demander à toute la population (responsable gouvernementaux, représentants de la nation, responsables politiques à tous les échelons, paysans) de s'engager dans cette grande bataille pour la réhabilitation de la forêt[165].

Cependant, au-delà des discours officiels et des actions symboliques de planting d'arbres, la célébration de cette journée dédiée à l'arbre ne représente rien de concret pour les populations rurales qui sont concernées derechef. En réalité, son institution semble obéir à des motivations pour charmer plus les partenaires extérieurs que de construire une action ayant un réel impact sur le terrain.

4. La poursuite de la politique de création de parcs et réserves

En vue de sauvegarder la biodiversité en particulier le couvert végétale et les ressources fauniques, l'État a maintenu sa politique de création des parcs et réserves à divers endroits du pays. Cette politique tirait son fondement légal durant cette période de la réglementation forestière en vigueur notamment du décret n°78-231 du 22 mars 1978 pris en application de la loi n°65-425 du 20 décembre 1965 portant code forestier. Cette réglementation a structuré le territoire national en deux grands ensembles : le domaine forestier permanent de l'État et le domaine forestier rural. Le domaine forestier permanent de l'État regroupe les forêts classées, les aires protégées et les périmètres de protection. Les parcs et réserves font partie de ce domaine forestier permanent de l'État.

Du début des années 70 à la fin des années 80, quatre parcs nationaux (Le parc national d'Azagny ; Le parc national des îles Ehotilé ; Le parc national du Mont Sangbé ; Le parc national de Taï) et trois réserves naturelles (La réserve du N'Zo ; La réserve botanique de Divo ; La réserve du Haut-Bandama ; La réserve botanique de Divo) furent créés par l'État :

- Le parc national d'Azagny : situé dans la région de Grand-Lahou, il couvre une superficie de 17 400 ha. Réserve de chasse jusqu'en 1954, la zone a été classée en réserve partielle de faune par arrêté n°536 du 25

[165] Extrait de l'allocution du Président Félix Houphouët-Boigny lors du 8e congrès du parti Démocratique de Côte d'Ivoire (PDCI) réuni à Abidjan du 09 au 12 octobre 1985.

juin 1960 après une période d'interdiction de six ans. Par décret 81- 218 du 4 mai 1981[166], la réserve de faune d'Azagny a été érigée en parc national d'Azagny.

- Le parc national des îles Ehotilé : le parc national historique dénommé parc national des îles Ehotilés se compose de dix îles dont les plus importantes sont (Monobada, Niamoan, Balouhaté, Oréa, et Eloumé) à proximité du débouché sur la mer de la lagune Aby dans la Sous-préfecture d'Adiaké et de Bosson-Assoun situé dans la lagune Aby. Le parc national des îles Ehotilé a été créé par décret n°74-79 du 25 avril 1974[167]. Sa création obéit plus à la nécessité de préserver les richesses historiques et archéologiques de ces sites.

- Le parc national du Mont Sangbé : le parc national du Mont Sangbé se situe à l'ouest du fleuve Sassandra, entre la rivière Bafing et la route reliant Touba et Séguéla. Il est à cheval sur les sous-préfectures de Biankouma, Touba et Worofla. Il fut créé par décret n°76-215 du 19 février 1976[168] et couvre une superficie de 95 000 hectares.

- Le parc national de Taï : situé dans le sud-ouest de la Côte d'Ivoire, à cheval sur les circonscriptions administratives de Taï, Grabo, San Pédro, Guiapagui, Soubré et Buyo le parc national de Taï fut créé par le décret n°72-554 du 28 août 1972[169] puis modifié par celui du 3 juin 1977. Du point de vu géomorphologique, le parc national de Taï appartient aux bas-pays intérieurs. La plaine, essentiellement granitique, est uniforme. Seul le Mont Niénokoué en rompt la monotonie. Les rivières Hana et Méno qui la traversent constituent deux éléments importants d'un réseau hydrographique très dense. Il demeure l'habitat privilégié de nombreux mammifères dont les plus importants sont l'hippopotame nain, le céphalophe zébré, le céphalophe de Jentink, le Bongo, l'éléphant, le buffle, le singe commun, le colobe bai, le hocheur, le chimpanzé.

- La réserve du N'Zo : la réserve de faune du N'Zo s'étend au nord du parc national de Taï. Elle est à cheval sur les sous-préfectures de Taï et Buyo et couvre une superficie de 92 700 hectares. Elle a été créée par

---

[166] Décret n° 81- 218 du 4 mai 1981 portant transformation de la réserve de faune d'Azagny en parc national.

[167]Décret n°74-79 du 25 avril 1974 portant création du parc national des îles Ehotilés.

[168] Décret n°76-215 du 19 février 1976 portant création du parc du Mont Sangbé.

[169] Décret n°72-554 du 28 août 1972 portant création du parc national de Taï puis modifié par celui du 3 juin 1977.

décret n°72-545 du 28 août 1972[170] et modifiée par le décret n°73-132 du 21 mars 1973[171] portant modification de la limite séparant le parc national de Taï et cette réserve.

- La réserve du Haut-Bandama : elle se situe au nord du pays, à cheval sur les circonscriptions administratives de Katiola, Niakaramandougou, Tiénigbé et Dikodougou. Elle couvre une superficie de 123 000 hectares. Elle fut créée par le décret n°73-133 du 21 mars 1973[172].

- La réserve botanique de Divo : créée par l'arrêté n°452 du 3 juillet 1975 et couvre une superficie de 7 350 hectares. Elle forme un polygone de 29 sommets numérotés de 1 à 29 se situant de part et d'autre de la route Divo-N'douci.

La création de ces parcs et réserves constituait à cette époque un réel effort visant à préserver, pour les générations futures, des lambeaux de la biodiversité naturelle débarrassée de toute présence et activité humaine. Le paradoxe est que ces différentes mesures de protection et de conservation de la biodiversité ont été prises au moment où sous l'impulsion des mêmes pouvoirs publics les productions forestières et agricoles singulièrement le binôme café-cacao connaissait une réelle croissance.

---

170 Décret n°72-545 du 28 août 1972 portant création d la réserve du N'zo.

171 Décret n°73-132 du 21 mars 1973[171] portant modification de la limite séparant le parc national de Taï et cette réserve.

172 Décret n°73-133 du 21 mars 1973 portant création de la réserve du Haut-Bandama.

CHAPITRE V

UNE PRODUCTION AGRICOLE ET FORESTIÈRE DE PLUS EN PLUS ACCRUE

Toute cette politique déployée dans les secteurs agricole et forestier par l'État dans les deux premières décennies de l'indépendance aboutit à une explosion de la production agricole et forestière à cette époque.

Dans le domaine agricole tous les indices de production tant dans le secteur du vivrier que celui des produits d'exportation affichaient un taux de croissance exceptionnel. Le tandem café-cacao, les deux produits phares de l'économie de plantation en Côte d'Ivoire, tenait la tête du peloton de cette croissance des productions agricoles. De toutes les manières, ces deux cultures d'exportation constituaient les principaux leviers du succès économique de la Côte d'Ivoire dans les années 70 baptisé *miracle ivoirien.* C'est pourquoi, leurs statistiques de production constituent les bases fondamentales de notre analyse dans ce chapitre. En cffct, la fortc croissance de la production café-cacaoyère à cette époque était symptomatique de tout le secteur agricole.

Le secteur forestier également n'était en reste de cet essor. Au début de l'indépendance, précisément en 1960, la production forestière avait atteint la barre du million de mètre cube avec un volume de 1 045 000 m^3 de grumes. À la fin des années 60, précisément en 1969, elle franchit le chiffre record de 4 millions m^3 de grumes. Jusqu'à la fin des années 80, cette croissance de la production forestière s'est maintenue vacillant entre 4 et 5 millions de m^3 de grumes[173]. L'élargissement de l'assiette des essences exploitées dans les forêts ivoiriennes est l'autre caractéristique

---

[173] Ces chiffres proviennent des statistiques produites par le Ministère de l'agriculture et des eaux et forêts : Annuaire rétrospectif de statistiques agricole et forestiers 1900-1983, TIII, les produits vivriers et les produits forestiers bruts et transformés, p193.

du secteur forestier à cette époque. À la liste, des essences classiques exploitées depuis l'époque coloniale, se sont ajouté de nouvelles essences qui alimentent désormais le marché tant interne qu'externe du bois.

Le problème est que l'essor de ces productions agricoles et forestières impulsé et encadré par l'État s'est construit au détriment de la forêt.

I. UNE PRODUCTION AGRICOLE EN FORTE CROISSANCE

La production agricole en Côte d'Ivoire, moteur de l'économie de plantation, peut être structurée en deux catégories en ce qui concerne les cultures d'exportation. Il s'agit, d'une part du binôme café-cacao, deux cultures phares ayant régulé par leur dynamise le front pionnier de l'est à l'ouest en passant par le sud-est, le centre-ouest et le sud-ouest. D'autre part, il y a les cultures d'exportation de portée moyenne en termes de superficies, en l'occurrence, le palmier à huile, l'hévéaculture, l'ananas, etc.

1. L'essor de la production café-cacaoyère

Depuis l'indépendance, l'État de Côte d'Ivoire a marqué sa ferme volonté de faire du café et surtout du cacao les mamelles de l'économie ivoirienne. Cette volonté s'est concrétisée par la création de diverses structures de recherche agricole, d'encadrement des planteurs, de financement des activités agricoles, de commercialisation des produits agricoles, de promotion et de saine émulation entre les producteurs, etc. Sous l'effet conjugué de ces organismes publics, la Côte d'Ivoire se hisse très rapidement à la tête des pays producteurs du café et du cacao dans le monde.

Tableau 12 : Superficies et productions de cacao de 1969-1990

Campagne	Superficies plantées (milliers d'ha)	Superficies récoltées (milliers d'ha	Productions (tonnes)
1969-70	539,2	386,8	180 706
1970-71	562,3	404,3	179 156
1971-72	586,3	423,0	225 814
1972-73	611,0	440,5	185 445
1973-74	898,5	497,0	208 522
1974-75	815,0	471,0	241 511
1975-76	840,0	498,0	231 136
1976-77	863,0	526,0	232 380
1977-78	1 037,4	597,7	303 621
1978-79	1 104,0	740,1	318 381
1979-80	1 183,2	784,7	397 759
1980-81	1 259,3	836,7	417 220
1981-82	1 338,4	900,4	464 751
1982-83	1 398,9	953,0	360 445
1983-84	1 347,2	952,6	411 081
1984-85	1 418,0	1 028,7	565 042
1985-86	1 470,2	1 099,8	555 115
1986-87	-	-	610 680
1987-88	-	-	664 031
1988-89	-	-	823 952
1989-90	-	-	703 615

Source : Ministère de l'Agriculture et des Eaux et Forêts, annuaire rétrospectif de statistiques agricoles 1900-1983, TII, les produits agricoles destinés à l'industrie et à l'exportation, p.18.

À l'analyse des données statistiques du tableau ci-dessus, l'on remarque que depuis le début des années 70, la cacao-culture n'a cessé de prendre de l'ampleur tant au niveau de l'extension des surfaces cultivées qu'au plan du volume de production. Au cours de la campagne 1969-1970, la production de fèves de cacao de la Côte d'Ivoire se chiffrait à 180 706 tonnes soit plus de 193% du volume de production de la campagne 1960-1961 qui était de 93 605 tonnes. Dix ans plus tard, ce chiffre a plus que doublé. Il plafonnait durant la campagne 1979-1980 à 397 759 soit plus de 220% de la production de 1970. À la fin des années 80, précisément lors de la campagne 1989-1990, la Côte d'Ivoire avait produit 703 615 tonnes de fèves de cacao soit 176% du volume de 1980.

De toute évidence, la tendance de la production était à la hausse depuis les années 70.

Histogramme 4: Production de cacao en tonnes de 1969 à 1989

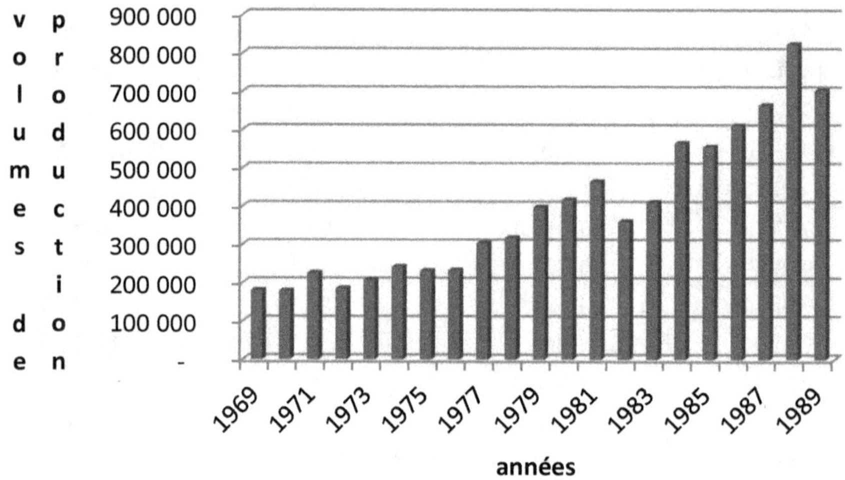

Cet histogramme présente les grandes tendances de cette croissance. Elle se structure en trois moments :

- De 1969 à 1976 la production cacaoyère enregistre une allure assez moyenne s'inscrivant dans la même tendance des années 60.

- La période 1977 – 1981 constitue une phase de forte croissance de la production du cacao avec un pic durant la campagne 1980-1981. Cette période correspond au temps du *miracle économique ivoirien*. Elle est suivie d'un moment de chute momentanée de 1982 à 1984. Deux facteurs peuvent expliquer cette chute momentanée. D'une part, ils sont d'ordre naturel notamment les conditions climatiques désastreuses de cette période avec leur lot de sécheresse aigue, de feux de brousse, d'invasion acridienne, etc. D'autre part, ils sont intrinsèques au mécanisme de fonctionnement de l'économie de plantation telle que pratiquée en Côte d'Ivoire. Très peu mécanisée, la technique culturale adoptée s'inscrit dans un cycle de croissance liée à la disponibilité de terres naturellement riches des forêts primaires et à un essoufflement de la production dû au vieillissement du sol. La chute de la production au cours de la campagne 1980-81 marque alors la fin du premier cycle dans le développement de la cacao-culture dont le foyer était logé à l'est du pays. Avec le vieillissement du verger et l'épuisement des sols des régions de l'est et du sud-est du pays, la production du cacao était dans une phase de transition et de déplacement vers les régions du centre-ouest et du sud-ouest.

- De 1984 à 1989 la production cacaoyère entame progressivement une nouvelle phase de croissance plus forte pour atteindre son pic lors de la campagne 1988-1989. Cette phase marque en réalité le début d'une production massive des jeunes plantations des nouveaux foyers de production du centre-ouest et du sud-ouest. De toute évidence, la croissance de la production de fèves de cacao était la résultante d'une forte extension du front pionnier dans ces zones forestières restées jusque-là hors du champ de production.

Cette forte croissance de la production cacaoyère était donc fortement tributaire de l'extension des surfaces cultivées. En fait, depuis l'époque coloniale, la Côte d'Ivoire a développé une agriculture d'exportation de type traditionnel tenue majoritairement par des paysans travaillant sur des surfaces plus ou moins réduites. En dehors de quelques plantations industrielles de palmiers à huile, de cocotiers, d'hévéa, toutes les autres cultures agricoles s'inscrivent dans cette tendance. Cette agriculture traditionnelle utilise très peu d'intrants chimiques. Dans ces conditions, le rendement est fonction non seulement de la taille des superficies cultivées mais également de la qualité des terres qui portent les cultures. Le vieillissement des terres est un facteur limitatif du rendement à l'hectare. À contrario, ouvrir une nouvelle plantation sur une nouvelle terre est gage d'une meilleure productivité. C'est d'ailleurs ce principe qui a toujours alimenté la spirale de la déforestation en Côte d'Ivoire avec une extension perpétuelle du front pionnier dans les massifs forestiers.

En observant l'histogramme ci-dessous représentant les superficies cultivées de cacao en Côte d'Ivoire de 1970 à 1986, on remarque une tendance croissante des données. Ainsi,

- De 1970 à 1977, le pays enregistre une croissance assez moyenne des surfaces cultivées en cacao culture. Cela s'explique par le fait que l'essentiel de la production était encore concentré dans les anciens foyers de production à l'Est et au sud-est du pays. Le déplacement du front pionnier était certes en amorce mais le flux migratoire n'avait pas encore atteint sa vitesse de croisière.

- De 1978 à 1986, on note une forte croissance des surfaces cultivées en cacao-culture. Cette bonification s'explique par le déplacement du front pionnier dans les vastes massifs forestiers du sud-ouest et du centre-ouest. La relocalisation dans ces massifs forestiers d'une grande partie de la population du centre (Baoulé) déguerpie à cause de la construction du barrage de Kossou, population reconnue traditionnellement grands producteurs du cacao et du café, accélère la mise en valeur de ces régions devenues les nouveaux foyers de production cacaoyère.

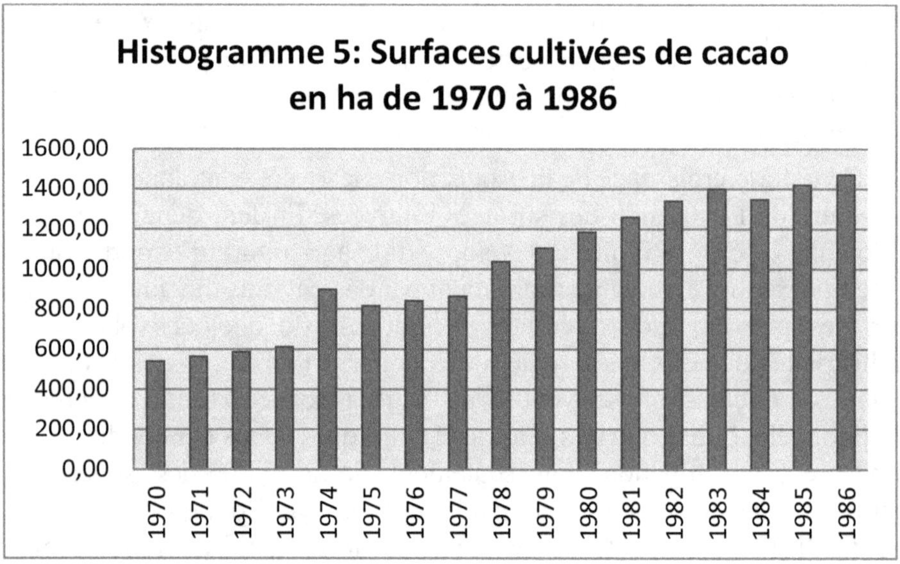

En ce qui concerne la production du café, deuxième culture de rente en Côte d'Ivoire, les données sont présentées dans le tableau ci-dessous. En observant les données statistiques, le constat est que le café a eu une tendance différente du cacao. Les volumes de production sont restés sensiblement au même niveau, généralement autour 200 000 tonnes avec souvent de légères variations, à l'exception de la saison 1983-84 qui a enregistré une forte chute (85 000 tonne) soit 42,5% à cause des conséquences d'un climat rude durant cette saison.

Quant aux surfaces cultivées, elles ont connu une tendance croissante avec deux allures :

- De 1970 à 1973, une croissance relative des surfaces cultivées se fixant sous la barre de 1000 hectares.
- À partir de 1974, les superficies cultivées atteignent la barre de 1000 hectares. Elles se fixent et stabilisent dans cet ordre jusqu'en 1986.

Cette croissance des surfaces cultivées de café obéit aux mêmes raisons que le cacao. Généralement, ces deux cultures sont associées par les planteurs selon la nature du sol. Ainsi, l'extension des surfaces cultivées de cacao dans les nouveaux foyers de production du sud-est et du sud-ouest s'accompagne également avec la production du café.

Tableau 13 : Productions et superficies de café vert de 1969 à 1990

Campagnes	Superficies plantées (milliers ha)	Superficies en production (milliers d'ha)	Production (tonnes brutes)
1969-1970	868,1	651,5	279 610
1970-1971	887,0	674,0	239 706
1971-1972	910,0	695,0	268 838
1972-1973	953,0	741,0	301 804
1973-1974	1 060,0	847,0	195 935
1974-1975	1 176,0	863,0	270 397
1975-1976	1 214,0	901,0	308 126
1976-1977	1 254,0	921,0	291 340
1977-1978	1 168,0	956,2	195 565
1978-1979	1 195,7	1 000,7	277 048
1979-1980	1 226,9	1 032,7	249 608
1980-1981	1 250,1	1 072,7	366 839
1981-1982	1 273,9	1 110,5	247 708
1982-1983	1 292,1	1 153,4	270 581
1983-1984	1 214,1	1 078,6	85 203
1984-1985	1 212,5	1 073,4	277 082
1985-1986	1 233,4	1 102,2	265 199
1986-1987	-		270 130
1987-1988	-		186 705
1988-1989	-		221 350
1989-1990	-		285 164

Source : Ministère de l'Agriculture et des Eaux et Forêts, annuaire rétrospectif de statistiques agricoles 1900-1983, TII, les produits agricoles destinés à l'industrie et à l'exportation, p.70.

Les graphiques ci-après permettent de mieux apprécier l'allure de la production du café durant cette période ainsi que les surfaces cultivées.

Courbe 2: Superficies plantées de café en milliers d'hectares de 1968 à 1985

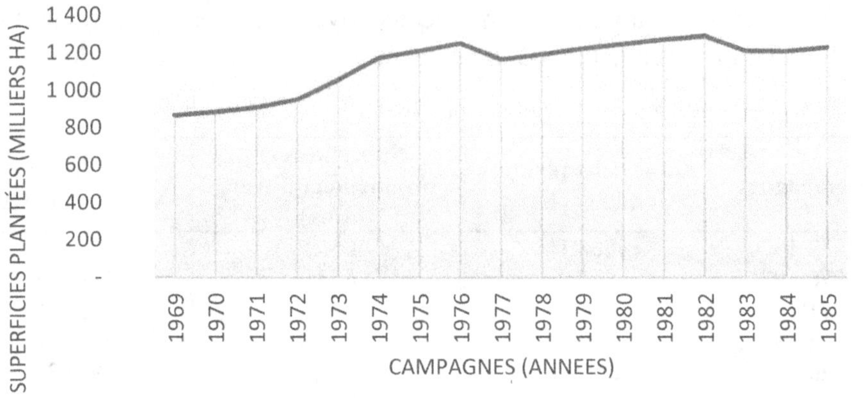

L'allure de la courbe des surfaces cultivées montre bien une tendance évolutive en deux phases :

- De 1969 à 1972, une évolution sensiblement moyenne symbolisant une mise en valeur régionalisée des terres en café concentrées en majeure partie dans l'ancienne boucle du cacao à l'Est du pays.
- 1973 à 1985, une forte extenxion des cultures du café dans les nouvelles zones de production du pays notamment au Centre-ouest et au sud-ouest. Cette extenxion des surfaces cultivées permet de rendre nationale la cuture du café. Désormais, le café est cultivé du sud à l'Est, du Centre-ouest au Sud-est.

Production de café vert en tonne de 1969 à 1989

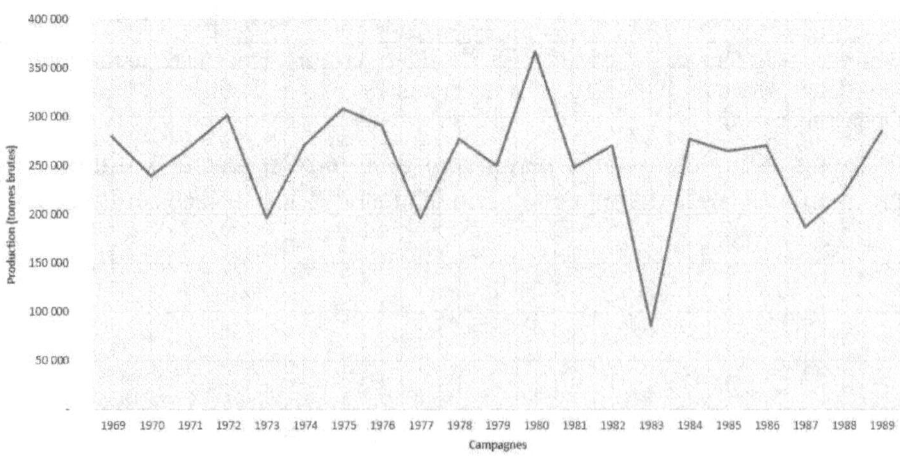

Paradoxalement, cette forte extenxion dans de nouvelles zones de production n'influence pas la production nationale du café. Cela s'explique par une baisse sensible des rendements dans les anciens foyers de production à l'Est et au sud à cause du viellissement du verger et de la variation de la pluviométrie de plus en plus médiocre dans ces régions. La production nationale de 1969 à 1990, en dehors de la campagne 1983-84, se fixe autour de 200 000 tonnes avec quelques variations annuelles. Ce sont ces variations qui donnent l'allure en dents de scie de la courbe de production.

En dehors du cacao et du café, les deux cultures phares d'exportation de la Côte d'Ivoire, d'autres cultures dites secondaires, compte tenu soit de leur niveau de production, soit de leur période d'introduction assez tardive, avaient bénéficié d'une formidable promotion des structures publiques auprès des populations rurales. En zone forestière, il s'agit du palmier à huile, de l'hévea, du cocotier, de l'ananas, de la banane poyo, des agrumes, etc. Dans la partie septentrionale du pays, domaine savanicole, on enrégistre principalement des cultures de coton, de cannne à sucre, de tabac, ect. Sous l'impulsion de la politique publique d'encadrement et de promotion, ces cultures secondaires ont connu également une forte croissance dans les trois premières decennies de l'indépendance de la Côte d'Ivoire.

2. Une croissance exceptionnelle des cultures secondaires d'exportation

Un ensemble de cultures périphériques ont accompagné les deux cultures phares de l'économie ivoirienne à savoir le café et le cacao. Cultivées sur des surfaces réduites et vec un niveau de production assez faible, ces cultures connaissent un essor dans les décennies 1970 et 1980. À titre illustratif, nous choisissons trois d'entre elles comme support d'analyse. Il s'agit de l'ananas, du palmier à huile et de l'hévéa.

a. La production d'ananas.

Le début de la production de l'ananas en Côte d'Ivoire, sous forme de conserves ou frais, remonte à l'époque coloniale. Dès 1947[174], un complexe agro-industriel fut installé dans le secteur d'ONO sur les berges du fleuve Comoé autour de l'usine de la SALCI (Société Alsacienne de Côte d'Ivoire) devenue par la suite Société des Ananas de Côte d'Ivoire) et un peu plus tard en 1950, un autre complexe à Tiassalé autour de l'usine de la SAFCO (Société Africaine de Conserverie). Ces deux Sociétés de production d'ananas furent complétées plus tard par la conserverie de la COLFRA installée à Abidjan.

En 1953, la première firme manipulait 2 320 tonnes, dix ans plus tard en 1963 17 620 tonnes et à nouveau dix ans plus tard en 1973, 120 000 tonnes faisant d'elle, la première entreprise de conserves d'Afrique. Les tonnages manipulés représentaient 7% du total mondial. En pleine saison, elle employait 2 000 personnes dont 22 cadres[175].

Quant à la SAFCO, elle manipulait 2 529 tonnes en 1953 et près de 16 500 tonnes en 1973. Elle employait 1 100 personnes dont 15 cadres. Il faut noter que ce personnel ne se consacrait pas uniquement à la fabrication de conserves. La SAFCO exportait également plus de 3 000 tonnes d'ananas frais.

À partir de 1970, un troisième groupe voyait le jour, la SIACA (Société ivoiro-allemande de Conserves d'Ananas) qui traitait la totalité de la production de la SOCABO (Société coopérative agricole de BONOUA) et exclusivement celle-ci. Elle employait 400 à 700 personnes et 15 cadres suivant les saisons. Depuis sa restructuration, la SIACA a pris la dénomination de « Société ivoirienne d'Ananas et de Conserves alimentaires » (nouvelle SIACA). La SOCABO est devenue l'actionnaire majoritaire de celle-ci.

Jusqu'en 1969, la production d'ananas pour l'exportation en frais est restée le domaine d'un nombre restreint de planteurs tant en raison de la demande réduite du marché que des exigences techniques particulières de

---

[174] Ministère de l'Agriculture et des Eaux et Forêts, Annuaire rétrospectif de statistiques agricoles et forestières 1900-1983, TII : les produits agricoles destinés à l'industrie et à l'exportation, p.117.

[175] A. GUYOT ; A. PINON & al, « L'ananas en Côte d'Ivoire », in *Fruits*, fév. 1974, vol. 29, n°2, p. 85-117.

cette cultures. Par exemple, en 1966, les 14 .000 tonnes d'ananas exportées étaient produites par 31 plantations dont 18 étaient à capitaux étrangers produisant à elles seules 12 .600 tonnes soit 88% de la totalité.

Mais, à partir de 1970, avec la constitution d'un organisme d'État : la SODEFEL (Société pour le Développement de la Production des Fruits et Légumes) chargée de promouvoir une production purement nationale par une assistance technique régulière et des prêts, le nombre de plantations ivoiriennes s'est rapidement accru. Ainsi, la production exportée en frais a été multipliée par 6 de 1970 à 1983 atteignant 95 000 tonnes[176].

La quasi-totalité de la production d'ananas est localisée dans le quart sud-est du pays. Le fleuve Comoé joue un rôle capital dans cette répartition : à l'est de celui-ci, à quelques rares exceptions près, la production est destinée uniquement à alimenter deux conserveries. À l'ouest, la production est essentiellement orientée vers l'exportation en frais à une exception près, une partie de la production de Tiassalé alimente la troisième conserverie du pays (SAFCO). En réalité, il existe deux grandes zones de production d'ananas : une zone côtière s'étirant le long de la mer qui part de Grand-Lahou à Adiaké, région coupée en deux par le fleuve Comoé et une zone intérieure parallèle à la côte à 60-80 km de celle - ci qui s'étire autour de l'axe : Divo, Tiassalé, Agboville, Adzopé, avec une « excroissance » nouvellement créée à proximité de la ville de Yamoussoukro. C'est la partie occidentale de cette dernière zone, avec le centre de Tiassalé distant de 140 km d'Abidjan, qui constitue la principale zone de production d'ananas pour l'exportation en frais. Les plantations y sont à la fois les plus nombreuses et les plus importantes, alors que le centre important de culture pour la fabrication de conserves est localisé autour des deux principales conserveries du pays : SALCI et SIACA qui sont distantes respectivement de 75 et 59 km par route d'Abidjan.

Les statistiques de la production globale destinée aux industries locales et à l'exportation sous forme d'ananas frais de 1960 à 1989 sont présentées dans le tableau ci-après :

---

176 Ministère de l'Agriculture et des Eaux et Forêts, Annuaire rétrospectif de statistiques agricoles et forestières 1900-1983, TII : les produits agricoles destinés à l'industrie et à l'exportation, p.127.

Tableau 14 : Production annuelle d'ananas de 1960 à 1989.

Années	**Volume de production (frais et conserve) en tonnes**
1960	19 885
1961	19 921
1962	22 777
1963	29 984
1964	41 184
1965	44 083
1966	60 840
1967	83 687
1968	89 424
1969	89 468
1970	109 605
1971	138 120
1972	202 705
1973	199 433
1974	228 127
1975	236 559
1976	267 961
1977	243 765
1978	312 156
1979	291 900
1980	293 744
1981	299 056
1982	223 861
1983	182 853
1984	223 293
1985	293 997
1986	273 453
1987	227 178
1988	195 918
1989	179 480

Sources : Ministère de l'Agriculture et des Eaux et Forêts, Annuaire rétrospectif de statistiques agricoles et forestières 1900-1983, TII : les produits agricoles destinés à l'industrie et à l'exportation, p.127.

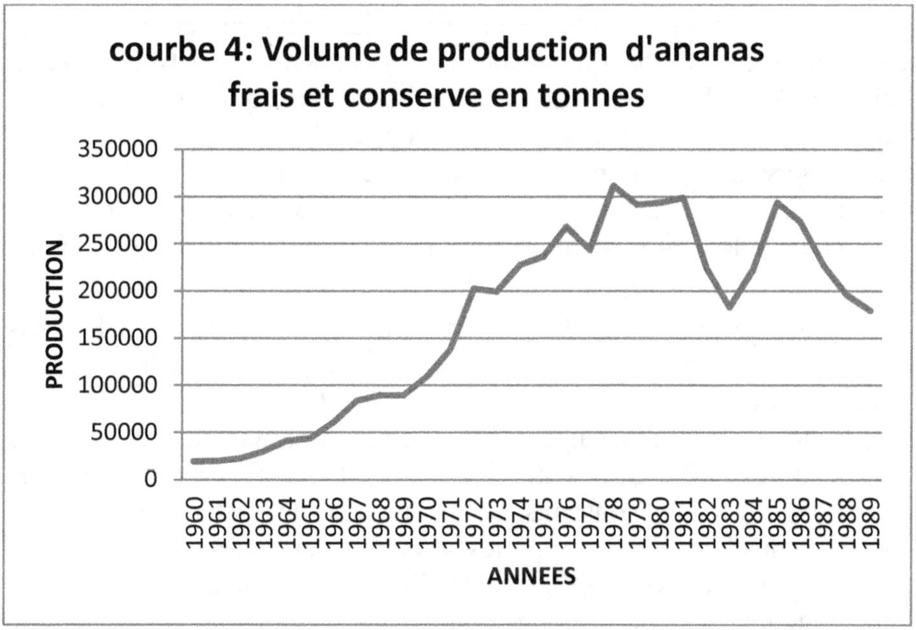

En observant l'allure de la courbe représentative des volumes de production d'ananas de 1960 à 1989, on note trois séquences :

- De 1960 à 1982, une phase de croissance pouvant être scindée en deux mouvements. Avec une allure assez moyenne de 1960 à 1969, la courbe montre une faible croissance de la production d'ananas en Côte d'Ivoire durant cette période. Dans l'ensemble, le volume de production reste sous la barre des 100 mille tonnes. Cette situation s'explique par le fait que jusqu'en 1969, la production d'ananas était l'affaire d'un nombre restreint de planteurs tant en raison de la demande réduite du marché que des exigences techniques particulières de cette cultures.

Mais, à partir de 1970, l'allure de la croissance devient plus forte. C'est le second mouvement croissant de la production. En effet, avec l'intervention de l'État, marquée par la création d'un organisme d'État, la SODEFEL, chargée de promouvoir une production purement nationale par une assistance technique régulière et des prêts, la culture d'ananas se vulgarise. Le nombre de plantations ivoiriennes s'est rapidement accru et le niveau de production franchit la même année la barre des 100 mille tonnes avec exactement une production de 109 605 tonnes. Deux ans plus tard, le cap des 200 mille tonnes est atteint et la production est restée croissante dans cet ordre jusqu'en 1983 où après avoir effleuré la barre des 300 mille tonnes en 1981, la production chuta drastiquement pour se situer à 182 853 tonnes soit une baisse d'environ 39%.

- Cette brusque chute de la production d'ananas en 1983 est la deuxième séquence de l'allure de la courbe. Selon l'analyse de Jean-Philippe Colin dans la revue *Autrepart*[177], la crise qui affecte au début des années quatre-vingt le secteur de l'ananas s'explique par l'incapacité des conserveries ivoiriennes à affronter la concurrence asiatique, qui conduira à la fermeture des usines de l'Est-Comé. Quant à la production villageoise, elle était déjà en crise profonde du fait de la conjonction de divers phénomènes.

D'abord, les difficultés de trésorerie rencontrées par la SALCI depuis la fin des années 1970, répercutées sur les planteurs villageois qui devaient attendre 8 à 12 mois le paiement des fruits. Ensuite, la stagnation du prix d'achat des fruits, fixé par arrêté du ministère de l'Agriculture à 13 FCFA entre 1977 et 1984, soit une diminution de moitié en francs CFA constants. Enfin, une crise de confiance généralisée entre les planteurs d'une part, les GVC et l'encadrement SODEFEL d'autre part. Le GVC et la SODEFEL constituaient les véritables interlocuteurs des producteurs qui avaient tendance à les rendre responsables de leurs difficultés. Les planteurs cessaient souvent de travailler pour manifester leur mécontentement à l'encontre du système coopératif mis en place, avec pour critiques, un délai excessif de paiement des fruits, l'absence de comptes individualisés et un personnel d'encadrement qui a tendance à considérer le coopérateur comme un employé.

- De 1983 à 1989, en dépit du relèvement de la courbe (1984-87), la tendance à la chute demeure. C'est la troisième séquence de la courbe qui indique une période d'instabilité dans la production d'ananas en Côte d'Ivoire.

b. Le palmier à huile

Le palmier est l'une des essences exploitées pendant longtemps à l'état naturel par les populations autochtones d'Afrique subsaharienne. De la moitié du XIXe siècle au début du XXe siècle, l'huile de palme, issue de l'exploitation des palmeraies sauvages des forêts tropicales, avait alimenté le trafic entre l'Europe et les États côtiers africains. En Côte d'Ivoire, « le commerce de l'huile de palme se pratiquait déjà vers 1850

---

[177]J-P COLIN, 2012, « La petite production d'ananas en Côte-d'Ivoire : d'une crise à l'autre », *Autrepart* N°62 p. 37-56.

entre les populations de la région de Jacqueville et les navires français, portugais et anglais et les statistiques douanières enregistraient des exportations d'huile de palme brute de 4 000 tonnes en 1900 »[178]. C'est donc l'une des plus anciennes productions agricoles de la Côte d'Ivoire. Exploitée au départ sous forme de cueillette, sa production connut un début de modernisation dans le premier quart du XXe siècle.

En 1910, la première huilerie moderne fut installée sur l'île de Petit-Bassam et en 1922 la station expérimentale du palmier à huile de la Mé fut créée. En 1926, l'Union Tropicale de Plantation créa la première palmeraie artificielle de 2000 hectares dans la région de Dabou. Une autre plantation similaire fut créée dans la même période à Drewin près de Sassandra[179]. Ce sont ces différentes plantations (La Mé, Dabou, Mopoyem et Grand-Drewin) qui passèrent, de 1942 à 1948, sous le contrôle de l'Institut de Recherche pour les Huiles et Oléagineux (IRHO).

En 1960, le gouvernement entreprend la réalisation d'un vaste programme de plantations de palmiers sélectionnés en créant de grands ensembles comportant chacun :

- Un bloc de plantations industrielles
- Des plantations villageoises satellites de ce bloc et encadrées
- Une usine capable d'absorber les productions d'un tel ensemble.

Ce programme de plantations de palmier à huile a été financé par l'État de Côte d'Ivoire, le FED, la CCCE, la BIRD, la BNDA, la CAA et le secteur privé. Il fut exécuté sous la direction de la SATMACI de 1961 à 1963, puis à partir du 1er janvier 1964, de la Société pour le Développement et l'Exploitation du Palmier à huile (SODEPALM) créée en novembre 1963.

Au terme de ce vaste programme en 1978, la superficie plantée était de 100 500 hectares dont 51 400 hectares de plantations industrielles ; 38 000 hectares de plantations villageoises encadrées et 11 100 hectares d'autres plantations (IRHO et plantations privées). Dans le cadre de ce

---

[178] Ministère de l'Agriculture et des Eaux et Forêts, Annuaire rétrospectif de statistiques agricoles et forestières 1900-1983, TII : les produits agricoles destinés à l'industrie et à l'exportation, p.177.

[179] Ministère de l'Agriculture et des Eaux et Forêts, Annuaire rétrospectif de statistiques agricoles et forestières 1900-1983, TII : les produits agricoles destinés à l'industrie et à l'exportation, p.177.

programme, 10 huileries furent construites : Eloka, Toumanguié, Anguédédou, Irobo, Ehania, Bolo, Boubo, Soubré, Dabou, et Iboké.

À partir de 1978, le gouvernement oriente sa politique agricole vers des opérations régionalisées ou intégrées. La SODEPALM, devenue Établissement public à caractère industriel et commercial fut alors chargée d'encadrer toutes les opérations de cultures dans la région Sud du pays qui portent notamment sur le palmier à huile, le cocotier, le riz et la culture mécanisée du manioc.

Quant à la PALMINDUSTRIE, Société d'économie mixte créée en 1968 et propriétaire de l'infrastructure industrielle du plan palmier, elle fut chargée du développement et de la gestion des plantations industrielles de palmiers à huile, de cocotiers et la transformation industrielle des produits oléagineux. De 1960 à 1990, les statistiques de productions donnent les tendances ci-après :

Tableau 15 : Production de régime de palme de 1960 à 1989.

Années	**Volume de production en tonnes**
1960	298 121
1961	261 627
1962	302 424
1963	302 580
1964	327 339
1965	322 300
1966	318 400
1967	342 225
1968	351 117
1969	373 532
1970	480 445
1971	537 973
1972	677 251
1973	684 419
1974	915 233
1975	963 235
1976	968 570
1977	854 824
1978	924 407
1979	849 319
1980	1083 259
1981	914 833
1982	991 036
1983	969 403
1984	956 079
1985	909 667

Années	Volume de production en tonnes
1986	1 138 703
1987	1 189 304
1988	1 051 066
1989	1 044 213

Sources : Ministère de l'Agriculture et des Eaux et Forêts, Annuaire rétrospectif de statistiques agricoles et forestières 1900-1983, TII : les produits agricoles destinés à l'industrie et à l'exportation, p.187.

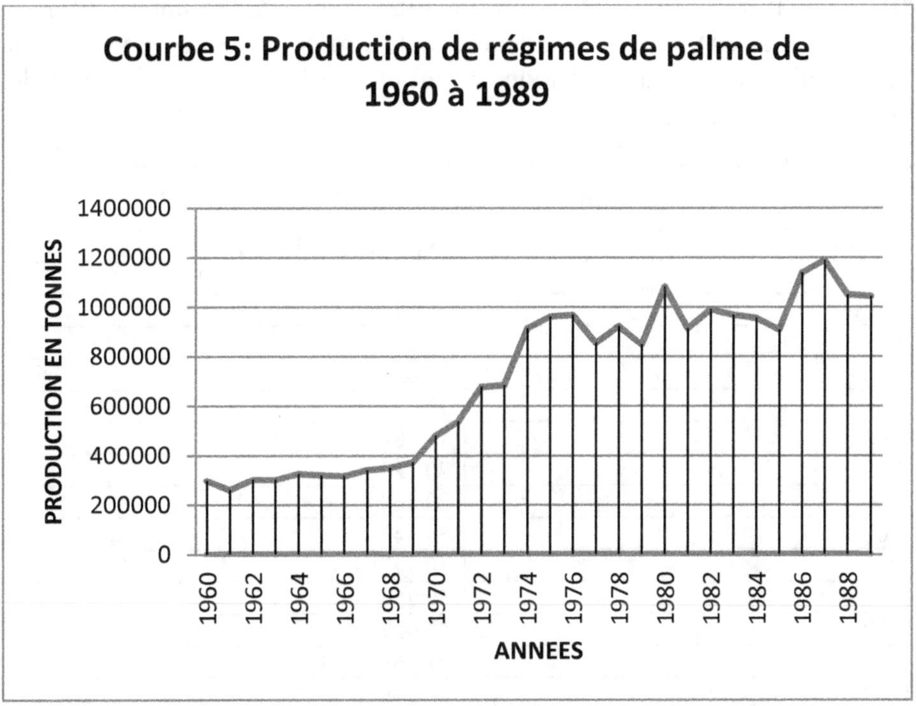

Le palmier à huile, au regard des statistiques de production, demeure l'une des principales cultures de rente qui alimente l'économie ivoirienne. Au début de l'indépendance, la production de régimes de palme frôlait les 300 mille tonnes. Dans l'ensemble, ce niveau de production est resté croissant de 1960 à 1990.

En observant, l'allure de la courbe de production, deux séquences se dégagent :

- Une phase de croissance régulière de 1960 à 1976 essentiellement liée aux diverses interventions de l'État : création des blocs de plantations industrielles ; encadrement et promotion des plantations villageoises satellites à ces blocs de plantations industrielles ; installation des unités industrielles pour la transformation de la production, etc. Ces investissements massifs des fonds publics dans cette filière ont eu pour corollaire une croissance rapide de la production.

- Une seconde séquence, cette fois plus instable, avec des moments de pic de la production (en 1980, la barre du million de tonnes était dépassée avec exactement un volume de production de 1 083 259 tonnes) mais aussi des années de chute. Cette instabilité dans la production donne une allure en dents de scie à la courbe. Quoique le niveau de production reste encore très important (en moyenne 1 million de tonnes par an), l'allure accidentée de la courbe annonce l'entrée de la filière palmier dans une période de turbulence liée à des difficultés du marché interne et externe.

Tableau 16 : Superficies plantées de palmiers sélectionnés à la fin de chaque campagne (1959-1989).

Années	**Superficie en hectares**
1959	5 052
1960	5 551
1961	6 382
1962	8 903
1963	11 162
1964	14 084
1965	20 120
1966	29 168
1967	39 343
1968	50 747
1969	59 255
1970	68 027
1971	71 568
1972	72 578
1973	75 287
1974	78 692
1975	81 665
1976	86 956
1977	94 702
1978	100 530
1979	100 258
1980	100 131
1981	100 563
1982	100 597
1983	104 329
1984	98 206
1985	106 841
1986	120 459
1987	133 186

Années	Superficie en hectares
1988	147 308
1989	143 174

Sources : Ministère de l'Agriculture et des Eaux et Forêts, Annuaire rétrospectif de statistiques agricoles et forestières 1900-1983 et 1989, TII : les produits agricoles destinés à l'industrie et à l'exportation, p.181.

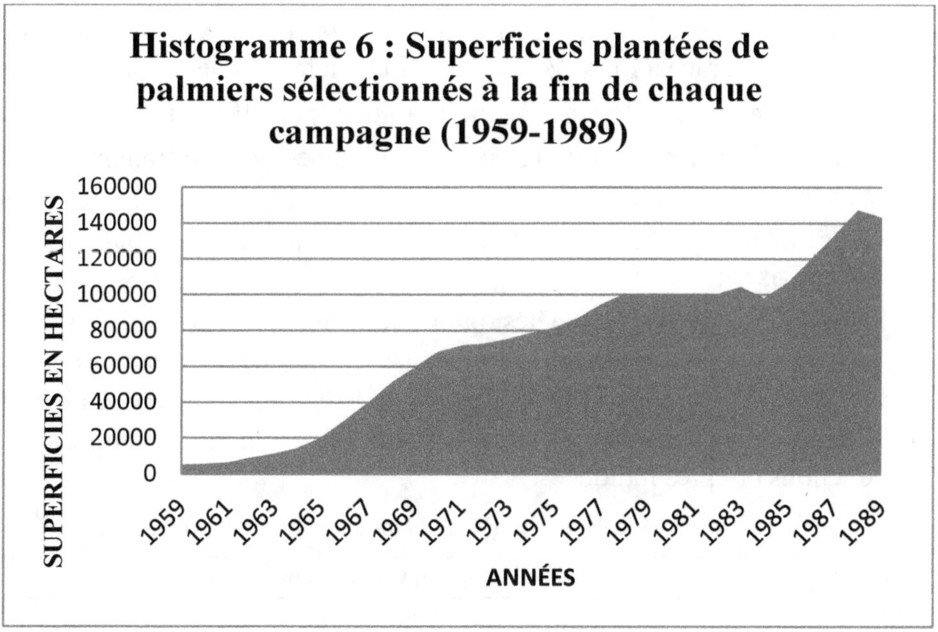

Quant aux superficies plantées de palmiers à huile, elles ont connu une évolution presque régulière de 1959 à 1989 en dehors de la chute momentanée de 1984 due aux conditions climatiques exécrables qui ont dû influencer négativement la culture du palmier à cette époque.

En dehors de ce bref intermède, les surfaces cultivées de palmiers à huile ont connu une évolution régulière atteignant les 150 mille hectares à la fin des années 1980. Cette régularité dans la progression des surfaces cultivées dénote du fait que le palmier était totalement entré non seulement dans les mœurs de production des populations ivoiriennes du sud côtier mais également a bénéficié des appuis importants de l'État.

c. La production de caoutchouc brut

Tout comme le palmier à huile, le latex, exploité à l'état naturel, avait alimenté le trafic entre l'Europe et les États côtiers africains au début du XXe siècle. La culture de l'hévéa, forme moderne de production du caoutchouc, a été introduite en Côte d'Ivoire dans les années 1950 par la société Indochinoise de plantations d'hévéa devenue en 1956 la société Africaine de Plantation d'hévéa (SAPH). La même année, fut créé l'Institut de Recherches sur le caoutchouc en Afrique (IRCA)[180].

La production de caoutchouc à partir des plantations créées en 1956 par la SAPH et le CCP (Compagnie du Caoutchouc de Pakidié) commence véritablement en 1961 et depuis lors cette filière n'a cessé de se développée grâce à l'intervention de l'État en termes de :

- financement des recherches et études initiées par l'IPCA ;
- création de plantations industrielles et d'usines pour le traitement du caoutchouc produit ;
- lancement à partir de 1968 d'un vaste programme de plantations villageoises ;
- création de diverses sociétés publiques (SODHEVEA, SOCATCI, SOGB, etc.) pour renforcer les capacités de production de cette filière.

Toutes ces initiatives et interventions de l'État ont contribué à l'essor de l'hévéaculture en Côte d'Ivoire comme l'attestent les statistiques de productions ci-après indiquées.

Tableau 17 : Superficies plantées d'hévéa à la fin de chaque période (1965-1989)

Années	**Superficie en hectares**
1965	10 955
1966	11 554
1967	12 055
1968	12 596
1969	12 647
1970	12 842
1971	13 107
1972	13 114
1973	14 063
1974	15 531
1975	17 758
1976	20 150

[180] Ministère de l'Agriculture et des Eaux et Forêts, Annuaire rétrospectif de statistiques agricoles et forestières 1900-1983, TII : les produits agricoles destinés à l'industrie et à l'exportation, p.251.

1977	23 638
1978	27 205
1979	30 444
1980	34 868
1981	39 937
1982	41 846
1983	42 052
1984	43 263
1985	45 055
1986	46 931
1987	50 169
1988	53 609
1989	59 152

Sources : Ministère de l'Agriculture et des Eaux et Forêts, Annuaire rétrospectif de statistiques agricoles et forestières 1900-1983 et 1989, TII : les produits agricoles destinés à l'industrie et à l'exportation, p.258.

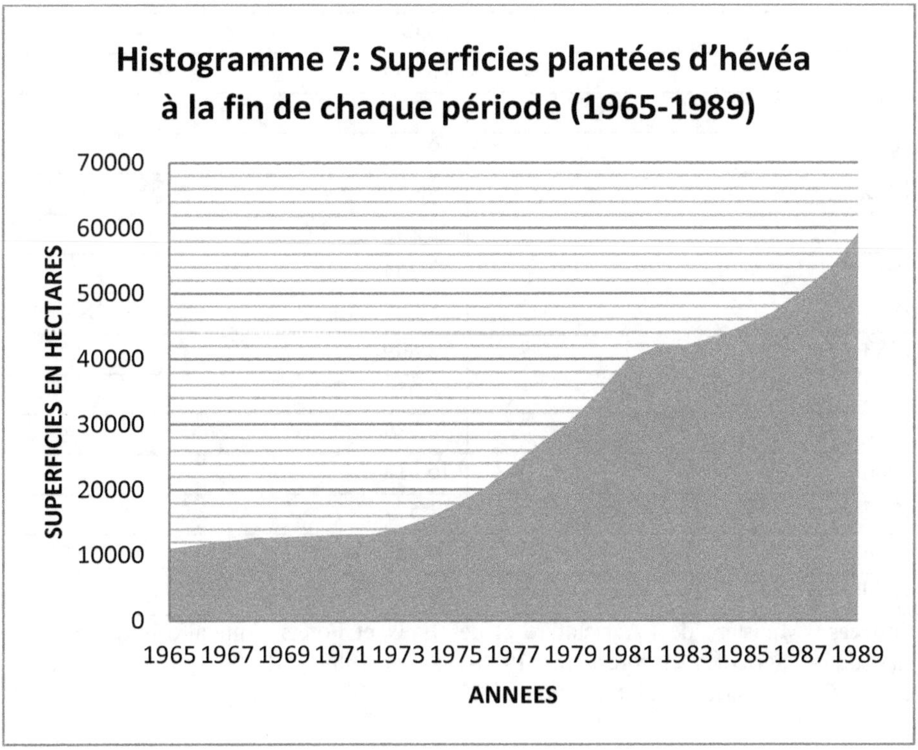

Tableau 18 : Production de latex liquide et de caoutchouc sec de 1961-1989.

Année	Production en tonne
1961	82
1962	205
1963	551
1964	2 045
1965	3 552
1966	4 959
1967	5 857
1968	6 870
1969	8 656
1970	11 927
1971	13 691
1972	14 536
1973	15 200
1974	16 511
1975	16481
1976	16 906
1977	17 779
1978	19 162
1979	19870
1980	22 248
1981	23 464
1982	26728
1983	28 899
1984	34 056
1985	38 789
1986	46 814
1987	51 577
1988	60 957
1989	66 960

Sources : Ministère de l'Agriculture et des Eaux et Forêts, Annuaire rétrospectif de statistiques agricoles et forestières 1900-1983 et 1989, TII : les produits agricoles destinés à l'industrie et à l'exportation, p.187.

Courbe 6: Production de latex liquide et de caoutchouc sec de 1961-1989

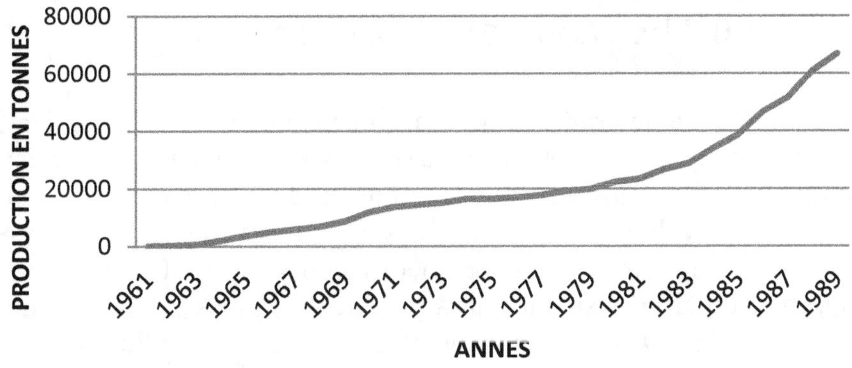

À l'instar du palmier à huile, l'hévéaculture, du début des années 1960 à la fin des années 1980 a connu une évolution régulière, tant au niveau du rendement que des surfaces cultivées.

En ce qui concerne les surfaces cultivées, d'une superficie de 10 955 hectares en 1965, la Côte d'Ivoire atteint près de 60 000 hectares en 1989 soit une croissance de 81% des surfaces cultivées. En réalité, cette culture, jusqu'en 1968, était presque inconnue de la majorité des populations locales. Elle était donc principalement portée par les structures de l'État à travers la création des plantations industrielles. Mais, à partir de 1968, l'État lance un vaste programme de vulgarisation de l'hévéaculture auprès des populations locales. Ce programme encourage et encadre les planteurs villageois à créer des plantations à titre individuel. Progressivement, cette culture gagne du terrain dans le sud forestier du pays.

Incidemment, le volume de production s'accroit régulièrement. De 82 tonnes en 1961, la production de latex atteint 66 960 tonnes en 1989, soit une croissance 99,87%.

Dans l'ensemble, après analyse de l'évolution de ces trois produits de rente (ananas, palmier à huile et hévéa), il ressort que sous l'impulsion de l'État, ils ont connu un essor remarquable tant dans le rendement qu'au niveau des superficies cultivées. En effet, débutée lentement dans la première décennie de l'indépendance, la promotion de ces cultures secondaires par des pouvoirs publics a favorisé leur développement accéléré dans les décennies 70 et 80. Or, leur essor se faisait au détriment de la forêt primaire. Ensemble avec d'autres facteurs comme l'exploitation forestière, elles ont de ce fait contribué significativement à la défloration des zones forestières en Côte d'Ivoire.

II. UNE PRODUCTION FORESTIÈRE ACCRUE

La production de grumes a débuté lentement en Côte d'Ivoire à la fin du XIXe siècle. Depuis cette époque, le bois n'a cessé de se positionner comme l'un des plus importants produits d'exportation de la Côte d'Ivoire. Son volume de production s'est continuellement accru pour atteindre la barre du million de mètres cubes en 1960. En 1969, la production de grumes se chiffrait à plus de 4 millions de mètres cubes. Dans les années 70 et 80, son volume de production a oscillé entre 3 et 5 millions de mètres cubes. Concomitamment à cette forte croissance de son volume, la production de bois se bonifiait progressivement par le nombre d'essences exploitées. Portée sur une seule essence (acajou) au départ, l'exploitation forestière en Côte d'Ivoire concernait environ une vingtaine d'essences à la fin des années 80 classées en trois catégories (les bois rouges et les autres bois classés aussi en deux groupes).

1. Essor de la production forestière

L'exploitation des essences précieuses des forêts ivoiriennes a pris de l'ampleur dans les décennies 70 et 80. Et cela se remarque à travers les volumes de grumes tirées des massifs forestiers durant ces années. Les statistiques à cet effet sont éloquentes :

Tableau 19 : Production de grumes de 1969 à 1983 (1000 m^3)

Années	**Productions exportées**	**Productions livrées aux usines**	**Total**
1969	3 327	951	4 278
1970	2 511	1 037	3 548
1971	2 933	987	3 920
1972	3 168	1 010	4 178
1973	3 497	1 672	5 169
1974	3 034	1 595	4 629
1975	2 419	1 540	3 959
1976	3 275	1 820	5 095
1977	3 254	1 986	5 240
1978	2 519	1 873	4 392
1979	2 788	1 758	5 546
1980	3 055	1 906	4 961

Années	Productions exportées	Productions livrées aux usines	Total
1981	2 233	1717	3 950
1982	2 276	1 807	3 083
1983	2 253	1 789	4 042

Source : Ministère de l'Agriculture et des Eaux et Forêts, annuaire rétrospectif de statistiques agricoles 1900-1983, TIII, les produits vivriers et les produits forestiers bruts et transformés, p.257.

En réalité, c'est en 1960 que la production de grumes en Côte d'Ivoire avait franchi le cap du million de tonnes avec un volume de 1million 045 milles mètres cubes. Depuis cette date, le volume des productions forestières a gardé ce cap. À la fin des années 60, ce chiffre fut quadruplé avec un volume de production de 4 278 mille mètres cubes. De 1969 à 1983, la production forestière a évolué en dents de scie tout en gardant des volumes impressionnants variant entre 3 et 6 millions de mètres cubes.

Le graphique ci-après illustre parfaitement cette évolution saccadée de la production de grumes avec des périodes de forte croissance, notamment en 1973, 1976 et 1977 où les volumes de production plafonnaient dans l'ordre de 5 millions de mètres cubes. Ces moments de pics dans la production forestière étaient suivis par des années de baisses sensibles telles qu'en 1975 et 1981 où les tonnages de grumes produites se situaient à environ 3 millions de mètres cubes.

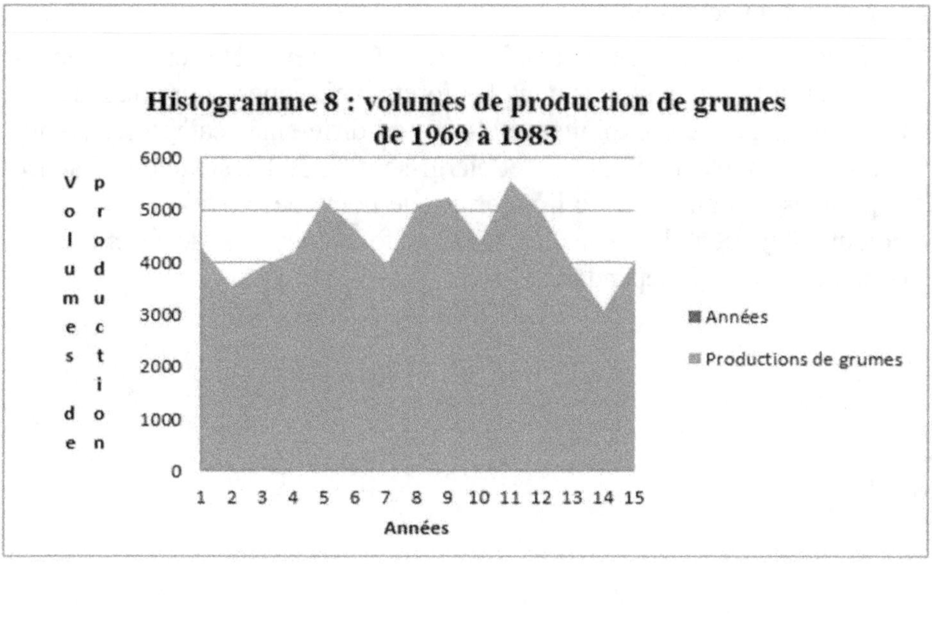

Un environnement de production soumis aux impératifs de l'économie florissante dans la jeune nation ivoirienne peut expliquer cette instabilité dans la production de bois qui n'affecte cependant pas ses fondamentaux puisque les tonnages restent tout de même énormes. En réalité, le secteur forestier était fortement concurrencé par d'autres secteurs de l'économie telle que le secteur agricole, en plein essor, avec lequel il partage le même support de production : la forêt. Le rythme accéléré de la déforestation semble être donc la première contrainte du secteur forestier. À cela s'ajoute la réorganisation du cadre administratif et juridique du secteur bois qui crée d'autres types de contraintes.

Toutefois, malgré ces contraintes, le secteur forestier demeure dynamique car les besoins de la consommation tant interne qu'externe élargissent les bases des essences exploitées.

2. Une base plus élargie des essences exploitées

La richesse des forêts ivoiriennes en essences exploitables est une réalité. Cependant, leur exploitation effective a toujours été inspirée par les besoins des marchés de consommation. Centrée au départ sur l'acajou, la production forestière ivoirienne a connu sa première phase de diversification après la Première Guerre mondiale. Au début de l'indépendance, moins d'une vingtaine d'essences étaient concernées par la production de grumes.

Progressivement, de nouvelles essences firent leur entrée dans le chapelet des bois exploités dans les forêts ivoiriennes pour atteindre une trentaine d'essences exploitées classées en différentes catégories comme l'indique le tableau ci-après. Cet élargissement de l'assiette des essences exploitées combinées avec l'ouverture de nouvelles zones de production potentiellement riches sont les facteurs fondamentaux de la croissance observée après l'indépendance.

Tableau 20 : Production de grumes par essences (1000 m^3)

Années	Catég. 1 (bois rouges)	Catég. 1 (autres bois)	Catég. 2	Catég. 3	Catég. 4	Catég. 5	Catég. 6	Autres bois	Total général
1970	Aboudikrou 190 Acajou 220 Kosipo 102 Makore 190 Sipo 705 Tiama 155	Amazakoue 25 Aningueri 69 Assemela 90 Avodire 2 Azodau-lingue 14 Bete 185 Bosse 35 Dibetou 76 Koto 51	Fraké 9	Framire 46 Iroko 95 Kotibé - Niangon 61	Badi -	Ako 43 Fromager 33 Ilomba 88 Samba 1 024	Azobé -	41	
	Total 1 562	546	9	202	-	1 188		41	
	Total catég. 1 : 2 108		**9**	**202**	-	**1 188**		**41**	**3 548**
1971	Aboudikrou 218 Acajou 257 Kosipo 95 Makore 196 Sipo 805 Tiama 180	Amazakoue 23 Aningueri 89 Assemela 40 Avodire 5 Azodau-lingue 8 Bete 124 Bosse 41 Dibetou 100 Koto 48	Fraké 10	Framire 70 Iroko 105 Kotibé - Niangon 62	Badi -	Ako 40 Fromager 40 Ilomba 95 Samba 1 244	Azobé -	25	
	Total 1 751	478	10	237	-	1 419	-	25	
	Total catég. 1: 2 229		**10**	**237**		**1 419**		**25**	**3 920**

Années	Catég. 1 (bois rouges)	Catég. 1 (autres bois)	Catég. 2	Catég. 3	Catég. 4	Catég. 5	Catég. 6	Autres bois	Total général
1972	Aboudikrou 222 Acajou 285 Kosipo 133 Makore 221 Sipo 660 Tiama 202	Amazakoue 43 Aningueri 148 Assemela 25 Avodire 4 Azodau-lingue 6 Bete 131 Bosse 50 Dibetou 144 Koto 52	Fraké 18	Framire 123 Iroko 150 Kotibé - Niangon 85	Badi -	Ako 40 Fromager 40 Ilomba 115 Samba 1 181	Azobé -	100	
	Total 1 723	603	18	358	-	1 376	-	100	
	Total catég. 1: 2 326		**18**	**358**		**1 376**	-	**100**	**4 178**
1973	Aboudikrou 224 Acajou 295 Kosipo 143 Makore 197 Sipo 510 Tiama 191	Amazakoue 74 Aningueri 155 Assemela 25 Avodire 6 Azodau-lingue 7 Bete 179 Bosse 55 Dibetou 122 Koto 81	Fraké100	Framire 137 Iroko 310 Kotibé - Niangon 80	Badi -	Ako 75 Fromager 131 Ilomba 131 Samba 1 530	Azobé -	441	
	Total 1 560	704	100	527	-	1 867	-	441	
	Total catég. 1: 2 264		**100**	**527**	-	**1 867**	-	**441**	**5 169**

Années	Catég. 1 (bois rouges)	Catég. 1 (autres bois)	Catég. 2	Catég. 3	Catég. 4	Catég. 5	Catég. 6	Autres bois	Total général
1974	Aboudikrou 169 Acajou 201 Kosipo 124 Makore 152 Sipo 341 Tiama 196	Amazakoue 65 Aningueri 105 Assemela 11 Avodire 4 Azodau-lingue 7 Bete 155 Bosse 46 Dibetou 98 Koto 97	Fraké 92	Framire 156 Iroko 245 Kotibé 135 Niangon 95	Badi 18	Ako 75 Fromager 131 Ilomba 131 Samba 1 530	Azobé 19	367	
	Total 1 183	588	92	631	18	1 731	19	367	
	Total catég. 1: 1 771		**92**	**631**	**18**	**1 731**	**19**	**367**	**4 629**
1975	Aboudikrou 117 Acajou 135 Kosipo 79 Makore 104 Sipo 236 Tiama 135	Amazakoue 37 Aningueri 33 Assemela 5 Avodire 2 Azodau-lingue 3 Bete 83 Bosse 39 Dibetou 66 Koto 76	Fraké 72	Framire 112 Iroko 248 Kotibé 142 Niangon 56	Badi 20	Ako 35 Fromager 108 Ilomba 110 Samba 1 235	Azobé 35	636	
	Total 806	344	72	558	20	1 488	35	636	**3 959**
	Total catég.1 1 150		**72**	**558**	**20**	**1 488**	**35**	**636**	

Années	Catég. 1 (bois rouges)	Catég. 1 (autres bois)	Catég. 2	Catég. 3	Catég. 4	Catég. 5	Catég. 6	Autres bois	Total général
1976	Aboudikrou 121 Acajou 163 Kosipo 84 Makore 91 Sipo 71 Tiama 151	Amazakoue 46 Aningueri 196 Assemela 8 Avodire 2 Azodau-lingue 10 Bete 123 Bosse 43 Dibetou 75 Koto 106	Fraké129	Framire 121 Iroko 463 Kotibé 180 Niangon 86	Badi 34	Ako 62 Fromager 138 Ilomba 147 Samba 1 630	Azobé 44	671	
	Total 781	609	129	850	34	1 977	44	671	
	Total catég.1: 1 390		**129**	**850**	**34**	**1 977**	**44**	**671**	**5 095**
1977	Aboudikrou 131 Acajou 196 Kosipo 80 Makore 105 Sipo 137 Tiama 177	Amazakoue 53 Aniegré-Ak. 251 Assemela 7 Avodire 4 Azodau-lingue 14 Bete 130 Bosse 51 Dibetou 74 Koto 136	Akossika 3 Ba 1 Fraké 161 Kekele - Lohonté 2	Diffou 1 Framire 148 Iroko 500 Kotibé 239 Niangon 93	Badi 49 Dabema 4 Iatandza 1 Lotofa 36 Melegba 1 Movingui 34 Pocouli 1 Vaa 81	Aielé 70 Ako 79 Bahia 68 Bi 9 Eho 8 Emien - Faro 119 Fromager 147 Ilomba 171 Kondroti 147 Pouo 5 Samba 1 450	Azobé 32 Tali 51	65	
	Total 826	720	167	981	207	2 273	83	65	
	Total catég. 1: 1 546		**167**	**981**	**207**	**2 273**	**83**	**65**	**5 322**

Années	Catég. 1 (bois rouges)	Catég. 1 (autres bois)	Catég. 2	Catég. 3	Catég. 4	Catég. 5	Catég. 6	Autres bois	Total général
1978	Aboudikrou 100,4 Acajou 156,1 Kosipo 65,1 Makore 83,7 Sipo 118,7 Tiama 143,3	Amazakoue 55,5 Aniegré-Ak. 242 Assemela 5,8 Avodire 3,7 Azodau-ling. 12,9 Bete 103,7 Bosse 40,7 Dibetou 55,1 Koto 119,4	Akossika 4,3 Ba 0,9 Fraké 173,9 Kekele - Lohonté 2,7	Diffou 0,7 Framire 130,8 Iroko 443,3 Kotibé 178,7 Niangon 92,7	Badi 50,9 Dabema 4,2 Iatandza 2,1 Lotofa 18,9 Melegba 0,6 Moving 37,9 Pocouli 2,4 Vaa 69,3	Aielé 36,9 Ako 62,3 Bahia 104,2 Bi 10,5 Eho 8,3 Emien - Faro 95,5 Fromag. 138,8 Ilomba 146,7 Kondrot.111,7 Pouo 2 Samba 1 224,8	Azob 44,5 Tali 25,4	48,6	
	Total 667,3	638,8	181,8	846,2	186,3	1 941,8	69,9	48,6	**4 580, 7**
	Total catég. 1: 1 306,1		**118,8**	**846,2**	**186,3**	**1 941,8**	**69,9**	**48,6**	
1979	Aboudikrou 80,3 Acajou 138,9 Kosipo 48,9 Makore 66,5 Sipo 94,5 Tiama 112,6	Amazakoue 44,2 Aniegré-Ak. 272 Assemela 5,7 Avodire 1,4 Azodau-ling. 12,1 Bete 117,2 Bosse 35,4 Dibetou 47,5 Koto 136,4	Akossik21,1 Ba 0,6 Fraké 278,9 Kekele 1,2 Lohonté 1,5	Diffou 1,3 Framire 132,7 Iroko 506,5 Kotibé 169,6 Niangon 103,9	Badi 66,4 Dabema 8,8 Iatandza 1,4 Lotofa 34,1 Melegba 0,7 Moving 37,9 Pocouli 1,8 Vaa 58,1	Aielé 38,6 Ako 74,2 Bahia 134,4 Bi 15,2 Eho 16,1 Emien 0,1 Faro 104,8 Fromag. 219,0 Ilomba 112,5 Kondrot. 92,8 Pouo 5,5 Samba1427,7	Azob 27,9 Tali 22,5	26,1	
	Total 541,5	671,9	303,3	914,0	209,2	2 240,9	50,4	26,1	
	Total catég.1 1 213,4		**303,3**	**914,0**	**209,2**	**2 240,9**	**50,4**	**26,1**	**4 957, 3**

Années	Catég. 1 (bois rouges)	Catég. 1 (autres bois)	Catég. 2	Catég. 3	Catég. 4	Catég. 5	Catég. 6	Autres bois	Total général
1980	Aboudikrou 84,7 Acajou 161,9 Kosipo 49,2 Makore 66,4 Sipo 100,2 Tiama 108,4	Amazakoue 62,1 Aniegré-Ak.269,0 Assemela 8,7 Avodire 3,5 Azodau-ling. 15,8 Bete 145,4 Bosse 38,4 Dibetou 51,8 Koto 121,6	Akossik 20,1 Ba 2,2 Fraké 249,1 Kekele - Lohonté 2,2	Diffou 2,6 Framire 129,5 Iroko 551,9 Kotibé 224,8 Niangon 128,6	Badi 92,5 Dabema11,8 Iatandza 3,0 Lotofa 46,8 Melegba 0,5 Moving 45,8 Pocouli 6,4 Vaa 85,1	Aielé 46,3 Ako 72,6 Bahia 131,2 Bi 17,8 Eho 30,8 Emien - Faro 115,0 Fromag. 221,0 Ilomba 135,7 Kondrot. 84,5 Pouo 4,9 Samba 1 102,9	Azob 30,0 Tali 48,4	39,4	
	Total 570,8	716,3	273,6	1 037,4	291,9	1 962,7	78,4	39,4	4 970, 5
	Total catég.1 1 287,1		**273,6**	**1 037,4**	**219,9**	**1 962,7**	**78,4**	**39,4**	
1981	Aboudikrou 72,0 Acajou 152,3 Kosipo 46,6 Makore 68,2 Sipo 86,2 Tiama 115,2	Amazakoue 32,9 Aniegré-Ak.254,7 Assemela 11,1 Avodire 2,0 Azodau-ling. 12,7 Bete 82,3 Bosse 36,1 Dibetou 34,7 Koto 105,0	Akossika 4,4 Ba 2,4 Fraké 175,2 Kekele - Lohonté 3,0	Diffou 0,9 Framire 100,3 Iroko 491,6 Kotibé 193,4 Niangon 141,2	Badi 59,8 Dabema 5,8 Iatandza 1,5 Lotofa 15,7 Melegba 0,7 Moving 29,6 Pocouli 3,7 Vaa 59,0	Aielé 23,9 Ako 41,6 Bahia 109,9 Bi 14,6 Eho 54,3 Emien 0,1 Faro 80,7 Fromag. 209,4 Ilomba 99,6 Kondrot. 42,3 Pouo 5,0 Samba 899,6	Azob 33,9 Tali 19,4	26,2	
	Total 540,5	570,5	185,0	927,4	175,8	1 581,0	53,3	26,2	
	Total catég.1 1 111,0		**185,0**	**927,4**	**175,8**	**1 581,0**	**53,3**	**26,2**	**4 059,7**

Années	Catég. 1 (bois rouges)	Catég. 1 (autres bois)	Catég. 2	Catég. 3	Catég. 4	Catég. 5	Catég. 6	Autres bois	Total général
1982	Aboudikrou 53,2 Acajou 118,7 Kosipo 31,5 Makore 47,3 Sipo 59,9 Tiama 79,1	Amazakoue 25,9 Aniegré-Ak.171,2 Assemela 12,8 Avodire 4,9 Azodau-ling. 9,0 Bete 85,5 Bosse 30,7 Dibetou 36,3 Koto 103,7	Akossika 6,0 Ba 1,3 Fraké 230,0 Kekele - Lohonté 3,7	Diffou 0,5 Framire 102,4 Iroko 485,2 Kotibé 148,1 Niangon 143,0	Badi 54,7 Dabema 6,5 Iatandza 2,0 Lotofa 19,8 Melegba 0,1 Moving 36,2 Pocouli 2,1 Vaa 56,0	Aielé 44,6 Ako 136,3 Bahia 120,0 Bi 10,2 Eho 2,8 Emien 0,3 Faro 122,7 Fromag. 283,1 Ilomba 118,2 Kondrot. 15,9 Pouo 5,2 Samba 971,2	Azob 44,0 Tali 22,1	26,7	
	Total 389,7	480,0	241,0	879,2	177,4	1 803,5	66,1	26,7	
	Total 869,7		**241,0**	**879,2**	**177,4**	**1 803,5**	**66,1**	**26,7**	**4 090,6**
1983	Aboudikrou 62,4 Acajou 125,3 Kosipo 32,1 Makore 41,6 Sipo 81,2 Tiama 86,6	Amazakoue 26,8 Aniegré-Ak.159,7 Assemela 7,5 Avodire 5,2 Azodau-ling. 12,0 Bete 92,8 Bosse 29,1 Dibetou 34,5 Koto 86,0	Akossika 4,7 Ba 0,2 Fraké 207,0 Kekele - Lohonté 1,1	Diffou 0,9 Framire 123,1 Iroko 530,7 Kotibé 149,7 Niangon 164,2	Badi 39,5 Dabema 4,8 Iatandza 5,7 Lotofa 15,9 Melegba 0,5 Moving 41,6 Pocouli 1,3 Vaa 51,1	Aielé 76,8 Ako 208,9 Bahia 172,3 Bi 7,4 Eho 0,6 Emien 0,6 Faro 109,2 Fromag. 254,7 Ilomba 121,7 Kondrot. 18,1 Pouo 5,6 Samba 758,4	Azob 49,0 Tali 36,8	29,8	
	Total 429,2	453,6	213,0	968,6	160,4	1 734,2	85,8	29,8	
	Total 882,8		**213,0**	**968,6**	**160,4**	**1 734,2**	**85,8**	**29,8**	**4 074,6**

Source : Ministère de l'Agriculture et des Eaux et Forêts, annuaire rétrospectif de statistiques agricoles 1900-1983, TIII, les produits vivriers et les produits forestiers bruts et transformés, p.199-202.

Dans l'ensemble, les premières décennies après l'indépendance ont été des années de réels progrès dans les domaines agricoles et forestiers en Côte d'Ivoire. Ces succès enregistrés n'ont pas été le fruit du hasard mais les résultats d'une politique savamment pilotée et coordonnée par l'État.

Le paradoxe est que toute cette politique de développement économique s'est construite au détriment de la forêt qui était son principal support. Ce qui explique les énormes ravages qu'elle a subi pour la prospérité et la renommée économique du pays. Au fil des temps, la forêt qui était considérée comme une richesse inépuisable au début du XXe siècle est devenue de nos jours une denrée rare, source de toutes les convoitises provoquant des conflits plus ou moins violents. Chaque jour, la course à la forêt pousse les planteurs à étendre un peu plus loin leurs tentacules déplaçant du coup le front pionnier agricole. Le début des années 90 marque d'ailleurs l'entame de la conquête foncière de l'extrême-ouest du pays.

TROISIÈME PARTIE

LE TEMPS DE LA REMISE EN CAUSE OU DE LA PRISE DE CONSCIENCE ? (1990-2015)

En 1988 l'État adopte un plan directeur forestier construit pour prendre en compte toutes les projections dans ce domaine jusqu'en 2015. À partir de 1990, avec la proclamation du multipartisme, les discours des différentes chapelles politiques se cristallisent autour de certaines questions fondamentales parmi lesquelles le foncier figure en bonne position. Durant le dernier quinquennat de la décennie 90, le concept de l'*ivoirité*[181], sensé réaffirmer et renforcer la particularité ivoirienne, est très vite galvaudé et accusé d'être le vecteur de *la xénophobie ivoirienne*, de la fragilisation du corps social. Dans ce méli-mélo socio-politique, l'accès à la terre dans les régions forestières du pays demeure au cœur des débats surtout avec des conflits fonciers plus ou moins violents opposant des communautés autochtones à des allogènes.

Face à cette situation sociopolitique explosive, l'État tente de reprendre les choses en main en adoptant le code foncier en 1998. Ce texte juridique a été adopté dans un contexte particulier et constitue un virage important de l'histoire de la gestion du foncier en Côte d'Ivoire. Il représente en quelque sorte l'aboutissement d'un long processus de conquête foncière des régions forestières du pays d'Est en Ouest dont l'ultime étape est l'extrême-ouest.

---

[181] En 1996, la "Cellule Universitaire de Recherche et de Diffusion des Idées du Président Henri Konan BÉDIÉ" (CURDIPHE) publie un manifeste intitulé "l'ivoirité, ou l'esprit du nouveau contrat social du président Henri K. Bédié". Le concept d'ivoirité y est présenté comme "l'ensemble des données socio-historiques, géographiques et linguistiques qui permettent de dire qu'un individu est citoyen de Cote d'Ivoire ou non".

CHAPITRE VI

L'IRRÉSISTIBLE MARCHE DU FRONT PIONNIER AGRICOLE VERS L'EXTRÊME-OUEST DANS UN CONTEXTE POLITIQUE MULTI-PARTISAN

Au début des années 1990, les planteurs de cacao, en quête permanente de nouvelles terres cultivables et de plus en plus à l'étroit au sud-ouest et au centre-ouest-du pays, par vagues successives, entament une migration massive vers l'extrême-ouest de la Côte d'Ivoire. L'extrême-ouest ivoirien représente l'ensemble du District des Montagnes comprenant notamment les régions administratives du Tonkpi (Man), du Guémon (Duékoué) et du Cavally (Guiglo). Cette région de l'extrême-ouest est limitée par les régions de Bafing (Touba) au nord, du Worodougou (Séguéla) au nord-est, du Haut-Sassandra (Daloa) et de la Nawa (Soubré) à l'est, et enfin de San Pedro (San Pedro) au sud. L'extrême ouest ainsi délimité représente la frontière que la Côte d'Ivoire partage avec le Liberia et la Guinée.

Cette partie du territoire ivoirien est l'une des plus vastes du pays, représentant la troisième entité par son étendue (30 750 km2), soit 9,53 %, après la région des Savanes (12,53 %) et celle du Zanzan (11,82 %). C'est aussi la deuxième région la plus peuplée, avec 9,40 % de la population nationale, devant le Bas-Sassandra (9,07 %) et la région de Bouaké (7,03 %). En revanche, elle est loin derrière la région des Lagunes (Abidjan) qui regroupe à elle seule 24,29 % de la population ivoirienne (Institut national de la statistique (INS, 1998)

Certes, l'ouest montagneux n'était pas totalement dépourvu de plantations de cacao et de café, mais c'est cette partie du pays qui abritait encore, à cette époque, les massifs forestiers les plus significatifs et encore inoccupés.

C'est la conquête intégrale de ces massifs forestiers dans la partie occidentale du pays qui s'amorce au tournant de la décennie 90. Les planteurs baoulé du centre du pays et les burkinabé étaient à la pointe de cette ultime conquête du pays. La particularité de cette dernière phase de la conquête foncière en Côte d'Ivoire est qu'elle se déroule dans un contexte politique particulier. En effet, la Côte d'Ivoire, ayant vécu dans un contexte de parti unique depuis son accession à l'indépendance en 1960, entre avec fracas, sous l'effet conjugué de facteurs endogènes et exogènes, dans une autre phase de son histoire politique avec la proclamation du multipartisme en avril 1990.

Très vite, certains sujets d'ordre social tel que le foncier entrent dans le débat politique et en étroite liaison avec la question de l'immigration. L'écho de ces débats dans les foyers de production cacaoyère crée des chocs entre les populations autochtones d'une part et plus significativement entre autochtones et allogènes.

Carte n° 2 : Les régions de l'extrême-ouest ivoirien

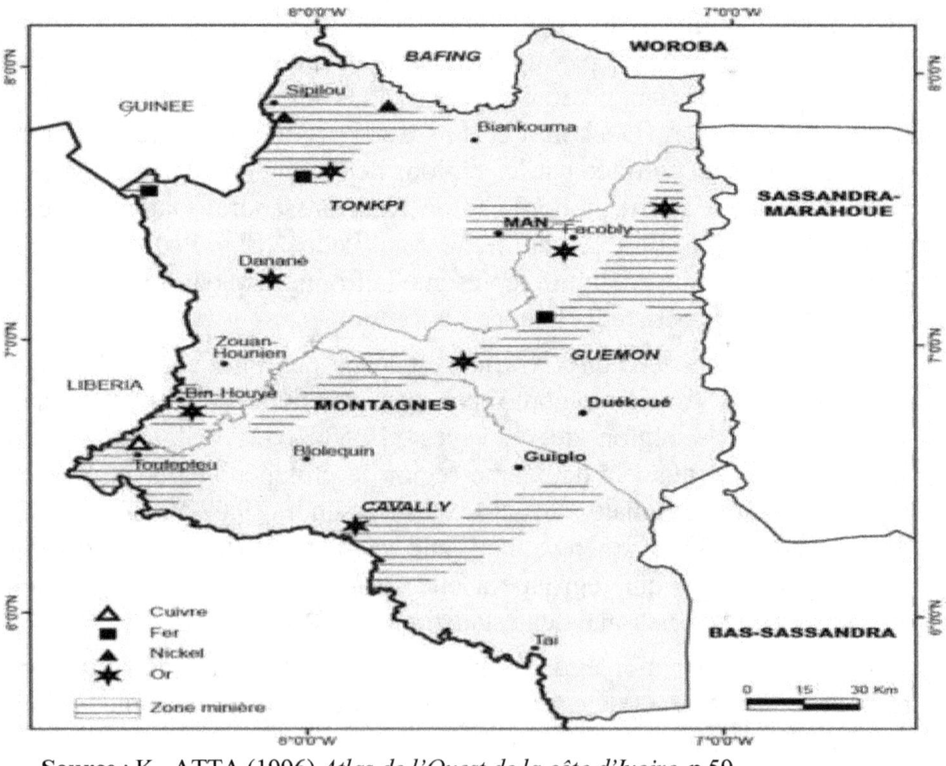

Source : K., ATTA (1996) *Atlas de l'Ouest de la côte d'Ivoire*, p.59.

I. Les mobiles de la ruée des planteurs vers l'extrême-ouest du pays

La saturation foncière dans le sud-ouest et le centre ouest du pays, l'intensification des conflits fonciers et la disponibilité de terres cultivables dans les régions de l'ouest sont entre autres les facteurs qui accélèrent la conquête foncière de l'extrême-ouest de la Côte d'Ivoire. Cette conquête de l'ouest montagneux se fait suivant deux itinéraires : du sud-ouest vers le pays wobè Guiglo et du pays Bété (centre-ouest) vers le pays Guéré (Duékoué, Bangolo).

1. La saturation foncière au sud-ouest du pays

Le sud-ouest du pays s'est placé à la tête du peloton des régions productrices du cacao depuis le début des années 1970 exerçant, par conséquent, une forte attraction migratoire à son profit. Selon des données statistiques,

> la population migrante s'est accrue entre 1970 et 1980, passant de 38% à 46%. En 1998, la région du Bas-Sassandra (Sud-ouest) comptait 42,8% d'étrangers dont plus de la moitié résidait dans le département de Tabou (RGPH, 98). À cette même époque, l'essentiel des migrants nationaux de la région du Bas-Sassandra provenait du pays Akan-baoulé des régions de la vallée du Bandama (21,8%) et du N'zi-Comoé (20,0%). Quant aux étrangers, majoritairement de l'Afrique de l'Ouest (Maliens, Burkinabés, Ghanéens et Guinéens), ils représentaient 54% de la population du département de Tabou. Ces migrants se sont installés dans le sud-ouest ivoirien (Soubré, Méagui, Tabou, Grabo, etc.) avec pour seul but de planter du cacao[182].

Cette stratification démographique montre clairement que le sud-ouest ivoirien avait absorbé une bonne partie du flux migratoire interne comme externe des décennie 70 et 80. Ce flux migratoire, essentiellement rural, a créé une énorme pression sur la terre dans cette région. En réalité, certaines études (Benveniste, 1974) ont montré qu'au-delà d'une

---

[182] A. BABO, 2010 « Conflits fonciers, ethnicité politique et guerre en Côte d'Ivoire », in *Alternatives sud*, Vol.17, p.99.

occupation démographique de 30 à 40% d'habitants au kilomètre carré, on aboutit à une saturation foncière dans le système extensif d'exploitation. Or, au tournant des années 90, tous les indices statistiques indiquent que ce seuil était largement atteint dans le sud-ouest du pays.

Dans ces conditions, les nouveaux migrants qui continuent d'affluer dans la région accèdent difficilement à la terre mais ceux qui y sont anciennement installés éprouvent aussi le besoin de migrer vers d'autres cieux de peur d'enregistrer une baisse de productivité lié au phénomène de vieillissement du verger, corollaire du vieillissement du sol.

Par ailleurs, l'un des signes de cette saturation foncière est l'intensification des conflits liés à la terre entre différentes factions des communautés autochtones de la région d'une part et entre autochtones et étrangers d'autre part. Depuis la décennie 90, on note effectivement une multiplication de ces conflits fonciers dans ces zones productrices de cacao poussant les planteurs à progresser vers les forêts vierges de l'extrême-ouest.

2. L'intensification des conflits fonciers au centre-ouest et sud-ouest du pays

Les conflits fonciers sont omniprésents dans les différentes régions de la Côte d'Ivoire. Cependant, dans les années 90, ils se multiplient et sont d'une rare violence dans les principaux foyers de production cacaoyère du pays. Ainsi, au sud-ouest en pays Kroumen, Bakwé, Godié et au centre-ouest en pays Bété, éclatent de violents affrontements entre populations autochtones et des communautés étrangères. Ce fut le cas

> en 1998, dans le village de Besséréké, où les jeunes autochtones exercent des pressions sur des allogènes Dagari d'origine burkinabé afin qu'ils libèrent une portion de forêt. Face aux pressions des autochtones, les allogènes, qui revendiquent l'achat de cette forêt, refusent. Les tensions débouchent en 1999 sur le meurtre d'un Kroumen par les Dagari, déclenchant ainsi des violences dans toute la tribu Hompo. Ces violents affrontements se propagent rapidement non seulement dans l'ensemble de la communauté Dagari,

> mais aussi parmi les Lobis d'origine burkinabé présents dans la région de Tabou[183].

À l'issue de cette crise, environ dix mille (10 000)[184] planteurs burkinabé toutes ethnies confondues (Dagari, Lobi, Groussi, Mossi) ont dû fuir cette zone. Selon les principes coutumiers du peuple Kroumen, ces immigrés burkinabés furent bannis pour cinq ans mais jusqu'en 2007 ces derniers négociaient encore leur retour à Tabou.

Il est tout à fait erroné de lire ces conflits fonciers sous un prisme de xénophobie. En effet, dans ces zones forestières à vocation agricole, ces conflits armés liés à la terre n'opposaient pas uniquement les autochtones aux allogènes. Entre populations autochtones de la région, il n'était pas rare que ce genre de crise survienne. En 1996, les habitants de deux villages de Sassandra et de San Pedro s'affrontèrent violemment à propos d'une portion de forêt. De passage sur les lieux de combat le 18 août 1996, voici le constat fait par un journaliste de la presse nationale :

> plusieurs cases incendiées, des portes fracturées et des biens pillés, c'est le triste bilan de la descente musclée de quelques habitants de Nounoua (San Pedro) chez leurs voisins de Karago (Sassandra). Au centre de cette opposition, une portion de forêt située entre les deux agglomérations. Cette portion de terre qui faisait l'objet d'une négociation entre les deux villages en vue de son exploitation aurait été bradée à des Maliens et des Burkinabés par des ressortissants de Karago[185].

De toute évidence, la pression sociale sur la terre liée à croissance démographique accélérée crée une situation d'instabilité chronique dans cette région. En novembre 1999, à Saïoua et Tabou, de très violents affrontements opposent des paysans ivoiriens à des immigrés burkinabés dont plusieurs milliers fuient la zone et même le pays. À l'origine, un litige foncier lié à la volonté des autochtones Kroumens de vouloir ouvrir de nouvelles plantations d'hévéa dans une portion de la forêt exploitée par des planteurs allochtones d'origine burkinabé.

---

[183] *Id*, p.7.

[184] J.B. AKROU, (1999,16 novembre), « Conflits Kroumen-burkinabé, 10 000 départs et l'angoisse pour un million de personnes », in *Fraternité Matin*, Abidjan, p.12.

[185] G. GOULY, (1996, 22 août), « Pour une portion de forêt à Sassandra, des cases incendiées » in *Fraternité Matin*, Abidjan, p.9.

La rupture de certains paramètres socio-culturels autour desquels était construit l'équilibre des rapports entre les communautés autochtones et allogènes a fortement contribué à l'intensification des conflits liés à la terre dans le sud-ouest et le centre-ouest du pays dans les années 90. Il s'agit tout particulièrement de la remise en cause du *tutorat* qui a longtemps servi de moule pour formaliser les contrats de cession foncière entre autochtones et migrants ; de l'exacerbation des tensions entre communautés autochtones et allogènes dans le nouveau contexte du multipartisme.

Le *tutorat* est une forme de parrainage qu'un autochtone accorde à un migrant ou un groupe de migrants moyennant des dons symboliques (une bouteille de gin, une modique somme, etc.) afin de leur concéder des parcelles de terres cultivables souvent mal délimitées. Dans les villages, l'installation de l'étranger en quête de terres était donc faite avec la caution de son *tuteur* autochtone qui l'accueille souvent sous son toit ou dans sa cour et peut même lui donner en mariage une femme. Cette cession foncière est en réalité un *don* fait au migrant sur la base d'une reconnaissance morale et du respect des us et coutumes de la région. Nulle part dans cette convention morale, il n'est question de vente de terre. Généralement, le bénéficiaire gratifiait annuellement son donateur de quelques présents pour lui réaffirmer sa reconnaissance et son attachement. C'est dans ce schéma de fraternité que la plupart des premiers migrants ont été installés, sans véritable contrôle, sur les terres du sud-ouest et du centre-ouest du pays. Tant que la terre cultivable restait encore disponible dans ces régions et les migrants continuaient de se soumettre aux désidératas de leurs tuteurs autochtones, l'équilibre des rapports établis entre les deux communautés demeurait stable. C'est la rupture de cet équilibre, sous la pression de certains facteurs, dans les relations entre autochtones et allogènes qui exacerbe les tensions.

En effet, avec la crise économique des années 80, le mouvement migratoire interne des jeunes, baptisé *exode rural,* qui se faisait habituellement des zones rurales vers les centres urbains s'inverse. Désormais, c'est le repli en campagne des jeunes urbanisés qui, n'ayant pas réussi à s'insérer dans le tissu socio-professionnel en ville, préféraient retourner au village, encouragés dans ce sens par la politique *du retour à la terre* initiée par l'État à la fin des années 80. C'est l'exutoire tout trouvé par le gouvernement pour résoudre l'épineux problème du chômage juvénile qui gangrenait la société. Le problème est que ceux qui acceptent effectivement de tenter l'aventure étaient très vite désillusionnés par l'indisponibilité des terres déjà occupées dans leurs régions par des allogènes. Ils n'hésitent donc pas à mettre la pression sur leurs parents avec lesquels les allogènes ont passé des contrats d'occupation des terres dans le cadre du tutorat. Cette remise en cause du tutorat est l'un des facteurs aggravant des conflits fonciers.

En outre, face au flux incontrôlé de migrants, les populations autochtones subjuguées et marginalisées dans leurs différentes localités éprouvent un sentiment d'invasion. Progressivement, ce sentiment de tribu assiégée doublé des complaintes des jeunes citadins autochtones retournés fraichement en campagne développe chez les autochtones une attitude de rejet de l'étranger, d'autant plus que les allogènes profitant du rapport de force démographique se plient de moins en moins aux normes coutumières de leurs anciens tuteurs. Ces comportements de défiance, amplifiés par la crise économique, constituent un terreau fertile pour les conflits fonciers dans ces régions. À partir de 1990, ces tensions entre communautés étaient fortement exacerbées par les agitations politiques dans le contexte du multipartisme.

La démocratisation du champ politique ivoirien avec la proclamation du multipartisme en avril 1990 ramène des questions longtemps refoulées par le système du parti unique au cœur du débat politique. L'immigration, le foncier, la nationalité, l'identité nationale sont au nombre des thématiques abordées dans le discours politique. La lutte politique entre le Front Populaire Ivoirien (FPI), principal parti d'opposition fortement ancré dans les régions forestières du centre-ouest et de l'ouest et le Parti Démocratique de Côte d'Ivoire (PDCI-RDA), parti au pouvoir à l'époque, soutenu traditionnellement par les Baoulé qui comptent de nombreux migrants planteurs dans ces forêts de l'ouest, débouche sur des affrontements entre autochtones et migrants. Ainsi,

> en octobre 1995, les tensions électorales entre le PDCI au pouvoir et l'opposition FPI-RDR ont débouché sur des affrontements entre Bété et Baoulé à Gagnoa, Ouragahio, Guibéroua dans le centre-ouest. Ils se sont conclus par la fuite de 5000 baoulé. Ces conflits, d'abord liés à des contentieux électoraux, se muèrent rapidement en litiges fonciers[186] .

En 1996, la "Cellule Universitaire de Recherche et de Diffusion des Idées du Président Henri Konan Bédié" (CURDIPHE) publie un

---

[186] A. BABO, (2010), « Conflits fonciers, ethnicité politique et guerre en Côte d'Ivoire », in *Alternatives sud,* Vol.17, p.9.

manifeste intitulé *l'ivoirité, ou l'esprit du nouveau contrat social du président Henri K. Bédié*. Le concept d'*ivoirité* y est présenté comme l'ensemble des données socio-historiques, géographiques et linguistiques qui permettent de dire qu'un individu est citoyen de Cote d'Ivoire ou non. Il est sensé fédérer les liens entre les peuples ivoiriens en vue de faire émerger une identité nationale en Côte d'Ivoire. Mais très vite, ce concept est extirpé de son champ intellectuel et de son contenu culturel pour être présenté sur l'échiquier politique comme le concentré d'une politique d'exclusion ethnique, religieuse et xénophobe matérialisée par la modification du code électoral en 1994 en son article 49 et plus tard du code foncier en 1998.

Les campagnes de diabolisation orchestrées par une partie de l'opposition politique au régime PDCI d'Henri Konan Bédié autour de ces questions donnent du ferment aux tensions latentes qui couvaient dans les régions forestières et débouchent très souvent sur des crises ouvertes liées à la terre. En 1997, de violents affrontements éclatent entre autochtones Guéré de Fengolo (Duékoué) et allogènes planteurs baoulé. Ces conflits fonciers se sont enchaînés dans cette période : à Zoukougbeu (centre-ouest) entre autochtones Niaboua et migrants baoulé ; à Irobo (sud-ouest) entre Dida et Baoulé ; à Saioua entre Bété et Baoulé ; à Oumé entre Gouro et Baoulé. Ce contexte socio-politique explosif doublé de la raréfaction des terres cultivables au centre-ouest et sud-ouest pousse les migrants à s'orienter plus vers les forêts vierges de l'extrême-ouest.

II. Le front pionnier à l'extrême-ouest

La conquête foncière de l'extrême-ouest de la Côte d'Ivoire, ultime étape de la progression du front pionnier, a emprunté deux principaux itinéraires et mis aux prises concurremment deux groupes ethniques de planteurs migrants (les Baoulé et les Burkinabé).

1. Les itinéraires de pénétration du front pionnier agricole dans les forêts de l'ouest

À la différence de la conquête foncière du sud-ouest qui s'est effectuée par vagues de migrants venus de divers horizons, celle de l'ouest a été réalisée suivant la progression du front pionnier sur deux axes. D'une part, l'axe du centre-ouest par le pays bété (Gagnoa, Soubré,

Issia, Guibéroua, Daloa, etc.) et gouro (Bouaflé, Zuénoula, Oumé, Vavoua) vers le pays guéré (Duékoué, Bangolo) et Yacouba[187] (Man, Biankouma, Danané). Et d'autre part, l'axe du sud-ouest par le pays kroumen (San Pedro) vers le pays Wobè (Guiglo).

En réalité, ces deux axes correspondent, grosso modo, aux itinéraires empruntés par les deux groupes de conquérants fonciers les plus actifs dans cette partie du pays, les planteurs baoulé et burkinabé, en fonction de leurs positionnements de départ. En effet, ces deux groupes ethniques, dans la seconde phase de la conquête foncière en Côte d'Ivoire deviennent dominants dans les régions du centre-ouest (pays Bété et Gouro) et du Sud-ouest (pays Kroumen, Godié, Dida, Neyo, etc.). Une fois le niveau de saturation foncière atteint, l'éclatement de violents conflits fonciers, dans la décennie 1990, dans ces régions, suscitent des départs massifs des planteurs pour s'installer dans les immenses forêts vierges de l'extrême-ouest (Duékoué, Bangolo, Guiglo, Danané, Man, etc.).

[187] Compte tenu de la barrière naturelle dressée par les massifs montagneux, la conquête foncière du pays Yacouba a été retardée.

Carte n° 3 : Les axes de pénétration du front pionnier agricole vers l'extrême-ouest

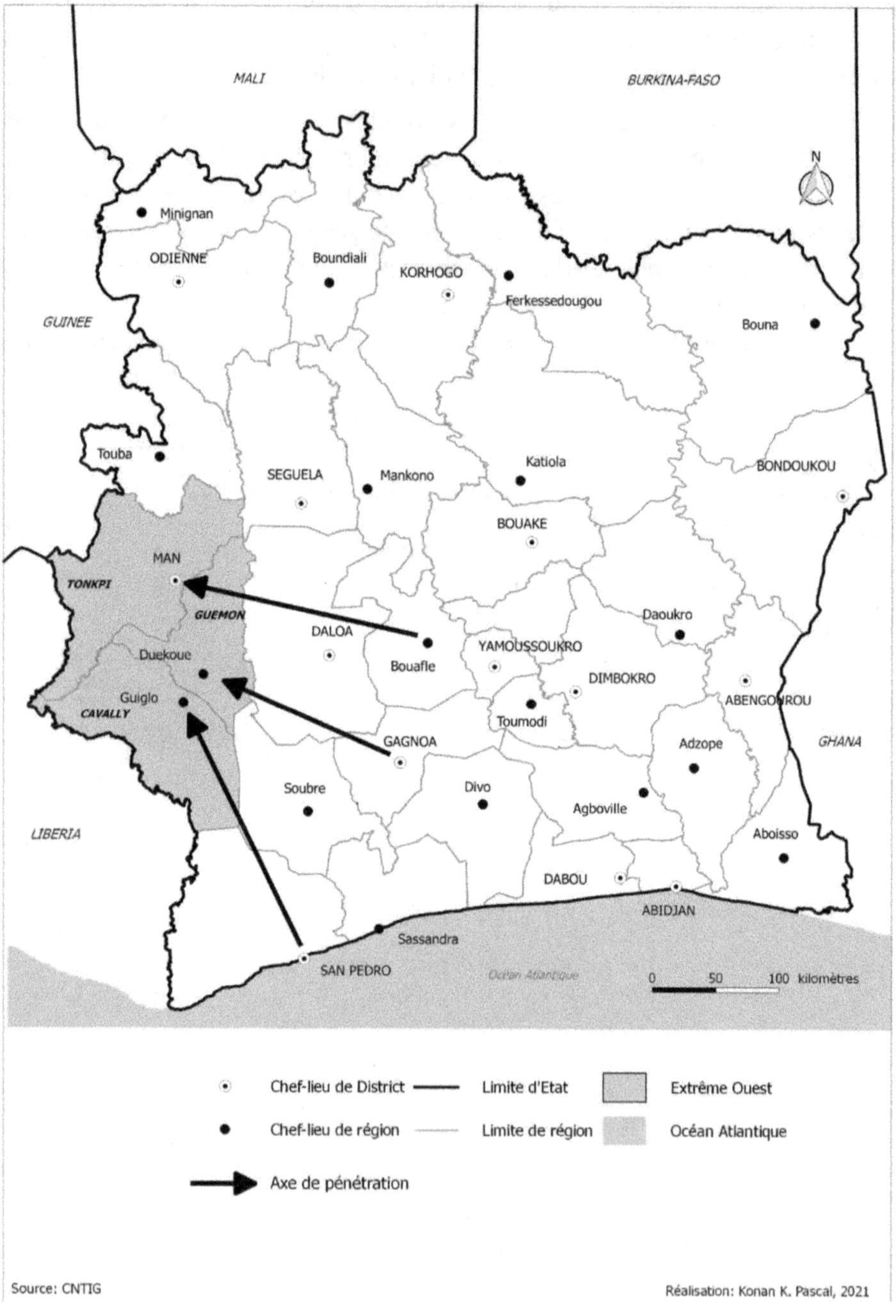

2. Une occupation accélérée des terres cultivables

Par le mécanisme des mariages intercommunautaires et du tutorat, les migrants ont occupé presque gracieusement et souvent dans des conditions floues les terres cultivables des régions du Guémon et du Cavally. Le tutorat permet au migrant de se mettre, dès son arrivée, au service d'un autochtone à qui il manifeste son attachement par des dons réguliers en nature et souvent en numéraire. Le tuteur autochtone en reconnaissance, concède à ce dernier des superficies de terres souvent aux limites indéterminées. Ce lien entre tuteur et protégé se solde souvent par des mariages des filles autochtones wè au protégé migrant. L'attitude généreuse du protégé et les avantages qui en découlent peut amener l'autochtone à avoir plusieurs filleuls sous son contrôle. Ce mécanisme a été le credo des migrants burkinabé, maliens, lobi, sénoufo, etc.

Une autre forme d'accès à la terre s'apparente à des contrats d'achat de terre. Elle a été particulièrement utilisée par les planteurs ivoiriens Baoulé. Dès leur arrivée dans les villages de la zone, ils établissent ces contrats d'achat avec les autochtones wè. Le prix d'achat de l'hectare de terre varie entre 50 000f et 100 000f CFA en plus des dons en nature composés de bouteilles de liqueurs gin ou whisky.

Par ces mécanismes simples d'accès à la propriété foncière et à l'arrivée massive de migrants dans ces régions, les terres cultivables disponibles se sont très vite rétrécies. Selon une enquête menée dans la région au lendemain de la crise postélectorale de 2010[188] , il ressort que dans toutes les localités visitées, les superficies des forêts sont passées de 100% à 2%. C'est le signe d'une forte pression sur le foncier agricole. La situation liée à l'amenuisement des terres cultivables est donc d'une grande ampleur sur les territoires des régions du Guémon et du Cavally. Certains villages comme Nahibly, Zouan, Guéva, et Taibly ne disposent pratiquement plus de forêts vierges tandis que les surfaces de forêts restantes d'autres localités comme Niambly, Kati, Keibly et Klobly sont pour la plupart des bas-fonds et des forêts marécageuses inadaptées aux cultures pérennes. Cette raréfaction des terres est à l'origine des tensions

---

[188] F. KOUASSI N'GORAN et A. N'DRIN BEUGRE, Conflits fonciers intercommunautaires et fracture sociale dans les régions du Guémon et du Cavally à l'ouest de la Côte d'Ivoire, *URL. Http//dx.doi.org/10.19044/esj.2016.v12n14p240*, 261p. p.248. consulté le 17/03/219.

de plus en plus vives entre migrants et autochtones qui débouchent souvent sur des affrontements violents et meurtriers.

Ce fut le cas dans les villages de Petit-Duékoué et de Béoua[189]. À Petit-Duékoué dans la Sous-préfecture de Duékoué, autochtones wè et allogènes burkinabé se sont affrontés violemment en 2004 pour le contrôle d'un lopin de terre. Les données recueillies sur le terrain indiquent que des paysans burkinabés dont le campement se situait à deux kilomètres de la ''forêt sacrée'' de la localité s'y étaient infiltrés clandestinement dans le but de créer des plantations de cacao. Découverts par les villageois, les trois clandestins burkinabés ont été tués ainsi qu'un jeune wè dans un affrontement à l'intérieur de cette forêt sacrée. Le même jour, la communauté burkinabé de Moussadougou a été expulsée du territoire de Petit-Duékoué par les autochtones et leur campement incendié. En représailles, les expulsés de Moussadougou aidés par leurs frères d'autres localités attaquent dans la nuit du 31 mai au 1er juin 2005, les villages de Petit-Duékoué et Guitrozon. Bilan de cette attaque ; 41 morts, 64 villageois blessés et 30 cases incendiées.

À Béoua, localité de Bloléquin, l'exploitation d'un bas-fond par des burkinabé sans l'accord des propriétaires terriens wè a suscité un affrontement entre les deux parties en 2008. Le refus des Burkinabés de rétrocéder le bas-fond aux propriétaires a occasionné la destruction totale de leurs cultures. S'en sont suivis deux affrontements violents entre les deux communautés soldés par le décès de quatre personnes à la machette dont deux Guéré et deux burkinabé.

De toute évidence, au tournant des années 2000, la saturation foncière à l'extrême-ouest est totale. L'immigration agricole massive a eu raison des étendues forestières des régions du Cavally, du Guémon et des montagnes. La pression sociale sur ces terres cultivables s'oriente désormais vers les aires protégées sous contrôle de l'État. En dépit des mécanismes de surveillance déployés par les pouvoirs publics, les planteurs trouvent les moyens pour infiltrer clandestinement ces forêts classées afin d'y créer des plantations de cacao et autres cultures. Progressivement, ces forêts, classées par l'État, n'échappent pas également à la destruction.

---

[189] F. KOUASSI N'GORAN et A. N'DRIN BEUGRE, déjà cité, *URL. Http//dx.doi.org/10.19044/esj.2016.v12n14p240*, 261p. p.248. consulté le 17/03/2019.

2. Infiltration et occupation des forêts classées de l'ouest par les planteurs

L'infiltration et l'occupation des aires protégées (forêts classées, parcs et réserves) constituent l'un des signes évidents de la saturation foncière dans une région agricole. Les régions de l'ouest de la Côte d'Ivoire, dernière enclave de la conquête foncière en Côte d'Ivoire, n'échappent pas à ce phénomène inhérent au mode de production cacaoyère en vigueur dans ce pays. La possession de la forêt vierge, à tous égards, apparait comme le facteur le plus déterminant pour garantir une meilleure productivité. Dans ces conditions, les forêts classées sont très convoitées. Les planteurs à la recherche de nouvelles terres pour leur production de cacao n'hésitent pas à s'infiltrer dans ces forêts pourtant protégées par les forces publiques.

Ce fut, par exemple, le cas de la forêt classée du Haut-Sassandra infiltrée et détruite de l'intérieur par des planteurs clandestins qui y trouvent les conditions idéales pour la création de leurs plantations. Cette forêt classée, située au centre-ouest du pays, couvre une superficie estimée à environ 102 400 hectares (SODEFOR, 1994). Sa limite ouest est matérialisée par le fleuve Sassandra. Elle est à cheval sur les départements de Vavoua au Nord-Est et de Daloa au Sud-Est. Sa végétation est une forêt dense humide semi-décidue.

Les observations continues par télédétection de cette forêt classée ont mis en évidence ce niveau d'évolution des surfaces occupées par les cultures entre 2001 et 2013 :

> en 12 ans il y a eu une très forte régression des surfaces denses humides qui sont passées de 37 749,06 ha à 7 844,62 ha soit une régression de 79,22%. Au contraire, pendant la même période de crise ; les surfaces des mosaïques jachères-cultures ont pratiquement quadruplé passant d'environ 9 909,74 ha à plus de 36 374 ha soit une augmentation de plus de 263%[190].

Ces observations ont mis en évidence une forte diminution des surfaces forestières au profit des mosaïques jachères-cultures. Les espaces mis en cultures sont exploités en grande partie avec des cultures pérennes particulièrement le cacao.

---

[190] F. KOUASSI N'GORAN et A. N'DRIN BEUGRE, Déjà cité. consulté le 17/03/219.

Le processus de conversion de cette forêt dense en plantation de cacao se déroule en plusieurs étapes savamment orchestrées par les planteurs clandestins[191]. La première étape consiste à défricher le sous-bois forestier suivi d'un semi-direct des fèves de cacao sous l'ombrage des grands arbres. Cette disposition constitue un camouflage parfait des jeunes plants vis-à-vis des agents des eaux et forêts commis à la surveillance de cette forêt. La deuxième étape intervient un peu plus d'un an après et consiste à la mise à mort sur pied des grands arbres soit par le feu soit au moyen de produits chimiques. La destruction des grands arbres, donc la disparition de l'ombrage, permet aux jeunes plants de cacaoyers de prendre le dessus. Au bout de 3 à 5 ans, ils entrent en production.

Ce travail de ravage dans les forêts classées de l'ouest met en tête de peloton deux communautés particulièrement féroces dans la conquête foncières : les Burkinabé et les Baoulé. Il n'y a certes pas de statistiques exhaustives de dénombrement des planteurs occupant les forêts de l'ouest selon des critères ethniques, mais tout porte à croire que ces deux communautés sont les plus dominantes dans le milieu des planteurs de cette zone. C'est le cas dans la forêt classée du Goin-Débé, une étendue forestière de 133 000 ha dégradée à 90% à cause des infiltrations clandestines. Selon les témoignages d'un jeune wè du village de Ziglo, situé à la lisière de cette forêt, impliqué dans une tentative de déguerpissement des occupants illégaux de cette forêt, « depuis des décennies, et par vagues, les Baoulé et les Burkinabé s'installent illégalement dans la forêt classée du Goin-Débé pour y cultiver du cacao et l'État ne fait rien »[192]. La pression sociale exercée par les planteurs clandestins dans les forêts classées de l'ouest est sans pareille. Partout, le résultat est désolant. C'est également le cas de la forêt classée de Sangouiné dans la région de Man qui est presque réduite à néant. Le constat fait sur le terrain par un journaliste ivoirien est assez édifiant : « à Sangouiné, il n'est pas exagéré de dire que chaque arbre cache un champ de riz, de banane plantain, de gombo, voire de café ou de cacao (…). De nombreuses pistes vous conduisent à des campements, à des jachères.

---

[191]F. KOUASSI N'GORAN et A. N'DRIN BEUGRE, Déjà cité, *URL. Http//dx.doi.org/10.19044/esj.2016.v12n14p240*, 261p. p.248. consulté le 17/03/219.

[192]Haby Niakatén 2017, Dans l'ouest de la Côte d'Ivoire, une terre trop convoitée, https://www.lemonde.fr/afrique/article/2017/12/07/. Consulté le 29 mai 2020.

Même jusqu'à sept kilomètres dans cette forêt, nous avons rencontré un cultivateur de Gontongouiné qui préparait un champ »[193].

De toute évidence, aguerries par des décennies de pratique de la culture du cacao à l'Est d'abord, au centre-ouest et au sud-ouest ensuite, ces deux communautés sont à la pointe de la conquête foncière dans les ilots de forêts vierges à l'ouest du pays. Tout naturellement, les violents conflits qui les opposent entre elles ou contre les autochtones wè ou dan en sont les preuves. Face à ces crises de plus en plus récurrentes, l'État se réveille enfin et tente de reprendre la situation en main, à coup de réformes.

[193] A. DJIDJI, (15 février 1984), « la forêt classée de Sangouiné (Man) bientôt réduite à néant », in *Fraternité Matin,* Abidjan, Édipresse, P17.

CHAPITRE VII

LE RÉVEIL TARDIF DE L'ÉTAT

Les ressources forestières de la Côte d'Ivoire étaient qualifiées d'inépuisables par les premiers explorateurs au début de la colonisation. C'est par exemple l'avis du Capitaine d'Ollone qui, émerveillé par les potentialités naturelles de ce milieu forestier, affirma que « cet immense et impénétrable pays (…) est une mine inépuisable de richesses »[194]. Cette idée erronée sur la forêt ivoirienne a continué à être véhiculée par les dirigeants du pays après l'indépendance. Ainsi, lors du Congrès du PDCI-RDA en 1970, Félix Houphouët-Boigny déclarait : « Il y a suffisamment de terres cultivables, ce sont les bras qui manquent »[195].

Au regard de cette opinion que l'on avait de la forêt, Le *laisser-faire* qui a caractérisé sa gestion durant les premières décennies de l'indépendance est tout à fait compréhensible.

Mais au début des années 90, le constat sur la forêt ivoirienne est tout simplement inquiétant. De ressource inépuisable, la forêt est en voie de disparition en Côte d'Ivoire. La saturation des terres cultivables met le pays dans une situation explosive avec l'intensification des conflits fonciers. Il y a donc urgence à réagir pour parer au plus pressé.

La réaction de l'État est certes tardive mais elle intervient tout de même à travers le Plan Directeur Forestier (PDF) 1988-2015, la réforme de la SODEFOR en 1993 et l'adoption du code foncier rural en 1998.

---

194 F. VERDEAUX, et S.P. EKANZA : *Acte de la table ronde*, p.98.

195 N. DIABY (1996, 18-22 novembre), « Étude de cas : les conflits fonciers dans la région du Sud-ouest (San-Pedro) » in *Gérer le foncier rural en Afrique de l'Ouest : Séminaire Régionale*, Gorée, Dakar, p217.

I. Le plan directeur forestier (PDF)

Le Plan Directeur Forestier (PDF) se structure en trois principales parties. Après un rappel de la politique générale du gouvernement à l'endroit de la forêt et des parcs nationaux, la première partie présente les objectifs et la stratégie à long terme que l'administration forestière se propose respectivement d'atteindre et de suivre pour répondre à la problématique telle qu'elle est actuellement perçue.

La deuxième partie est consacrée au programme d'action à moyen terme qui, visant à réhabiliter le secteur forestier, définit les efforts à engager pour en assurer la pérennité ainsi que celle des activités qui en dépendent, tout en précisant par ailleurs les actions à entreprendre pour protéger les parcs nationaux.

La troisième partie traite des modalités de mise en œuvre du programme d'action à moyen terme, notamment au plan institutionnel et financier.

I. Les objectifs du PDF

Sur la période allant de 1988 à 2015, la mise en œuvre du Plan Directeur Forestier doit contribuer à la sauvegarde de l'équilibre écologique du pays et à une gestion rationnelle des ressources naturelles avec pour missions de conserver et valoriser le patrimoine forestier et faunique pour atteindre cinq objectifs majeurs[196] :

- Le maintien du potentiel exploitable
- L'extension du boisement en priorité en zones pré-forestière et de savane
- L'aménagement du territoire des forêts classées par le reboisement industriel et l'amélioration des peuplements naturels
- L'amélioration des rendements de l'exploitation forestière
- L'amélioration de la transformation et de la commercialisation des ressources forestières.

---

[196] Les données analysées dans cette partie proviennent essentielle du : Ministère des Eaux et forêts, décembre 1988, *Plan Directeur Forestier 1988-2015*, Abidjan, p.9.

- **Le maintien du potentiel exploitable** de la forêt naturelle est un objectif majeur du PDF. Il s'agit de mettre en jeu les principaux facteurs qui assurent le renouvellement des ressources naturelles dans des conditions favorables notamment une intangibilité des surfaces ; le respect des normes requises pour une exploitation qui permet la croissance des tiges et la limitation des sinistres naturels.

En matière de préservation des superficies classées, il s'agit en premier lieu de faire échec aux défrichements anarchiques. En priorité, il y a lieu de préserver une vingtaine de massifs particulièrement menacés représentant plus d'un million d'hectares en zone de forêt dense humide. Ainsi, en collaboration avec les services de l'agriculture, il s'agit de prévenir toute nouvelle implantation clandestine et de redéfinir les massifs de telle sorte que des actions sylvicoles puissent y être effectivement menées. Ces actions doivent en priorité porter sur des opérations de classement, de délimitation et de matérialisation physique des limites ainsi que la mise en place des infrastructures et du personnel nécessaire pour exercer une surveillance dissuasive des massifs concernés.

Par ailleurs, le maintien du potentiel exploitable par l'atteinte de cet autre objectif qu'est l'exploitation optimale des essences est visé. Désormais, les prélèvements seront proportionnés à la capacité de renouvellement du capital sur pied. Concrètement, il s'agit, en ce qui concerne les essences, de freiner l'abattage d'une vingtaine d'entre elles qui sont surexploitées et de réussir à obtenir des compensations partielles en volume par la promotion d'essences peu ou insuffisamment exploitées.

À terme, la nouvelle politique forestière définit par le PDF doit permettre d'accroître la superficie du patrimoine forestier protégé. Ainsi, aux superficies du Domaine forestier permanent, il convient d'ajouter celles devant rester intangibles des parcs et réserves représentant 0,6 millions d'hectares en zone forestière et 1,3 millions en zones de savane. Au total, le PDF ambitionne de faire passer à terme les espaces boisés protégés et gérés de façon permanente par l'administration forestière de 4,6 millions à 6,4 millions d'hectares faisant remonter ainsi le taux de boisement national de 14% à 20%.

- **L'extension du boisement en priorité en zones pré-forestières et de savane :** l'État, conscient que la poursuite des programmes de reboisement et d'aménagement des forêts naturelles dans les seules zones forestières ne saurait suffire pour contenir l'avancée du désert, préconise des actions vigoureuses de boisement dans les zones pré-forestières et de savane pour en améliorer l'éco-climat et restaurer leur potentiel agricole. Cet objectif est considéré comme une priorité incontournable par le PDF qui estime que sans la restauration d'un couvert boisé nécessaire au renforcement du potentiel agricole des zones centre et nord, il est impossible de freiner les migrations de populations vers le sud.

L'enjeu est d'autant plus que dans ces régions, les prélèvements sur la forêt continueront à se faire de façon prépondérante pour satisfaire les besoins en bois de chauffe et en charbon ainsi qu'en bois de service. L'extension des superficies boisées est de nature à répondre aux problèmes climatiques et à satisfaire les besoins multiples des paysans. En empêchant l'érosion du sol par l'eau et le vent, les boisements ont une efficacité qui n'est plus à démontrer. L'intervention de l'administration forestière est souhaitable pour en déterminer les emplacements alignés sur le modèle traditionnel des bois-sacrés comme le préconise Félix Houphouët-Boigny : « celui qui a planté un arbre n'a pas vécu inutile. Voyez nos frères du nord. Ils ont créé de petites réserves de bois sacré. On doit multiplier ces bois par mille, par autant de fois que possible »[197].

Au total, l'extension des superficies boisées, tant par la génération de jachères et la restauration du couvert forestier, envisagées principalement dans la zone forestière, que par les boisements effectués par les populations en priorité dans les zones pré-forestières et de savane, devrait se traduire au plan national par un couvert boisé additionnel de 300 000 hectares à l'horizon 2015[198].

- **L'aménagement du territoire des forêts classées par le reboisement industriel et l'amélioration des peuplements naturels :** pour contribuer tant à la conservation qu'à la valorisation des ressources forestières, l'aménagement des superficies classées constitue un objectif majeur. Il comprend deux volets importants :

- La poursuite des efforts déployés en matière de reboisements artificiels, notamment par des plantations industrielles effectuées à grande échelle depuis 1979 par la SODEFOR ;
- L'aménagement des peuplements naturels par des opérations tenant compte des enseignements à tirer du projet pilote de la forêt de Yapo.

[197] Extrait de l'allocution du Président Félix Houphouët-Boigny prononcée la 9 mai 1987 à l'issue du Séminaire des Eaux et Forêts à Yamoussoukro.

[198] Ministère des Eaux et Forêts, (1988, Décembre), *Op.cit.*, p.9.

Sous ces deux formes, l'aménagement du territoire des forêts classées se justifie tant au plan sylvicole qu'au plan écologique. Il s'appuie sur les actions de classement, de délimitation et de surveillance requises par ailleurs pour maintenir le potentiel exploitable de la forêt naturelle.

- **L'augmentation des rendements de l'exploitation forestière** s'appuie sur deux paramètres, la modernisation du mode d'exploitation d'une part et la promotion des produits secondaires d'autre part.

La nécessité de relever la production de bois d'œuvre au seuil du niveau de production du début des années 80 par le maintien du potentiel exploitable de la forêt naturelle et l'aménagement des forêts classées suppose qu'on parvienne à doubler pratiquement le rendement de 1 mètre cube par an. Cet objectif est à la fois possible et nécessaire. Possible par l'aménagement des peuplements naturels ; grâce aux apports à long terme de l'exploitation forestière dans les superficies qui ont fait l'objet de reboisement industriel notamment depuis 1979 et surtout par la modernisation des méthodes et techniques d'exploitation. Cet objectif est également nécessaire en considération du coût élevé à l'hectare des reboisements et de l'aménagement des peuplements naturels. Il y a donc une corrélation entre une politique dynamique de conservation forestière et une politique d'autonomie financière du secteur qui passe par des progrès sensibles et durables au plan de la gestion patrimoniale. De ce point de vue, le doublement du rendement de l'exploitation forestière constitue un objectif majeur.

Les coupes ne correspondant pas nécessairement à une demande de bois d'œuvre et d'ébénisterie liées à l'aménagement des peuplements naturels peuvent entraîner une augmentation des résidus. Ces résidus peuvent être considérés comme des déchets s'ils ne sont pas utilisés. Il faut donc une politique appropriée qui fasse la promotion de ces produits secondaires en développant des industries capables d'utiliser des grumes de petites dimensions et en produisant de l'énergie à partir des résidus.

- **L'amélioration de la transformation et de la commercialisation des ressources forestières** constituent le cinquième et dernier objectif de la politique forestière telle que définit par le PDF. L'atteinte de cet objectif suppose la mise en œuvre des voies et moyens pour assainir la situation des industries du bois, et plus spécifiquement celle des scieries, favoriser les transformations plus poussées, étendre les débouchés des essences sous-exploitées, promouvoir la commercialisation de nouvelles essences et faciliter l'accès des entreprises ivoiriennes au crédit bancaire et aux marchés extérieurs.

En définitive, la politique de conservation des ressources forestières exige une adéquation de la politique agricole et industrielle. Le champ d'action de la foresterie est immense et les cinq objectifs retenus par le PDF offrent une gamme particulièrement large quant aux choix stratégiques à faire pour les atteindre dans les meilleures conditions et dans les meilleurs délais.

2. Les nouvelles stratégies de gestion des ressources forestières adoptées par le PDF

Le PDF définit les mécanismes par lesquels les principaux objectifs déterminés pour la sauvegarde et la valorisation des ressources forestières peuvent être atteints. Ces mécanismes se résument en deux temps : des stratégies à court terme et des stratégies à long terme.

❖ **À court terme**

Sous une forme condensée, la stratégie de mise en œuvre de la réhabilitation du secteur forestier s'exprime par quelques principes directeurs qui s'appliquent à l'atteinte de plusieurs objectifs énoncés. Le schéma d'action regroupant ces principes directeurs est le suivant :

- **La sensibilisation des populations à la protection de la forêt et à la reforestation** : sont concernées, pour la sensibilisation des populations, les actions orientées en priorité vers :

- La prévention et la lutte contre les feux de brousse avec pour thèmes la pratique des feux précoces et la formation des comités villageois de prévention et lutte contre les incendies ;
- La promotion des boisements par les collectivités rurales et les particuliers avec pour thème l'approvisionnement en bois de chauffe et de service ainsi que l'accomplissement d'un devoir civique pour protéger l'environnement ;
- Le renforcement de la protection des parcs nationaux avec pour thèmes la conservation des ressources naturelles et la préservation de l'environnement agricole ;
- Le respect des superficies classées avec pour thèmes la contribution à l'effort national de reforestation et la participation à des travaux sylvicoles en échange d'un revenu d'appoint ;

- L'amélioration des modes d'exploitation forestière avec pour thème le maintien du capital sur pied, voire l'amélioration des peuplements naturels.

- **L'intensification de la présence sur le terrain de l'Administration forestière aussi bien en tant que personnel de surveillance qu'agent d'animation et de coordination des activités sylvicoles et d'aménagement de l'espace rural dans les massifs forestiers et à leur périphérie :** à défaut d'un accroissement significatif des effectifs pour contenir les deux principaux maux que sont l'occupation clandestine des espaces classés et les feux de brousse, la stratégie qui s'impose repose sur deux volets :

- l'amélioration de l'efficacité des services extérieurs de l'Administration forestière ;
- la collaboration avec les autres administrations et les populations locales. La collaboration avec les autres administrations intéresse au premier chef les interventions en matière de respect des forêts classées ; d'attribution de jachères situées dans le domaine classé ; d'identification de limites et d'éventuels litiges lors d'ouverture des limites identifiées et de la fixation des paysans dans les zones tampons à la périphérie des parcs nationaux et d'identification des plantations au pourtour des massifs forestiers menacés. Les populations seront mises à contribution pour participer aux opérations de reboisement populaire ; apporter leur contribution à la constitution de réseaux de renseignement en matière d'alerte et de lutte contre les feux de brousse et l'occupation clandestine des forêts classées et de pénétration dans les parcs nationaux.

En résumé, plus qu'un déploiement physique de ses effectifs, c'est par des relations plus intenses avec son milieu que l'administration forestière entend renforcer sa présence sur le terrain.

- **La concentration des efforts sur l'aménagement de massifs forestiers déterminés, qui par approche globale incluant amélioration des peuplements naturels, traitements d'enrichissement, plantations industrielles complémentaires et exploitations contrôlées, contribuera à la fois à la restauration et la valorisation de la forêt résiduelle :** l'aménagement de la forêt naturelle constitue un axe prioritaire de l'administration, car engagé, il peut, dans l'immédiat et dans un avenir lointain, contribuer à l'atteinte de plusieurs objectifs, à savoir :

- Introduire une présence de forestiers professionnels sur le terrain pour les opérations sylvicoles intéressant des surfaces importantes (travaux d'amélioration des peuplements, travaux d'enrichissement) ;
- Maintenir le potentiel exploitable tout en améliorant durablement les rendements par le respect de plans de prélèvement compatibles avec les possibilités de la forêt dans le cadre de l'attribution d'autorisation de coupe ou de l'octroi de concessions de longue durée ;
- Faciliter un certain désengagement de l'État en faisant participer matériellement et financièrement les industries du bois à cet aménagement ;
- Orienter les opérations de délimitation et de mise en place des dispositifs de surveillance vers des massifs, qui par leur mise en valeur, présenteront une meilleure garantie pour la continuité des actions de protection.

• **L'orientation des plantations industrielles vers la restauration des superficies dégradées et l'enrichissement des forêts naturelles tout en apportant une contribution à l'amélioration du milieu physique** : sans perdre de vue l'objectif de production de bois d'œuvre et d'ébénisterie qui ne pourrait être atteint sans une contribution majeure des reboisements industriels, les plantations artificielles seront orientées essentiellement vers la restauration des massifs forestiers fortement dégradés pour reconstituer tout ou partie des superficies initialement classées et l'enrichissement des forêts aménagées. Ainsi, à part des projets de reboisement industriel à caractère essentiellement économique, la nouvelle orientation que l'on entend donner aux plantations artificielles doit comprendre une dimension écologique qui se traduit notamment par la réalisation de projets de reboisement en zones pré-forestières où la reconstitution du domaine classé s'impose au même titre la conservation des forêts en zone forestière.

• **Le prolongement des actions de l'État par une participation du secteur privé :** Pour des raisons à la fois financières et institutionnelles, le champ des interventions tant en matière de conservation et de valorisation forestière que de restauration de l'environnement, dépasse les possibilités de l'État. Dès lors que, du fait de sa rareté, la ressource forêt cesse d'être gratuite, il est normal que les bénéficiaires contribuent à son renouvellement.

- **L'adaptation du régime de l'exploitation forestière ainsi que de la fiscalité et des incitations à la raréfaction des ressources forestières :** l'aménagement des peuplements naturels suppose un abandon progressif du système actuel des permis temporaires d'exploitation. Il débouche soit sur des contrats d'aménagement-exploitation à long terme avec le secteur privé, soit sur l'attribution d'autorisation de coupe. Le PDF se propose alors d'introduire un ensemble de mesures susceptibles de protéger le capital sur pied et visant :

- La continuation de la réforme amorcée du système des quotas d'exportation de grumes ;
- Un aménagement des droits de sortie en vue de freiner l'exportation sous forme de grumes et de sciage des essences surexploitées, tout en favorisant par ailleurs l'écoulement des essences sous-exploitées et la commercialisation de nouvelles essences ;
- Une harmonisation des taux de fret prenant en compte ces mêmes préoccupations ;
- Un renforcement du contrôle qualitatif et quantitatif des exportations de bois par l'administration avec l'appui éventuel d'un opérateur agréé.

Parallèlement à cet aménagement du système des subventions et de taxes, on se propose de le réexaminer dans ses fondements en considération notamment de l'amenuisement drastique de l'assiette fiscale que représentent les exportations de grumes pour le prélèvement des droits de sortie. Dès lors, qu'il s'agit de générer des recettes pour financer la reconstitution de la ressource, l'abattage paraît être un meilleur critère.

Par ailleurs, compte tenu de la raréfaction de cette même ressource, on entend orienter le système d'incitation vers les utilisateurs qui sauront l'économiser en améliorant leurs rendements en la matière ou mieux la valoriser en transformant, par exemple, le bois de petits diamètres et en commercialisant des essences peu ou insuffisamment exploitées.

Enfin, conscient que la politique d'aménagement des peuplements naturels, prônée pour engager la réhabilitation du secteur forestier, requiert pour son développement une industrie du bois forte, le PDF se propose de jeter les bases d'un assainissement des industries forestières et plus particulièrement des scieries.

- **Le renforcement de la protection des parcs nationaux avec la participation des populations riveraines à leur surveillance et aux actions d'aménagement de zones tampon et de promotion touristiques :** pour exercer une protection efficace des parcs nationaux, il faut compter en premier lieu sur le renforcement de la présence sur le terrain de l'administration forestière et surtout l'adhésion des populations riveraines.

On entend intensifier la présence sur le terrain de l'administration en renforçant et en spécialisant les agents des Eaux et forêts qui ont la charge de la protection des parcs. Leur mobilité accrue ainsi que la réhabilitation et la mise en place d'infrastructures de surveillance appropriées constituent des éléments susceptibles de dissuader les contrevenants.

L'adhésion des populations riveraines à la protection des espaces protégés doit faire appel essentiellement à leur sens civique pour préserver un éco-climat favorable au développement agricole. Ces populations seront d'autant plus prêtes à apporter leurs concours qu'elles se sentiront concernées par ce développement agricole.

- **La concertation entre les administrations intervenant en milieu rural pour prendre en compte, dans l'aménagement de l'espace rural, tous les impératifs de développement tant agricole, pastoral que forestier en cherchant à les concilier au mieux des intérêts des populations locales concernées :** si la démarcation sans équivoque des territoires placés sous l'autorité de l'administration forestière est une condition nécessaire à une bonne gestion des ressources naturelles, elle constitue aussi un point de départ pour l'établissement d'une cohabitation durable de l'agriculture et de la foresterie sur des espaces reconnue et respectés par toutes les parties concernées.

Les empiètements par les paysans sous différentes formes ont créé une situation qui exige une redéfinition des massifs. Dans les zones à forte pression agricole en particulier, cette redéfinition des massifs suppose un aménagement de l'espace rural avec tout ce que cela comporte : plan d'utilisation des sols, opération de bornage, etc. Compte tenu des intérêts agricoles acquis, des surfaces classées devront à titre exceptionnel être parfois déclassées, tandis que des jachères peu propices à l'agriculture devront être classées en compensation.

Dès lors que la protection de la forêt se conçoit avec la participation des populations riveraines, l'administration forestière entend avoir des garanties sur l'utilisation des blocs qu'elle envisage déclasser. Les plus importantes de ces garanties étant que les surfaces cédées permettent de satisfaire les besoins en terre du plus grand nombre et que les paysans auxquels elles seront octroyées s'y fixent durablement. D'où son intérêt à collaborer étroitement avec les autres administrations et ses intentions de susciter la concertation en matière d'occupation des sols à la périphérie des forêts classées.

❖ À long terme

La stratégie, à long terme, vise à compléter la stratégie adaptée au proche avenir, et ce notamment autour des axes suivants :

- **Au titre de la reconstitution du domaine classé,** le PDF envisage :

- La récupération d'espaces forestiers en voies de dégradation après ré-délimitation des massifs ;
- La participation des populations riveraines et installées en forêts classées à des opérations sylvicoles (extension donnée aux aménagements agro-forestiers développés initialement sous forme de projets pilotes) ;
- Classement et délimitation de massifs forestiers additionnels.

- **Au titre de la surveillance et de la formation,** la stratégie est :

- Le renforcement de la surveillance des forêts classées en s'appuyant sur toutes les ressources de la formation forestière pour relever le niveau quantitatif et qualitatif des personnels techniques et en mettant en place les infrastructures de terrain correspondant à l'augmentation des effectifs.
- Amélioration de la formation forestière.

- **Pour la mise en valeur de la ressource forestière,** il est prévu :

- L'extension des opérations de délimitation et d'inventaire de tous les massifs non concédés afin que, par des aménagements légers, ils puissent faire l'objet d'attribution d'autorisation de coupe, apportant ainsi un terme au système des chantiers ;
- L'augmentation de la cadence des reboisements industriels, en prenant notamment en compte les besoins en matière de renouvellement des anciennes plantations en zone forestière et d'enrichissement des savanes dans les zones critiques.

• **En termes de la participation du milieu rural** à l'action de réhabilitation du secteur forestier, il faut :

- Un fléchissement des reboisements populaires pour inclure dans le cycle cultural la plantation d'essences fertilisantes à croissance rapide ayant fait leur preuve préalablement dans le cadre d'opérations pilotes ;
- Le prolongement des actions de sensibilisation, de formation et équipement de comités villageois contre les feux de brousse par l'application de méthodes de surveillance, de détection et de lutte ainsi que par l'appui en moyens logistiques adaptés.

• **Enfin, au titre de la conservation de la nature,** le PDF envisage l'aménagement des parcs nationaux à des fins touristiques et la création à leur périphérie de fermes d'élevage de gibier.

Au regard des objectifs fixés et des stratégies pour les atteindre, on peut affirmer, sans crainte, que le PDF 1988-2015 est un plan très audacieux dont l'application devrait inéluctablement aboutir à la réhabilitation du patrimoine forestier ivoirien. Plus de trois décennies après son adoption, quel bilan pouvons-nous faire de ce programme ? La suite de cette étude nous y situera.

Dans la foulée, la réforme du cadre juridique et institutionnelle du secteur forestier a été un autre axe d'initiative de l'État dans les années 90.

II. Les réformes du cadre juridique et institutionnel du secteur forestier

Le réveil de l'État en ce qui concerne le secteur forestier en difficulté a consisté également à reformer le cadre juridique et institutionnel qui encadre la gestion du patrimoine forestier. L'adoption en décembre 1998 d'une ambitieuse loi foncière par l'Assemblée Nationale et le changement de statut social de la SODEFOR afin de faire face efficacement aux défis nouveaux, sont les principaux axes de cette réforme.

1. La loi foncière de 1998 et ses innovations

L'adoption du code foncier rural en décembre 1998 referme la longue parenthèse du vide juridique dans lequel s'est voguée la gestion foncière du pays depuis 1965, date de la première tentative avortée de réglementation foncière de la Côte d'Ivoire indépendante. Cette loi a été adoptée dans un contexte de crise foncière en Côte d'Ivoire avec une multiplication des conflits fonciers opposant des communautés dans des zones agricoles. Ces conflits communautaires récurrents qui menaçaient la paix sociale étaient la résultante de l'absence de normes juridiques réglementant l'occupation et la gestion du foncier rural en Côte d'Ivoire. Ce sont à toutes ces équations que la loi foncière de 1998 tente d'apporter des solutions.

a. Le contexte d'adoption de la loi

La loi du 23 décembre 1998 sur le foncier rural fut adoptée dans un contexte particulier au triple plan économique, social et politique.

Au niveau économique, la situation de crise des années 1980 perdurait et s'était même accentuée. Dans ces conditions de marasme économique généralisé, des jeunes originaires des régions forestières vivants dans les centres urbains exprimaient de plus en plus leur volonté de retourner en campagne pour entreprendre des exploitations agricoles. Mais, ils étaient freinés dans leur élan par les difficultés d'accès à la terre compte tenu de la cession des terres par leurs parents restés au village à des personnes venues d'ailleurs. Ces jeunes frustrés et marginalisés dans leurs propres régions ne tardèrent pas à indexer les étrangers comme la source de leur situation de misère. Ils revendiquaient leur droit foncier en tant que fils de la région et leurs revendications prenaient souvent des formes violentes (tentative d'expulsion des planteurs allogènes, destruction des campements et des cultures, affrontements armés entre communautés autochtones et allochtones, etc.).

Cette situation économique délétère est donc une gangrène de la vie sociale en Côte d'Ivoire. De plus en plus, la coexistence paisible entre les différentes communautés faisait place à des actes de défiance et suspicion mutuelles. En réalité, « la venue des étrangers et des allogènes qui était conçue au départ comme normale et ne posant pas de problème, devint très vite source de graves tensions. (…). Avec la saturation foncière et le nombre de plus en plus croissant des étrangers, le climat social se détériora »[199]. Les populations autochtones accusent ceux qui arrivent d'envahisseurs venus occuper leurs terres et ces derniers les soupçonnent à leur tour de vouloir les déposséder du fruit de leur dur labeur. Ainsi, la saturation foncière dans les régions agricoles de la zone forestière avait fini par créer une véritable crise sociale. Et la situation devenait encore plus explosive, ce d'autant plus que, dans un contexte politique multi-partisan, elle glissait du domaine social vers le terrain politique.

En effet, depuis avril 1990, la Côte d'Ivoire avait mis fin au système du parti unique pour épouser le multipartisme. Ce changement politique majeur consacra la naissance ou la reconnaissance de plusieurs partis politiques : le Front Populaire Ivoirien (FPI), le Parti Ivoirien des Travailleurs (PIT), l'Union des Socio-Démocrates (USD), etc. en plus du parti au pouvoir le Parti Démocratique de Côte d'Ivoire (PDCI). En 1994, une scission au sein du PDCI engendra le Rassemblement Des Républicains (RDR). Avec l'instoration du multipartisme, la compétition politique lancée sur le terrain donne lieu à toute sorte de manipulations. Aucun sujet ne reste tabou. Et le foncier rural qui préoccupe les populations au plus haut niveau est brandi, à tort ou à raison, tantôt comme le symbole du péril de l'étranger envahisseur source de la misère des populations autochtones, tantôt comme l'abandon de la tradition d'hospitalité du peuple ivoirien qui tombe dans un accès de xénophobie.

La zone de savane, restée jusque-là relativement calme, enregistrait aussi ses premières secousses. En effet, même si les problèmes fonciers dans cette zone « ne présentaient pas la même acuité qu'en zone forestière mais avec l'arrivée des peuhls et la transhumance de leurs troupeaux, cette théorie a été battue en brèche »[200]. C'était donc la Côte d'Ivoire, dans son ensemble, qui vivait cette crise. Et l'État ivoirien était totalement démuni devant ces conflits fonciers car ne disposant pas de normes juridiques dans ce domaine. C'est pour mettre fin à cette situation de vide juridique que naîtra l'initiative de l'adoption d'une loi foncière par l'Assemblée nationale.

La question était tellement sérieuse qu'à la faveur de l'examen du projet de loi relatif au domaine foncier rural déposé sur le Bureau de l'Assemblée nationale, un séminaire fut organisé du 18 au 20 mai 1998 avec, en dehors des députés, la participation des notabilités

---

[199] *Archives de l'Assemblée Nationale de la Côte d'Ivoire (AANCI)* : le foncier rural en Côte d'Ivoire.

[200] *AANCI* : Le foncier rural en Côte d'Ivoire, Déjà cité.

traditionnelles, des autorités administratives et politiques, des juristes, des sociologues, des géographes et des ONG. Toutefois, il fut jugé moins représentatif des forces sociales intéressées par la question. C'est pourquoi « le Président de l'Assemblée nationale décide d'étendre l'investigation sur le sujet à l'ensemble des populations vivant sur le territoire national, en envoyant en mission au mois de juillet, seize délégations parlementaires dans toutes les régions administratives du pays »[201]. Ces missions étaient dirigées par les députés Akoto Yao Paul ; Kone Dossongui ; Boa Thiémélé Amoakon ; Elleingan Etché ; Miremont Auguste Séverin ; Ehui Koutoua Bernard ; Denise Georges ; Coulibaly N'Golo ; Bamba Mamadou ; Mme Coffie Léopoldine ; Kouao Kouadio Jean-Michel ; Bra Kanon Denis ; Boga Doudou ; Akabla Sahoua ; N'Dia Yves et Fahe Téhé Marcel.

À la fin de ces missions sur le terrain, les rapports des délégations ont été présentés au Président de l'Assemblée Nationale qui avait formé un comité de synthèse présidé par le député Fahe Téhé. Concernant la procédure de dévotion de la terre, le rapport de synthèse précise en ces termes :

> patrimoine de la communauté, la terre est mise à la disposition des membres de cette communauté par les chefs terriens qui ont pour rôle d'assurer la distribution de la terre en respectant des règles collectivement reconnues et imposables à tous. La terre peut être cédée à un non-membre de la communauté dans des conditions particulières que les membres de la communauté seuls définissent, et qui varient d'une région à une autre. Toutefois, une constante s'est dégagée à savoir que la terre ne peut être propriété définitive du non-ivoirien (l'étranger)[202].

En définitive, les différentes missions parlementaires faisaient le constat des mécontentements sinon des hostilités entre les ressortissants des régions d'accueil et les immigrés (allogènes ou étrangers) et les agents de l'État qui créaient un climat d'insécurité physique, juridique, économique et sociale. Et cette atmosphère explosive a été illustrée par les nombreux incidents dans plusieurs régions du pays mettant en péril

---

[201] *AANCI* : Rapport de synthèse relatif à la mission parlementaire organisée au mois de juillet 1998 à travers le pays.

[202] *AANCI* : *Déjà cité*, Rapport de synthèse relatif à la mission parlementaire organisée au mois de juillet 1998 à travers le pays.

l'unité nationale. D'ailleurs, ce fut après le conflit foncier sanglant de Fengolo (Duékoué) en 1997, au cours duquel Guéré et Baoulé en étaient venus aux armes, conflit ayant fait une dizaine de morts, que le gouvernement se décida à proposer à l'Assemblée Nationale un projet de loi portant code foncier rural. C'est dans ce contexte explosif que fut votée, par l'Assemblée nationale de la Côte d'Ivoire, le 18 décembre 1998 la loi relative au domaine foncier rural.

b. Les innovations de la loi foncière de 1998

La loi relative au domaine foncier rural fut votée le 18 décembre 1998, promulguée le 23 décembre de la même année et publiée au journal officiel le 14 janvier 1999. Elle ouvre une nouvelle voie d'accès à la propriété foncière en permettant de transformer les droits fonciers coutumiers s'exerçant sur ces terres en droit d'usage sur le sol et en droit de propriété. C'est un texte juridique dense de 6 chapitres :

- Le premier chapitre traite de la définition et la composition du domaine foncier rural. Ainsi, « le domaine foncier rural est constitué par l'ensemble des terres mises en valeur ou non et quelle que soit la nature de la mise en valeur. Il constitue un patrimoine national auquel toute personne physique ou morale peut accéder. Toutefois, « **seuls l'État, les collectivités publiques et les personnes physiques ivoiriennes sont admis à être propriétaires**[203] »[204]. Le foncier rural, au terme de cette législation, est donc un patrimoine national qui ne peut appartenir qu'aux seuls Ivoiriens. Cette disposition ne fait que confirmer les prescriptions des populations exprimées lors de la mission parlementaire selon lesquelles la terre, bien commun de la communauté, peut être cédée à un non-Ivoirien temporairement mais celui-ci ne peut être propriétaire définitivement.

- Le deuxième chapitre aborde la question de la propriété, de la concession et de la transmission du domaine foncier rural. En ce qui concerne la propriété, la loi mentionne en son article 4 que

---

[203] Nous avons pris soin de souligner ce passage de loi foncière parce qu'il en détermine tout son esprit qui est ''d'ivoiriser'' les terres du domaine rural. En cela, cette loi s'oppose diamétralement à la philosophie politique d'Houphouët-Boigny selon laquelle ''la terre appartient à celui qui la met en valeur''.

[204] Loi n° 98-750 du 23 Décembre 1998 relative au domaine foncier rural : Art. 1er.

> la propriété d'une terre du domaine foncier rural est établie à partir de l'immatriculation de cette terre au registre foncier ouvert à cet effet par l'administration et, en ce qui concerne les terres du domaine coutumier, par le certificat foncier. Le détenteur du certificat foncier doit requérir l'immatriculation de la terre correspondante dans un délai de trois ans à compter de la date d'acquisition du certificat foncier[205].

C'est donc l'immatriculation qui donne qualité de propriétaire terrien. Cette disposition réglementaire permet aux personnes exerçant des droits coutumiers sur des terres de les transformer en droits de propriété foncière définitive et inattaquable. Quant au mode de transmission de la terre, il est défini par l'article 5. Ainsi, la propriété d'une terre du domaine foncier rural se transmct par achat, succession, donation entre vifs ou testamentaire ou par l'effet d'une obligation.

- La mise en valeur et la gestion du domaine foncier rural sont définies par le chapitre 3 qui précise en substance que la mise en valeur d'une terre du domaine foncier rural résulte de la réalisation soit d'une opération de développement agricole soit de toute autre opération réalisée en préservant l'environnement et conformément à la législation et à la réglementation en vigueur (Art.18).

- Quant au chapitre 4, il aborde les dispositions financières et fiscales en relation avec le domaine foncier rural.

- Le cinquième chapitre est réservé aux dispositions transitoires. Et, à cet effet, il reprend les termes de la modification de cette loi intervenue en 2004. Cette modification touche singulièrement au mode de transmission de la propriété foncière.

- Enfin, le chapitre six annonce les dispositions finales de la loi.

Pour la rendre applicable, trois décrets et douze arrêtés ont été adoptés fixant ses modalités d'application. Il s'agit[206] :

- Du décret n° 99-593 du 13 octobre 1999 organisant les comités de gestion foncière rurale. C'est une structure décentralisée chargée, au niveau des Sous-préfectures, d'arbitrer les litiges fonciers, de valider les enquêtes officielles de constat des droits fonciers coutumiers et de

---

[205] Loi n° 98-750 du 23 Décembre 1998, *Déjà cité* : Art. 4.

[206] Ces différents textes réglementaires sur le foncier peuvent être consultés dans la brochure de A. AGGREY *: Domaine foncier rural ; codes et lois de Côte d'Ivoire*, Abidjan, Juris-Éditions, 2013, 60p. p5-6.

donner son avis sur les implications foncières des projets de développement.

- Du décret n° 99-594 du 13 octobre 1999 fixant les modalités de la loi au domaine foncier coutumier ; organisant les enquêtes officielles de constat des droits ; déterminant les modalités d'établissement des certificats fonciers et précisant le mécanisme d'immatriculation d'un bien du domaine foncier coutumier.
- Enfin, du décret n° 99-595 du 13 octobre 1999 déterminant la procédure de consolidation des droits des concessionnaires provisoires et la transformation de ces droits de concession en droit de propriété ou en droit au bail. Cet arsenal juridique sur le foncier fut complété par douze arrêtés ministériels.

L'adoption de cette loi devrait en principe permettre à la Côte d'Ivoire d'entrer dans une ère de gestion moderne de son domaine foncier rural. Malheureusement, elle connut des difficultés d'application effective sur le terrain.

Par ailleurs, dans son élan de modernisation du cadre institutionnel de gestion des ressources forestières, l'État procède à des modifications du statut social de la SODEFOR en tant qu'organisme public chargé de mettre en œuvre la politique forestière du gouvernement.

2. La réforme de la SODEFOR

La SODEFOR est l'un des tout-premiers organismes publics créés pour tenter de sauvegarder le patrimoine forestier ivoirien. Sa création est donc liée fondamentalement aux enjeux d'une déforestation à grande échelle en Côte d'Ivoire. Les révélations faites à cet effet en 2015 par le ministre ivoirien des Eaux et Forêts Mathieu Babaud Daret lors d'une émission publique dénommée ''les rendez-vous du gouvernement'' sont assez édifiantes. Il affirmait ceci : « malheureusement, de 16 millions d'hectares au début du siècle dernier, la forêt dense humide est passée à 9 millions d'hectares en 1965 et à 3 millions d'hectares en 1991. Aujourd'hui, elle est estimée à peine, à 2 millions d'hectares de forêt naturelle » [207].

---

[207] M. BABAUD DARRET, 25 février 2015, le code forestier : enjeux et perspectives pour une gestion durable du patrimoine forestier ivoirien, Portail officiel du gouvernement, 16p. p2.

Au regard de cette réalité décrite par le premier responsable du ministère des eaux et forêts, il est clairement établi que la situation de la forêt primaire ivoirienne était déjà assez critique au milieu des années 60. Il y avait donc nécessité de prendre des mesures appropriées pour y faire face en créant un cadre institutionnel adapté. L'ampleur et la nature des défis à relever étaient telles qu'un organisme privé ne pouvait pas avoir les coudées franches pour les accomplir. En effet, « les plantations forestières représentent un travail de longue haleine, qui devra être permanent, si l'on veut maintenir une activité forestière constante » (Ministère de l'agriculture, Janvier 1967, p.86). Certes, les activités de reboisement existaient depuis l'époque coloniale précisément à la fin des années 20. Elles étaient assurées au départ par le service forestier devenu plus tard le Centre Technique Forestier Tropical (CTFT). Cependant, les tâches du service forestier étaient assez nombreuses pour assurer efficacement les programmes de reboisement et d'entretien des plantations forestières. Il fallait donc penser à la création d'un organisme ayant à la fois la pérennité d'un service public et la souplesse de fonctionnement d'une société privée.

En définitive, c'est sous la forme d'une société d'État, prévue par la loi n° 62-82 du 22 mars 1962[208] que l'État créa la SODEFOR par le décret n° 66-422 du 15 septembre 1966[209]. En rapport avec ce premier statut, elle était destinée à accomplir des missions bien précises. En tant qu'outil opérationnel aux mains de l'État pour la reconstitution et la protection du couvert végétal, elle était chargée dès sa création de réaliser des plantations forestières de bois d'œuvre sur les terrains domaniaux, soit par action directe, soit par adjudication de tout ou partie des travaux à des sociétés spécialisées (Ministère de l'agriculture, Janvier 1967, p.86).

De loin, c'est le fondamental de ses missions. Sur la base de cette charge, la SODEFOR avait l'entière responsabilité de concevoir et réaliser la politique de restauration du patrimoine forestier de la Côte d'Ivoire à travers des plantations forestières. Ces plantations pouvaient être réalisées soit sur initiative propre de la SODEFOR soit par contrat

---

http://www.gouv.ci/doc/PROPOS_LIMINAIRES_CICG_2%20verminef.pdf, consulté le 29 mai 2020.

[208] *JOCI* n°16 du 05 avril 1962, loi n° 62-82 du 22 mars 1962 relative aux entreprises publiques créées sous forme de sociétés d'État, p.378.

[209] *JOCI* n°49 du 20 octobre 1966, Décret n°66-422 du 15 septembre 1966 portant création d'une société d'État dénommée SODEFOR ou Société pour le Développement des plantations Forestières, p.1376.

passé avec d'autres structures spécialisées dans ce domaine. Généralement, les sociétés d'exploitation forestière étaient ses partenaires privilégiés dans ce domaine en compensation de leurs activités dans les massifs forestiers. Elle fut chargée aussi de faire tous les programmes et études allant dans le sens de la préservation du massif forestier.

Face aux nouveaux défis à relever liés à l'évolution socio-économique du pays, le statut de cette société publique a constamment évolué en fonction de ses différentes raisons sociales et des missions successives qui lui ont été confiées. De société d'État à sa création en 1966, elle devient Établissement Public à caractère Administratif (EPA) en 1980, puis Établissement public à caractère industriel et commercial (EPIC) en 1985[210] placé sous la double tutelle du ministère de l'agriculture et des eaux et forêts et du ministère de l'économie et des finances et enfin pour se stabiliser sous sa forme actuelle en 1993 (A. Aggrey, 1er mars 2010, p.36-37).

Sur la base de ce nouveau statut, d'autres missions secondaires furent associées aux principales charges de cette société. En plus de sa grande souplesse pour la réalisation de son objet social, la SODEFOR présente également l'intérêt de pouvoir recruter facilement du personnel et de réaliser des programmes échelonnés sur une longue durée. Ainsi, elle peut entreprendre des programmes de création de plantations sur plusieurs années depuis la création des pépinières jusqu'aux derniers travaux d'entretien. Conformément au décret n°93-206 du 03 février 1993[211], qui modifia son statut, la SODEFOR, a eu pour missions de participer à l'élaboration et à la mise en œuvre de la politique gouvernementale en matière d'enrichissement du patrimoine forestier national, de développement de la production forestière, de valorisation des produits de la forêt, de sauvegarde des zones forestières.

Cette réforme a permis un recadrage de son organisation administrative qui lui permet de mieux quadriller le terrain. La société est alors administrée par un Conseil d'Administration de 10 membres dont 2 représentants de l'Assemblée Nationale, 1 représentant du conseil économique et social, 3 représentants du ministre de l'économie et des

---

[210] *JOCI* n°10 du 7 mars 1985, Décret n°85-132 du 20 février 1985 portant transformation de la Société pour le Développement des Plantations Forestières (SODEFOR) en Établissement public à caractère industriel et commercial, p.118.

[211] *JOCI* n°9 du 04 mars 1993, Décret n°93-206 du 03 février 1993 portant transformation de la SODEFOR en société d'État, p.179.

finances, 3 du ministre de l'agriculture et 1 pris dans le secteur privé (Ministère de l'Agriculture et des Ressources Animales, 1997, p.87). Le conseil d'administration est secondé par un comité technique, composé de 7 membres choisis parmi les administrateurs de la société, présidé par le Directeur général et chargé de suivre le développement des opérations et d'en orienter l'exécution. Ces deux structures forment les organes généraux de la société. Elles sont dirigées par le Président du Conseil d'Administration et le Directeur Général. Le Président du Conseil d'Administration assure la direction générale de la société. Il propose, à l'agrément du conseil, les directives que la société doit suivre. Quant au Directeur Général, il assure, sous l'autorité et le contrôle du Président du Conseil d'Administration, le fonctionnement des services de la société. Il est aidé dans ses tâches quotidiennes par des départements techniques[212] (Ministère l'agriculture, janvier 1967, p.86).

Le changement du statut social de la SODEFOR pour mieux s'adapter aux enjeux du moment et l'adoption du code foncier rural de 1998 constituent les deux axes majeurs de la réforme du cadre juridique et institutionnel opérées par l'État dans les années 90. Ces réformes majeures étaient censées mieux consolider le patrimoine forestier et normaliser l'occupation foncière en Côte d'Ivoire. Malheureusement, la crise foncière s'est encore plus accentuée de sorte qu'elle devient une dimension importante du déclenchement de la rébellion armée du 19 septembre 2002.

---

[212] Il s'agit d'un département technique et commercial ; d'un département du génie forestier ; d'un département des ressources ; d'un département de l'aménagement des forêts naturelles ; d'un service du contrôle de gestion ; du service de la délimitation et des délégations régionales.

CHAPITRE VIII

LES DIMENSIONS FONCIÈRES DE LA CRISE MILITAIRE DE 2002

Le 19 septembre 2002, la Côte d'Ivoire subit une attaque armée. C'est le début de la rébellion armée qui divise le pays en deux parties. Les régions du Centre, du Nord, et de l'Ouest, baptisées zones (CNO) et formant 60% du territoire national, sont sous contrôle des insurgés. L'État central ne contrôle que 40% du territoire constitué des régions du Sud et de l'Est.

L'éclatement de cette rébellion armée n'est que la maturation des convulsions qui secouent le corps social depuis le début des années 90. En effet, depuis la proclamation du multipartisme le 30 avril 1990, les compétions entre les différentes obédiences politiques ont réveillé de profonds antagonismes dans le tissu social ivoirien. Des thématiques extrêmement sensibles comme le statut des personnes étrangères ressortissant principalement des pays de l'Afrique l'Ouest ont fait irruption sur la scène politique à travers les discours politiques. Le concept de *l'Ivoirité*, accusé à tort ou à raison d'être la matérialisation de la politique d'« *exclusion* » de certaines communauté a servi de fonds argumentaire pour justifier cette rébellion. Dans certains milieux, l'on n'hésitait pas à qualifier cette rébellion de *crise identitaire*.

Le domaine du foncier rural a été longtemps le secteur où ces convulsions sociales se sont manifestées, en Côte d'Ivoire, par de nombreux conflits fonciers. La loi portant code foncier rural, qui autorisait uniquement les nationaux ivoiriens à être propriétaires terriens, sensés mettre de l'ordre dans ce domaine fut à son tour taxé *d'ivoiritaire* et farouchement combattue. D'ailleurs, les récriminations contre cette loi ont servi d'arguments mobilisateurs d'une frange importante du monde paysan dans les zones forestières en soutien à la rébellion contre le pouvoir central. La question de l'occupation foncière est donc régulièrement évoquée dans les débats avant pendant et après la crise armée de 2002.

I. LE FONCIER AU CŒUR DE LA CRISE DE 2002

Après la tentative de sa réglementation avortée de 1965, le foncier rural ivoirien a navigué à vue durant 33 ans. Toute occupation des terres cultivables s'opérait dans un vide juridique ahurissant. Seule une déclaration aussi vague que discutable du Président Félix Houphouët-Boigny en 1970, selon laquelle ‘ ’*la terre appartient à celui qui la met en valeur*” servait de moule dans laquelle s'opérait la conquête foncière. Cette conquête foncière désordonnée présentait peu de risques tant que la terre cultivable demeurait disponible et toute velléité de contestation étouffée par le régime du parti unique.

Cependant, longtemps refoulée à cause de l'étroitesse des libertés sous le parti unique, la question foncière explose avec la libéralisation du paysage politique ivoirien à partir de 1990. Les contestations relatives à la terre se multiplient sur l'étendue du territoire national donnant lieux parfois à des conflits armés ouverts et sanglants entre des communautés. Face à cette situation intenable, l'État tente de reprendre la main pour mettre de l'ordre en clarifiant le régime foncier ivoirien à travers une règlementation plus rigoureuse. Hélas, la loi de décembre 1998 portant code foncier rural est contestée vigoureusement par des non nationaux ayant acquis des propriétés foncières du fait qu'elle ne reconnait le statut de propriétaire terrien qu'aux seuls nationaux ivoiriens.

Tout naturellement, la question foncière était au cœur du déclenchement de la rébellion de 2002. C'est pourquoi, elle figurait en bonne place dans les questions au centre des négociations entre la rébellion et l'État de Côte d'Ivoire en vue de trouver une issue favorable à la crise armée. Ce fut le cas des accords de Linas-Marcoussis formalisé à la table ronde qui a réuni les protagonistes de la crise en banlieue parisienne.

1. Les récriminations contre la loi foncière de 1998

La loi foncière de 1998 est reconnue par tous comme une loi moderne qui met fin à une longue période de flou juridique dans ce domaine. Elle a été votée à l'unanimité à l'Assemblée Nationale composée de députés de différentes tendances politiques : PDCI-RDA (parti au pouvoir) ; FPI, RDR, PIT (partis d'opposition) et indépendants. Ce fut l'un des rares projets de loi qui a pu faire l'unanimité entre les différents groupes parlementaires présents à l'hémicycle. Logiquement, son application ne devrait souffrir d'aucune contestation, ce d'autant plus que son adoption a été précédée d'une vaste consultation des populations, d'une part, menée par plusieurs délégations de députés et d'autre part, par des experts de différents domaines.

Or, à peine votée et promulguée, elle fut l'objet de violentes attaques politiques. En effet, dans un contexte d'intenses compétitions politiques, ce texte fut taxé *"d'ivoiritaire"*. Une partie de la classe politique dénonçait cette loi comme étant l'expression matérialisée de la xénophobie ivoirienne et une manœuvre d'exclusion d'une partie de la population ivoirienne.

En réalité, la politique d'ouverture illimitée d'Houphouët-Boigny dans le domaine foncier avait favorisé, durant des décennies, l'installation de milliers de personnes étrangères dans les zones forestières du pays. Elles ont acquis des exploitations agricoles assez importantes. Et, elles voient dans cette loi une manière subtile de l'État ivoirien de les déposséder de leurs biens. Les appréhensions de cette portion de la population ivoirienne étaient d'autant plus justifiées que la loi foncière de 1998 précise en son article 1er que « seuls l'État, les collectivités publiques et les personnes physiques ivoiriennes sont admis à être propriétaires »[213].

Comment une telle loi peut-elle s'appliquer dans un pays qui compte officiellement dans sa population générale 26% de personnes étrangères (RGPH 2014) issue du courant migratoire en destination de la Côte d'Ivoire depuis des décennies. La propriété foncière en relation avec la question migratoire ne tarde pas à faire irruption dans le champ politique ivoirien. En effet, comme le Souligne Roch Yao GNABELI, « la singularité des tensions récurrentes depuis le début des années 1990 tient du fait que le débat sur le statut politique de l'immigré ouest-africain est érigé en débat public, amplifié par la presse écrite »[214]. Dans ce contexte, le domaine du foncier rural est vu comme le secteur où se matérialise le discours politique *''ivoiritaire''* en vogue depuis 1990. Et la loi foncière

---

[213] Loi n° 98-750 du 23 Décembre 1998 relative au domaine foncier rural : Art. 1er.

[214] R. GNABELI YAO, 2011, *Côte d'Ivoire : la réinvention de soi dans la violence*, Dakar, CODESRIA, 272p. p.69.

de 1998 en est la preuve. Non seulement elle accorde exclusivement aux seuls Ivoiriens le pouvoir d'accéder à la propriété foncière en Côte d'Ivoire, mais de surcroît, dénie toute possibilité aux non-nationaux de léguer en héritage leurs biens fonciers à leurs ayant-droits.

Si les experts en droit reconnaissent que le code foncier rural de 1998 est l'une des meilleures lois techniquement bien montée et adoptée de manière participative par l'Assemblée Nationale de la Côte d'Ivoire, ce texte paradoxalement rencontre de farouches résistances dans son application sur le terrain liées au contexte sociologique particulier de ce pays. Elle constitue une dimension non négligeable de la rébellion armée de 2002 dont le déclenchement, dans une certaine mesure, reste une forme de la manifestation de cette résistance. Les controverses et les récriminations formulées contre cette loi ont servi de moteur à la mobilisation d'une frange importante des populations rurales installées dans les différentes contrées forestières du pays particulièrement dans les régions de l'ouest. Ces controverses sur le code foncier ivoirien de 1998 figurent en bonne place dans les accords de sortie de crise notamment dans les accords de Linas-Marcoussis.

2. Le foncier ivoirien dans les accords de Linas-Marcoussis

Le grand débat sur le droit à la propriété foncière né au début des années 90 dans le contexte du multipartisme a servi, en fond de trame, d'arguments solides pour justifier la crise armée de 2002. Très souvent, les conflits fonciers, qui, pourtant, n'opposaient pas uniquement les autochtones aux communautés étrangères, furent perçus dans certains milieux comme l'expression vivante de la « xénophobie ivoirienne ». Le foncier était donc au cœur de la crise militaro-politique de 2002 à 2010.

Et, c'est à juste titre que cette question fut soulevée à la table-ronde des discussions inter-ivoiriennes tenues du 15 au 23 janvier 2003 à Linas-Marcoussis en France. Ainsi, au titre du régime foncier, la table-ronde qui a estimé que « la loi 98-750 du 23 décembre 1998 relative au domaine foncier rural votée à l'unanimité par l'Assemblée nationale constitue un texte de référence dans un domaine juridiquement délicat et économiquement crucial »[215]. Le gouvernement de réconciliation nationale a pourtant été invité à :

- accompagner la mise en œuvre progressive de ce texte d'une campagne d'explication auprès des populations rurales de manière à aller effectivement dans le sens d'une véritable sécurisation foncière.

- proposer un amendement dans le sens d'une meilleure protection des droits acquis selon les dispositions de l'article 26 de la loi relative aux héritiers des propriétaires de terre détenteurs de droits antérieurs à la promulgation de la loi mais ne remplissant pas les conditions d'accès à la propriété fixées par son article 1.

Implicitement, cela signifie que la question foncière figurait au cœur des motivations qui avaient présidé au déclenchement de la rébellion armée qui ensanglanta le pays. La recommandation de Marcoussis aboutit en 2004 à une première révision du code foncier rural. Selon la loi n° 2004-412 du 14 août 2004 portant modification du code foncier

> les droits de propriété de terres du domaine foncier rural acquis antérieurement à la présente loi par des personnes physiques ou morales ne remplissant pas les conditions d'accès à la propriété fixées par l'article premier ci-dessous sont maintenus. Les propriétaires concernés par la présente dérogation figurent sur une liste établie par décret pris en conseil des ministres. Les droits de propriété acquis par des personnes physiques antérieurement à la présente loi sont transmissibles à leurs héritiers [...] [216].

Ce fut donc une dérogation accordée aux non-Ivoiriens dans la procédure d'acquisition du droit de propriété foncière et de sa transmission à leurs ayant-droits. En dépit de cette modification, l'application de la loi demeura encore difficile.

En effet, « le code foncier rural est entré en vigueur le 14 janvier 1999, date de sa promulgation. Par ailleurs, tous les textes d'application ont été pris, y compris les arrêtés destinés à fournir toutes les explications nécessaires à sa mise en œuvre »[217]. Seulement, au plan administratif, la

---

[215] « Les accords de Linas-Marcoussis », in *L'Inter* n° 1415 du samedi 25 au dimanche 26 janvier 2003, pp.4-5.

[216] Loi n° 2004-412 du 14 août 2004 portant modification de la loi foncière du 23 décembre 1998 : Art.26.

[217] Th. DAGROU, *Op. cit.,* p.167.

mise en place des structures techniques chargées de conduire les procédures aux fins d'obtenir le certificat foncier avait suffisamment trainé, empêchant les populations de se mettre en règle vis-à-vis de la loi dans le délai prescrit par celle-ci. Il faut ajouter à cela l'ignorance et la négligence de ces populations rurales qui n'étaient habituées à ces genres de démarches administratives pour exercer leurs droits fonciers coutumiers. Il fallait en principe procéder à une phase de sensibilisation accrue pour informer suffisamment l'opinion ivoirienne.

Au regard, de ce retard accumulé dans son application, une nouvelle révision de cette loi intervient en 2013. Cette fois-ci, « un nouveau délai de dix ans, qui court à compter de la publication de la présente loi, est accordé pour faire constater l'exercice de façon paisible et continue des droits coutumiers sur les terres du domaine coutumier. Passé ce nouveau délai, les terres du domaine coutumier sur lesquelles des droits coutumiers exercés de façon paisible et continue n'ont pas été constatés, seront considérés comme sans maître »[218]. À travers cette disposition issue de la dernière modification du code foncier rural, l'État de Côte d'Ivoire reconnait implicitement le retard accusé dans l'application de la loi. C'est pourquoi, il prolonge le délai accordé aux populations pour se mettre à jour vis-à-vis de la loi. Cette disposition sera-t-elle suffisante pour permettre une application effective de cette loi ?

II. L'IMPACT DE LA CRISE MILITARO-POLITIQUE SUR LES FORÊTS DE L'OUEST

Le 19 septembre 2002, la Côte d'Ivoire se réveille sous les crépitements d'armes automatiques. Les camps militaires et autres points stratégiques du pays sont attaqués par des groupes armés. Très rapidement, ces attaques sont revendiquées par le Mouvement Patriotique de Côte d'Ivoire (MPCI). Repoussés d'Abidjan, ces insurgés se retranchent à Bouaké, la deuxième grande ville du pays, devenue la capitale de la rébellion qui occupe les zones Centres-Nord-Ouest (CNO) du pays. Les zones de l'Est et du Sud demeurèrent sous contrôle du régime d'Abidjan. Le pays resta coupé en deux de 2002 à 2011.

---

[218] Loi n° 2013-655 du 13 septembre 2013 relative au domaine foncier rural : Art.1er.

L'impact de cette crise sur les aires protégées est indéniable surtout dans les zones CNO sous contrôle de la rébellion. Toute l'administration forestière y compris les agents de surveillance ayant abandonné leurs postes, les aires protégées de ces régions ont été la cible de planteurs clandestins et autres bandes armées qui y ont trouvé les conditions idéales pour des activités économiques illicites.

1. Absence de l'administration forestière dans les zones CNO, facteur aggravant de l'occupation illégale des forêts classées

L'une des conséquences directes du déclenchement de la rébellion ivoirienne en septembre 2002 a été l'évacuation de toute l'administration publique des zones occupées vers les zones sous contrôle du régime d'Abidjan. Ce repli administratif a concerné aussi l'administration forestière (personnel administratif régionaux du ministère des eaux et forêts, du ministère de l'environnement, agents des eaux et forêts, de la SODEFOR, de L'OIPR, etc.), qui a, de ce fait, abandonné toutes les aires protégées aux pilleurs de tout acabit. Ce fut donc une aubaine de pillage multiforme offerte à de multiples prédateurs véreux des forêts classées et autres parcs nationaux. Le désordre qui régnait dans ces régions a permis à ces pilleurs véreux de s'installer sans crainte dans ces espaces protégés pour mener diverses activités illicites (braconnages, exploitations agricoles et minières, trafics de bois précieux, vente illégale de terre, etc.). Comme l'indique si bien cette étude[219] :

> Les effets de l'insécurité dans cette partie sud-ouest du pays pendant les périodes de crises socio-politiques avec des manifestations de conflits armés, ont eu un impact considérable sur la destruction des forêts. Les données de certaines études ont révélé qu'à cause des communautés allogènes qui y sont installées (notamment Burkinabé), la forêt classée de Mont Péko a totalement disparu depuis 2008.

Plusieurs milices d'autodéfenses pullulaient de façon active dans la région de l'Ouest précisément les départements de Guiglo et Duékué.

---

[219] K. TRAORE, (Février 2018), « Le couvert forestier en Côte d'Ivoire : une analyse critique de la situation de gestion des forêts (classées, parcs et réserves) », in *The international Journal of Social Sciences and Humanities Invention*, p. 4387-4397, https://doi.org/10.18535/ijsshi/v5i2.02, consulté le 27 mai 2020.

Dans cette situation incontrôlée, l'on constate des acteurs non professionnels qui se sont érigés en exploitants du bois (milices, rebelles, mercenaires, populations locales, etc.), car la filière s'est révélée comme une source importante de financement utile pour l'effort de guerre ou tout simplement pour s'enrichir.

Ces pillages ont fait perdre à la SODEFOR la quasi-totalité de ses acquis de 2002 à 2011. Selon ses experts, plus de deux millions d'hectares de forêts, soit 113 forêts classées qui étaient situées en zone sous contrôle de la rébellion, ont été pillées par une exploitation anarchique, créant des dégâts importants (Communication SODEFOR, septembre 2016).

En clair, abandonnées et dépourvues de tout mécanisme de surveillance, les aires protégées des zones CNO ont été objet de pillages et de destruction sans précédent. Les bandes armées et des migrants planteurs généralement venus des pays limitrophes qui écumaient surtout les régions de l'ouest s'en étaient données à cœur joie en occupant presque toutes les forêts classées de cette zone.

2. Les forêts classées de l'ouest aux mains de bandes armées

À la fin des années 1980, l'Ouest ivoirien est rentré dans un cycle de violences dont les effets destructeurs sur les populations et leurs environnements ont été accentués par la crise militaro-politique (2002-2011). Des bandes armées ont occupé des forêts protégées de l'État, et régnaient en territoire conquis, au mépris de la loi. La persistance de la violence dans cette zone est certainement en rapport avec ses potentialités économiques susceptibles d'en faire une véritable locomotive du développement national.

Les conflits armés des décennies précédentes ont accéléré les mouvements d'occupation illicite des espaces protégés qui existaient déjà. À l'occasion de la rébellion ivoirienne, plusieurs milliers de Burkinabès ont envahi les forêts classées de Man, Bangolo, Duékoué, Guiglo, Taï, Blolequin et Toulepleu. Ils y ont développé des plantations de cacaoyers, souvent sous le regard impuissant de l'autorité publique. À la fin de la crise post-électorale, plus de 28 000 Burkinabès (Nations unies, 2015) sont illégalement installés dans les forêts classées où ils pratiquent l'agriculture de rente. Face aux difficultés de les déloger, l'État contourne le problème par des réformes institutionnelles (réforme du code de la nationalité, réforme du code foncier, réforme du code minier), dans le but de renforcer l'intégration de cet espace à l'économie nationale

Le Parc national du Mont Péko situé entre Duékoué et Bangolo, longtemps assiégé par le chef de guerre d'origine burkinabè, Rémi Amandé Ouédraogo et ses combattants, est devenu une zone de production de cacao. Ce chef milicien burkinabé a profité du vide institutionnel et administratif créé par la rébellion et surtout de la crise post-électorale pour installer une véritable armée de clandestins au cœur de cette forêt classée. Voici une description de sa citadelle faite par un journaliste au lendemain de son arrestation dans la nuit du 17 au 18 mai 2013 :

> le Ourémiland n'est pas un pays. Mais le territoire où le célèbre Amadé Wirmi alias Amadé Ouérémi a installé ses quartiers. Ouérémiville, son campement dont nous avons fait la découverte à la faveur de son arrestation est presque une ville où l'on trouve toutes les commodités : villas alimentées en électricité par des groupes électrogènes et panneaux solaires géants ; chambres et salons bien équipés, postes de radio et télévisions reliés à des antennes paraboliques ; bouteilles de gaz ; parc auto composé de véhicules de type 4X4 et plus de 30 motos. Bref, un cadre idéal et reposant que s'est offert l'homme qui alimente en ce moment l'actualité politique. Ouérémiville est un véritable labyrinthe dont celui qui veut s'y rendre doit trouver la solution. Assez d'obstacles à franchir. Sécurité du Maître oblige. Seuls les habitués et les initiés savent sans coup férir le vrai chemin du campement où dort Amadé Ouérémi [220].

Jadis réputé pour la diversité de sa faune et ses espèces végétales, le parc du Mont Péko fut morcelé et vendu par ces prédateurs fonciers aux planteurs migrants. Lorsque le gouvernement annonce le déguerpissement des occupants illégaux, ces derniers s'organisent en association de résistance, le Conseil Représentatif des Occupants du Mont Péko (CROMP), une structure dont les premiers soutiens se trouvent dans les instances dirigeantes de l'État (Naismon, 2014 : 3). Dans ces conditions, pourquoi s'étonner du fait que la zone du Mont

---

[220] S. TRA BI, (2013, 21 mai), « Ouérémiville, une citadelle en pleine forêt», in *Fraternité Matin,* Abidjan,

Édipresse, p9.

Péko abrite des ports secs, dans les localités de Tabli-dabli, Ponan, Petit-Guiglo, Canada, Diebli, Gogozagnan ?

L'attrait exercé par la vente des fèves de cacao était si fort qu'à l'issue de la guerre post-électorale de 2011, la bande armée d'Ouérémi refuse d'obtempérer aux injonctions des autorités ivoiriennes. Après échec de plusieurs tentatives de négociations pour obtenir sa reddition pacifique, son arrestation de force fut décidée. Finalement, ce fut dans la nuit du 17 au 18 mai 2013, que les assauts des contingents de l'armée ivoirienne permirent de mettre fin à sa sale besogne. Dans ses premières déclarations après son arrestation, il confirme le caractère mafieux de ses agissements liés au trafic du cacao en ces termes : « en octobre dernier, j'ai fait la promesse de partir après la grande récolte, mais la petite traite a tellement donné que je suis retourné dans la forêt. Aujourd'hui, je suis aux arrêts et je regrette beaucoup mon comportement »[221].

Dans ces endroits assimilables aux *no man's lands*, des trafics de tout genre étaient en vogue. Des cargaisons de cacao y transitaient, et un véritable commerce se développa autour de ce produit de rente. Cette situation a contribué à perpétuer une économie parallèle de prédation dénoncée dans les rapports des Nations unies (Nations unies, 2015 : 41). Des barrages illégaux foisonnaient dans le périmètre du parc, où des hommes en armes organisaient le racket des producteurs, dans l'indifférence des officiels ivoiriens (Gueu, 2014 : 10). L'indifférence des autorités officielles face à cette économie de prédation a été considérée comme un feu vert tacite à l'occupation des forêts classées de cette partie du pays. Certes, les cas les plus célèbres de saccage de forêts classées furent le parc du Mont Péko et la forêt classée de Goin-Dédé, mais en réalité toutes les autres forêts classées présentées dans le tableau ci-dessous ont subi presque le même sort. On peut affirmer sans hésitation que la crise ivoirienne fut une période grise pour les massifs forestiers du grand ouest ivoirien classés par l'État.

---

[221] S. TRA BI, (2013, 21 mai), « Amadé Ouérémi arrêté », in *Fraternité Matin,* Abidjan, Édipresse, p.6.

Tableau 21 : Forêts classées et parcs de l'extrême-Ouest ivoirien

N°	**Désignation**	Statut	Superficie (ha)	Localisation	Gestion
1	Parc National du Mont Péko	Parc National	34 000	Duékoué, Bangolo	OIPR
2	Mont Sangbé	Parc National	95 000	Man	OIPR
3	Cavally	Forêt classée	64 200	Guiglo, Taî, Zagné	SODEFOR
4	Goin-Dédé	Forêt classée	133 170	Guiglo, Zagné, Zéaglo, Blolequin	SODEFOR
5	Scio	Forêt classée	88 000	Guiglo, Duékoué, Bloléquin, Bangolo	SODEFOR
6	Forêt de Duékoué	Forêt classée	52 679	Duékoué	SODEFOR
7	Mont Sainté	Forêt classée	10 000	Toulepleu, Blolequin	SODEFOR
8	Tionhoulé	Forêt classée	2112	Biankouman	SODEFOR
9	Krozialé	Forêt classée	9 300	Zouan-Hien	SODEFOR
10	Goulaleu	Forêt classée	950	Binhouyin	SODEFOR
11	Guéoulé	Forêt classée	16 742	Biankouman	SODEFOR
12	Momi	Forêt classée	10 500	Danané	SODEFOR
13	Tiapleu	Forêt classée	28 000	Danané	SODEFOR
14	Nicton	Forêt classée	11 000	Danané	SODEFOR
15	Sangouiné	Forêt classée	34 610	Sangouiné	SODEFOR
16	Mont Glo	Forêt classée	10 250	Man	SODEFOR
17	Mont Tonkpi	Forêt classée	6150	Man	SODEFOR
18	3 Mamclons	Forêt classée	130	Man	SODEFOR
19	Ira	Forêt classée	16 025	Biankouman	SODEFOR
20	Mont Gba	Forêt classée	3 460	Man	SODEFOR
21	Mont Bapleu	Forêt classée	4 132	Sipilou	SODEFOR
22	Kouin	Forêt classée	5 000	Facobly	SODEFOR
23	Flancobli	Forêt classée	13 900	Semien	SODEFOR
24	Semien	Forêt classée	3 730	Semien	SODEFOR
25	Bafing	Forêt classée	2 200	Biakouman	SODEFOR
26	Yalo	Forêt classée	26 800	Sipilou	SODEFOR
	TOTAL		**672 040**		SODEFOR

Source : B. Kadet à partir des données officielles SODEFOR 2014.

À la fin de la crise en 2011, ces forêts classées de l'ouest, région pouvant être considérée comme la zone verte de la Côte d'Ivoire, étaient dans un état préoccupant. Au-delà des forêts de l'ouest, c'est toute la partie forestière du pays située sous le 8è parallèle qui est victime du fléau de la déforestation à grande échelle. Une fois encore l'État réagit en essayant de réadapter le cadre juridique à travers un nouveau code forestier adopté en 2014.

II. Adoption d'un nouveau code forestier après la crise militaire

Au sortir de la crise militaire qui a duré toute une décennie, de 2002 à 2011, l'État ivoirien fait le constat de l'état désastreux de la forêt ivoirienne. Sérieusement menacé de disparition, le couvert végétal n'est qu'un lambeau de forêt naturelle détruite en grande partie pour nécessité économique. Les prévisions à court terme sont alarmistes et les dispositions institutionnelles et juridiques en vigueur plus que inopérantes. Tout le tableau de bord du secteur forestier commande qu'il faut agir au plus pressé pour parer à cette situation catastrophique. Il faut mettre le cadre juridique à niveau pour permettre aux autorités compétentes d'avoir les coudées franches pour agir de manière efficace. C'est tout le sens de l'adoption du nouveau code forestier en juillet 2014. Il est le couronnement de l'orientation donnée à la politique forestière depuis 1988. Mais avant tout, quel a été le contexte d'adoption de ce nouveau code forestier ?

1. Contexte d'adoption du code forestier de juillet 2014

En 2014, la Côte d'Ivoire s'est dotée d'un nouveau code forestier qui est venu opportunément supplanter le premier qui était bel et bien dépassé. Le contexte d'adoption de cette nouvelle loi sur le secteur forestier, c'est le ministre ivoirien des eaux et forêt Mathieu Babaud Darret lui-même qui le situe lors d'une émission publique dénommée les « *RENDEZ-VOUS DU GOUVERNEMENT* » en sa 16e édition du jeudi 25 février 2015 où il était l'invité principal. Invité à se prononcer sur le thème « le nouveau code forestier : enjeux et perspectives pour une gestion durable du patrimoine forestier ivoirien », le ministre des eaux et forêts affirme ceci :

> c'est pour moi un grand plaisir de me retrouver, avec vous, pour parler de la loi n°2014-427 du 14 juillet 2014 portant code forestier dont notre pays vient de se doter à travers le thème qui nous réunit ce matin à savoir le nouveau code forestier : enjeux et perspectives pour une gestion durable du patrimoine forestier ivoirien. (...) la zone forestière s'étend sur la moitié sud du pays. La couverture végétale se distingue en deux zones qui sont la forêt dense humide sempervirente et la forêt dense humide semi-décidue. Elle abrite une grande diversité floristique et faunique. Malheureusement, de 16 millions d'hectares au début du siècle dernier, la forêt dense humide est passée à 9 millions d'ha en 1965 et à 3 millions d'ha en 1991. Aujourd'hui, elle est estimée, à peine, à 2 millions d'hectares de forêt naturelle. Cette situation est en quasi-totalité imputable aux activités anthropiques notamment l'agriculture extensive basée sur la technique des cultures itinérantes sur brulis, la surexploitation de la forêt en bois d'œuvre et bois d'énergie et les feux de brousse. Le gouvernement ivoirien, ayant pris conscience de la tragédie que vivait la forêt ivoirienne jadis luxuriante, a décidé de réagir[222].

Les dispositions réglementaires antérieurement prises par l'État de Côte d'Ivoire notamment le code forestier de 1965, le décret n°78-231 du 15 mars 1978 fixant les modalités de gestion du domaine forestier de l'État et bien d'autres, se sont avérées inopérantes face aux nouveaux défis environnementaux. Sur cet aspect de la question à l'ordre du jour, le ministre ivoirien des eaux et forêts, Babaud Darret, est plus incisif en ces termes :

> Nous avons privilégié l'aspect économique de l'exploitation de nos ressources, cet aspect qui renferme les principaux éléments destructeurs de la forêt, à savoir : l'agriculture extensive, l'urbanisation galopante, les feux de brousse pratiqués à des fins de chasse et/ou de culture sur brulis. Il y a eu la longue crise politico-militaire que le pays a connue pendant une décennie et qui a favorisé le pillage de nos

[222] M BABAUD DARRET, (2015, 25 février) déjà cité, p.2.

ressources naturelles et l'infiltration massive de nos aires protégées (forêts classées et autres parcs et réserves) par des populations venues en majeure partie des pays frères de la sous-région[223] .

Que faut-il faire devant un tel désastre ? faut-il continuer à agir comme un charognard autour de la carcasse de la forêt ivoirienne présentant un visage moribond de désertification avancée au risque d'être obligé de planter dans un avenir proche des arbres afin de lutter contre les rudes conditions de vie désertiques ? Ou alors, devons-nous réagir positivement pour protéger nos ressources naturelles, plus particulièrement notre forêt et sa faune, pour continuer de mériter notre statut de pays forestier ? Ces interrogations pertinentes du ministre mettent à nu les vraies réalités, souvent contradictoires, qui ont marqué la politique forestière ivoirienne durant plus d'un siècle.

Fort heureusement, en théorie, il est plus rassurant lorsqu'il affirme que le gouvernement ivoirien, en optant pour une politique de protection et de développement de la forêt et ses dérivés que sont la faune et les ressources en eau, a choisi la deuxième alternative qui est d'inverser les tendances à la dégradation de la forêt ivoirienne.

C'est la matérialisation de cette volonté de corriger de manière définitive les tares de la gestion des ressources forestières qui donne cette nouvelle réglementation en 2014. Elle est le couronnement de la nouvelle politique de protection des ressources naturelles initiée depuis 1988 notamment avec le PDF. Cette nouvelle orientation de la politique forestière a été renforcée par la Déclaration de Rio de Janeiro en juin 1992 adoptée par la 2ème Conférence des Nations Unies sur l'environnement et le développement durable. Elle a mis en exergue les nouvelles exigences de gestion forestière, en même temps qu'elle a mis à nu les lacunes de la loi n°65-425 du 20 décembre 1965 vis-à-vis de ces exigences. Quelles sont les innovations introduites par ce nouveau texte en termes de gestion durable des ressources naturelles ?

2. Les innovations du code forestier

Le nouveau code forestier est un texte dense structuré en 10 parties. Il est le couronnement d'une nouvelle politique de protection initiée depuis

---

[223] *Id.*, p5.

1988, au regard de l'état du patrimoine forestier et de l'évolution du contexte international. Renforcée par la Déclaration de Rio de Janeiro en juin 1992 adoptée à la 2éme conférence des Nations Unies sur l'environnement et le Développement, cette nouvelle orientation de la politique forestière met en exergue les nouvelles exigences de gestion de ressources forestières.

Les innovations de la loi n°2014-427 du 14 juillet 2014 portant code forestier ivoirien portent sur les insuffisances de l'ancien code forestier institué par la loi n°65-425 du 20 décembre 1965. Les insuffisances de cette loi abrogée par le nouveau code forestier peuvent être résumées en 9 points. Il s'agit notamment de :

- **L'inadaptation de définition, d'objectifs et de principes fondamentaux relatifs au secteur forestier**. Le code forestier de 1965 considère comme forêt « les formations végétales dont les fruits exclusifs ou principaux sont les bois d'ébenisterie, d'industrie et de service, les bois de chauffage et à charbon et qui accessoirement peuvent produire d'autres matières telles que bambous, écorces, latex, résines, gommes, graines et fruits »[224]. À contrario, la loi de 2014 souscrit à son chapitre définitionnel un large éventail de plus d'une cinquantaine de notions réferencielles au domaine forestier telles que l'aménagement forestier, le boisement, la certification forestière, la concession forestière, la constitution forestière, le déboisement, le déclassement, le défrichement, la diversité biologique, etc. Cela dénote de l'enrichissement ces dernières décennies du champ d'étude dans lequel s'inscrit le secteur forestier avec la montée en puissance des questions environnementales dans les priorités mondiales. Le nouveau code forestier définit la forêt comme « toute terre constituant un milieu dynamique et hétérogène, à l'exclusion des formations végétales résultant d'activités agricoles, d'une superficie minimale de 0,1 hectare portant des arbres dont le houppier couvre au moins 30% de la surface et qui peuvent atteindre à maturité une hauteur minimale de 5 mètres »[225].

Les objectifs de l'État de Côte d'Ivoire à travers ce nouveau code forestier est d'une part de lutter en interne contre la déforestation et la destruction de l'écosystème et d'autre part d'inscrire le pays dans la politique internationale de préservation de la nature et de lutte contre le

---

[224] Loi n°65-425 du 20 décembre 1965 portant code forestier ivoirien, art.1.

[225] Loi n°2014-427 du 14 juillet 2014 portant code forestier ivoirien, Titre1, Chap.1, art.1.

changement climatique. Pour atteindre ces objectifs, la nouvelle loi se structure autour des principes fondamentaux de gestion durable des forêts et de la diversité biologique. Ainsi, au terme de cette loi, l'État et les autres acteurs ont des obligations en matière de politique forestière nationale[226] :

- La politique forestière nationale est instituée par l'État. Cette politique définit les orientations générales en matière forestière, qui se traduisent en plans et programmes ;
- La protection et la reconstitution des ressources forestières incombent à l'État, aux collectivités territoriales, aux communautés rurales, aux personnes physiques et personnes morales de droit privé, notamment les concessionnaires et exploitants des ressources forestières ;
- L'État prend toutes mesures nécessaires en vue de fixer les sols, de protéger les terres, berges et ouvrages contre les risques d'érosion et d'inondation, et de conserver les espèces naturelles menacées d'extinction ;
- L'État prend toutes mesures nécessaires pour que la gestion des forêts à des fins de production, de protection, de récréation, d'expérimentation et d'écotourisme soit une mise en valeur compatible avec l'aménagement du territoire ;
- L'État réalise périodiquement un inventaire forestier national en vue d'évaluer les ressources forestières, de planifier et de rationaliser leur gestion ;
- L'État prend toutes mesures nécessaires pour promouvoir la constitution de puits de carbone, en vue de réduire les gaz à effet de serre ;
- L'État assure la bonne gouvernance en matière forestière, par la mise en œuvre de la certification des forêts et la traçabilité des produits forestiers.

- **L'absence de dispositions juridiques relatives au statut des forêts et bois sacrés en dépit de leur grand nombre :** la nouvelle loi est novatrice sur ce point en ce sens que les forêts et autres bois sacrés constituent l'une des dimensions écologiques de la tradition africaine. Certes l'aspect spirituel de ces sites sacrés a toujours pris le pas dans l'opinion publique mais ils n'en demeurent pas moins une forme

[226] Loi n°2014-427 du 14 juillet 2014 portant code forestier ivoirien, Titre II, Chap. II.

traditionnelle achevée de la pratique écologique de conservation et de respect de la nature. À l'heure actuelle où les sociétés modernes de type occidental cherchent les repères et les mécanismes d'une relation équilibrée entre production et conservation de la nature, c'est une aberration de ne pas reconnaitre ce type de forêt en leur donnant un statut juridique. Le nouveau code en son article 41 du troisième chapitre du titre IV corrige cette anomalie en instituant que « les forêts de type particulier des communautés rurales sont les forêts sacrées. Les forêts sacrées des communautés rurales sont inscrites en leur nom dans un registre tenu par l'Administration forestière »[227].

- **L'inexistence d'un mécanisme de financement durable de la forêt** : l'autofinancement et les partenariats publics-publics constituent le principe directeur retenu par le nouveau code forestier. À ce titre, il mentionne en son article 104 du Titre VIII que « dans le cadre de ses activités, toute personne physique ou morale exerçant dans l'exploitation, la transformation, la valorisation, la promotion ou la commercialisation des produits forestiers est assujettie aux paiements des droits, taxes et redevances prévus par les textes en vigueur »[228]. Logiquement, le financement de la forêt se fait désormais sur la base, d'une part, de cette mobilisation financière des activités forestières et d'autre part, de partenariats entre administrations publiques. Et c'est l'article 18 du titre III qui détermine ces mécanismes de financement de la forêt : « l'État prend toutes les mesures nécessaires pour instituer des mécanismes de financement pour la gestion durable des forêts, notamment un fonds forestier national et des partenariats publics-publics »[229].

- **L'absence de références à la gouvernance forestière, notamment la certification, la traçabilité en matière forestière et la valorisation des services environnementaux de la forêt dans la lutte contre les changements climatiques et la promotion de la recherche forestière** : Désormais cette défaillance dans le corpus juridique du secteur forestier est remédiée par la nouvelle loi qui stipule en son article 18 du titre III que « l'État met en œuvre les engagements découlant des conventions internationales notamment la lutte contre les changements climatiques et la protection des ressources en eau ; la valorisation des

[227] Loi n°2014-427 du 14 juillet 2014 portant code forestier ivoirien, Titre IV, Chap. III, art.41.

[228] Loi n°2014-427 du 14 juillet 2014 portant code forestier ivoirien, Titre VIII, art.104.

[229]Loi n°2014-427 du 14 juillet 2014 portant code forestier ivoirien, Titre III, art18.

fonctions environnementales de la forêt ; la règlementation de l'exploitation des ressources génétiques des forêts et la protection des espèces menacées d'extinction »[230].

- **La nécessité de renforcer la fonction de la police judiciaire des agents assermentés des Eaux et Forêts** : le code forestier de juillet 2014 consacre son titre IX aux dispositions juridiques qui encadrent le statut et les missions de la police forestière. Ainsi, « pour l'exercice des fonctions de police forestière, la qualité d'Officier de Police Judiciaires est reconnue aux agents techniques assermentés des Eaux et Forêts suivants : ingénieurs des Eaux et Forêts ; ingénieurs des techniques des Eaux et Forêts et les techniciens supérieurs des Eaux et Forêts occupant des postes de responsabilité au niveau régional ou départemental »[231]. La caution judiciaire de cette nouvelle charge des agents assermentés des Eaux et Forêts est donnée à travers le serment qu'ils prêtent devant le tribunal de première instance ou la section de Tribunal de leur lieu de résidence. Dans l'exercice de leur fonction, les agents techniques des Eaux et Forêts ont donc le droit au port d'armes et de l'uniforme. Le nouveau code forestier en son article 109 indique que sans préjudice des dispositions du Code de procédure pénale, notamment en ses articles 22 à 27, les agents techniques des Eaux et Forêts ayant la qualité d'Officier de Police Judiciaire peuvent :

- S'introduire dans les dépôts, industries forestières, périmètres d'exploitation, magasins et menuiseries pour exercer leur contrôle ;
- Visiter les gares, aérogares, trains, bateaux, aéronefs, sites ou véhicules susceptibles de contenir ou de transporter des produits forestiers ;
- Procéder à toute forme de perquisition et saisies ;
- S'introduire de jour dans les maisons, cours et enclos en cas de flagrant délit et présomption d'existence de produits forestiers frauduleux ;
- Exercer subséquemment un droit de suite ;
- Requérir l'appui des autres forces publiques.

---

[230] Loi n°2014-427 du 14 juillet 2014 portant code forestier ivoirien, Titre II, Chap. II, art.15.

[231] Loi n°2014-427 du 14 juillet 2014 portant code forestier ivoirien, Titre IX, Chap. I, art.105.

Toutes ces dispositions juridiques prévues par le nouveau code forestier renforcent la fonction de Police Judiciaire des agents assermentés des agents techniques des Eaux et Forêts en ce sens qu'elles définissent clairement leur statut professionnel et le cadre opérationnel de leurs missions.

- **L'absence d'un plan d'aménagement simplifié des forêts du domaine rural :** le nouveau code forestier donne la possibilité aux communautés rurales « d'élaborer des plans d'aménagement forestier simplifié en vue d'assurer la gestion durable des forêts dont elles sont propriétaires »[232]. Dans ce contexte, l'administration forestière peut être sollicitée par ces communautés rurales pour la réalisation de plans d'aménagement forestier simplifiés de leurs forêts. Les communautés rurales, propriétaires de forêts, exercent alors leur droit de propriété sur les produits de toute nature, à l'exception des produits miniers et des espèces de faune et de flore sauvages protégées.

- **La faiblesse des sanctions pénales et pécuniaires :** le code forestier de 2014 organise les infractions et leurs répressions en trois catégories : les infractions relatives à l'exploitation, à la transformation et à la commercialisation ; les infractions relatives à la dégradation du domaine forestier et les infractions diverses. À tout point de vue, les sanctions à ces infractions dans le domaine forestier en termes de durée d'emprisonnement et d'amendes financières ont été sérieusement alourdies par le nouveau code forestier comparativement à l'ancien code forestier. À titre d'exemple, le code de 1965 précise en terme de condamnation que

> quiconque aura contrefait ou falsifié les marques régulièrement déposés des marteaux particuliers, quiconque aura fait usage de ces marteaux contrefaits ou falsifiés, quiconque s'étant indûment procuré les marteaux véritables et en aura fait frauduleusement usage, quiconque aura enlevé ou tenté d'enlever des marques de ces marteaux sera puni d'un emprisonnement d'un mois à deux ans et d'une amende de 10.000 francs. Si ces marteaux servent aux marques de l'Administration, la peine sera de trois mois à

[232] Loi n°2014-427 du 14 juillet 2014 portant code forestier ivoirien, Titre II, Chap. III, art.75.

cinq ans de prison et l'amende de 50 000 à 5.000.000 de francs[233].

Pour les mêmes types d'infractions, voici ce que prévoit le code de 2014 :

> est puni d'un emprisonnement d'un à cinq ans et d'une amende de 5 000 000 à 50 000 000 de francs CFA, quiconque contrefait ou falsifie les marques régulièrement déposées des marteaux particuliers ; fait usage de marteaux contrefaits ou falsifiés ; se procure indûment des marteaux et en fait frauduleusement usage et enlève les marques des marteaux. Lorsque ces marteaux servent aux marques de l'Administration forestière, la peine est portée au double »[234].

- **La faible implication des collectivités territoriales et des privés dans la création et la gestion des forêts :** contrairement au code forestier de 1965 qui accordait peu de places aux collectivités territoriales et aux initiatives privées dans la création et la gestion des forêts, celui de 2014 définit un cadre institutionnel prenant en compte l'intervention des principaux acteurs notamment l'État, les collectivités territoriales, les personnes physiques et morales de droit privé, des organisations non gouvernementales, des associations, etc. À ce propos, il indique clairement en son article 2 que

> la présente loi a pour objectif de fixer les règles relatives à la gestion durable des forêts. Elle vise à promouvoir la participation active des populations locales, des Organisations Non Gouvernementales et des associations à la gestion durable des ressources forestières pour l'amélioration de leurs revenus collectifs qui découlent des coutumes, de la loi portant Code Foncier Rural, de la présente loi et par la vulgarisation de la politique forestière[235].

La prise en compte des collectivités et du privé dans le mécanisme de création et de gestion des forêts se traduisent par l'ouverture de la gestion forestière au secteur privé par la possibilité de constituer des plantations

---

[233] Loi n°65-425 du 20 décembre 1965 portant code forestier ivoirien, art.53.

[234] Loi n°2014-427 du 14 juillet 2014 portant code forestier ivoirien, Titre IX, Chap. III, art.132.

[235] Loi n°2014-427 du 14 juillet 2014 portant code forestier ivoirien, Titre I, Chap. II, art.2.

forestières en vue d'assurer l'approvisionnement en bois d'œuvre et d'ébénisterie et le transfert de la propriété de l'arbre aux paysans. Cela, pour induire une plus grande responsabilisation de ces deux catégories d'opérateurs dans la conservation du patrimoine forestier.

- **La création de plantations forestières uniquement pour la production de bois d'œuvre et d'ébénisterie et non pour des raisons écologiques :** cette dimension purement économique de la forêt se traduit par l'introduction dans le code forestier de 2014 de la notion de plantations forestières au même titre que toute autre plantation agricole. Ce type de plantations est destiné à l'approvisionnement du marché en bois d'œuvre et d'ébénisterie. Est ainsi appelée plantation forestière « l'action de créer un peuplement en plantant des jeunes plants ou des boutures »[236] .

---

[236] Loi n°2014-427 du 14 juillet 2014 portant code forestier ivoirien, Titre I, Chap. I, art.1.

CONCLUSION

La Côte d'Ivoire est passée de 16 millions à environ 2 millions d'hectares de forêt du début à la fin du XXe siècle. Ce fut donc un véritable « massacre », et le mot n'est pas fort, des ressources forestières au point d'émouvoir toutes les forces vives de la nation (pouvoirs publics, ONG, organisations internationales, etc.). Mais à quel niveau se situe-t-elle la responsabilité de cette dévastation des massifs forestiers ivoiriens ?

En filigrane, c'est la réponse à cette problématique qui est l'objet de cet ouvrage. Des points de vue plus simplistes ont vite trouvé le coupable : les planteurs. Cependant, en approfondissant les analyses, la réalité est tout autre. Les planteurs, indexés comme les bourreaux de la forêt ivoirienne ne sont que des pièces, parmi tant d'autres, du puzzle politique mené de main de maître par l'État de Côte d'Ivoire depuis le début de l'indépendance. Un slogan célèbre, « le succès de ce pays repose sur l'agriculture », assez flatteur du succès économique de la Côte d'Ivoire des années 1970 résumait l'esprit de cette politique forestière ambivalente entre exploitation et conservation du patrimoine forestier.

À l'amorce de l'indépendance, l'option économique de l'État ivoirien est restée dans la continuité de la trajectoire tracée par l'administration coloniale. L'agriculture a continué à être la mamelle de l'économie ivoirienne à travers la production d'une panoplie de produits agricoles destinés à l'exportation dont les principaux sont le café et le cacao. Pour favoriser cet essor agricole, l'État déploie tout un dispositif d'appui technique et juridique, d'encadrement et de formation, de financement et de promotion. Les résultats de cette politique ne se font pas attendre. La Côte d'Ivoire se positionne très rapidement en tête du peloton des pays producteurs de café et de cacao au monde. Ce succès agricole s'opère au détriment du massif forestier qui lui sert de support biologique.

Le premier foyer de production dénommé « boucle du cacao » avec la région du Moronou comme épicentre se loge à l'Est du pays. Le front pionnier agricole qui ravage la forêt primaire part de cette zone surexploitée depuis l'époque coloniale. Le paradoxe dans cette situation est que concomitamment à cette promotion de l'activité agricole dévastatrice du patrimoine forestier, l'État engage également de vigoureuses actions de sauvegarde de la forêt. Encadrées par tout un arsenal juridique, ces actions de protection du patrimoine forestier se traduisent par la création des forêts classées, des réserves, des parcs nationaux et la restauration du couvert forestier dégradé à travers de vastes programmes de reboisement.

Cette démarche croisée de l'État de Côte d'Ivoire crée une certaine ambivalence dans sa politique forestière. Vouloir une chose (protéger le patrimoine forestier du pays) et son contraire (développer une agriculture performante, dévastatrice du massif forestier). Ce d'autant plus qu'à des moments, c'est l'État lui-même qui impulse la conquête foncière de certaines régions faiblement atteintes par la déforestation. Ce fut le cas de la région du sud-est et du centre-ouest.

En effet, la région de l'est en tant que premier foyer de production cacaoyère depuis l'époque coloniale atteint sa limite de saturation au début des années 1970. Les signes de cette saturation foncière sont multiformes : raréfaction des terres cultivables, cause directe des conflits fonciers ; vieillissement du verger entrainant une baisse de la production, infiltration et destruction des forêts classées. Cette crise de terres cultivables dans la première boucle du cacao entraine l'émigration des planteurs vers des régions où la terre est disponible. Cette migration se fait dans deux directions : le sud-ouest et le centre-ouest.

Ce mouvement de planteurs en quête de terres fertiles disponibles est boosté par l'État à travers la création de deux structures publiques : l'Autorité pour l'Aménagement de la Vallée du Bandama (AVB) et l'Autorité pour l'Aménagement de la Région du Sud-ouest (ARSO), toutes deux créées en 1969. L'implantation massive au centre-ouest et au sud-ouest des populations du centre majoritairement Baoulé déguerpies lors de la création du barrage de Kossou a été possible grâce à ces deux structures. En s'appuyant sur elles, l'État a ouvert la voie et encadré la conquête des massifs forestiers de ces deux régions pour accroître la production agricole du pays.

Cette deuxième phase de la conquête foncière en Côte d'Ivoire se déroule dans l'esprit du slogan *la terre appartient à celui qui la met en valeur* lancé par Félix Houphouët-Boigny lors du Congrès du PDCI-RDA en 1970. Un slogan assez vague qui fit office de loi foncière après l'échec de l'application de la législation foncière de 1963. C'est donc pour combler le vide juridique dans lequel voguait le foncier rural ivoirien et encourager les planteurs à la conquête foncière que le Président Félix Houphouët-Boigny fit cette déclaration.

L'écho dans le milieu rural fut assez retentissant. Une véritable ruée de migrants provenant des anciennes régions de production mais aussi des pays limitrophes à la recherche de terres cultivables se mit en place. Si des études ont prouvé qu'à l'Est et au Sud-est du pays, ce sont des autochtones qui ont gardé le contrôle de leurs terres, ce ne fut pas le cas au Sud-ouest et au Centre-ouest. Une forte communauté étrangère issue de divers pays de la sous-région (Burkinabé, Togolais, Béninois, Guinéens, Maliens, etc.) a pris part à cette conquête foncière.

La disponibilité de vastes terres cultivables et l'embellie économique du pays durant la décennie 70 ont fait de cette politique d'ouverture de la Côte d'Ivoire un modèle de réussite vanté au plus haut niveau. Le vide juridique dans le domaine foncier qui favorise l'installation et l'occupation d'importants domaines fonciers par des non Ivoiriens était interprété comme la matérialisation de l'esprit d'hospitalité de ce pays, valeur inscrite dans son hymne national.

Cependant, au milieu des années 80, avec la crise économique et la saturation foncière, le climat social s'envenime dans les foyers de production cacaoyère. Les conflits liés à la terre, plus ou moins violents, opposent de manière récurrente des factions de communautés autochtones d'une part ou autochtones contre allogènes d'autre part. Avec la proclamation du multipartisme en avril 1900, la question foncière devient un argument fort utilisé par les différentes chapelles politiques pour la mobilisation du corps social. Selon les positionnements politiques, l'accès au foncier rural est tantôt vu comme le signe de l'envahissement des étrangers tantôt comme l'expression de la xénophobie des Ivoiriens.

En 2002, le foncier est au cœur du conflit armé qui éclate. La preuve en est que dans les résolutions sanctionnant les discussions inter-ivoiriennes lors de la table ronde à Linas-Marcoussis, tout un chapitre a été consacré à la question foncière. Au menu, la loi foncière du 23 décembre 1998 taxée de loi à relent xénophobe car accordant le statut de propriétaires terriens aux seuls Ivoiriens. Les résolutions de Marcoussis préconisent alors sa modification. L'ampleur de cette crise dans la partie occidentale du pays est liée au fait qu'à son déclenchement, le front pionnier agricole se trouvait dans cette région.

Après l'occupation des terres de l'Est, du centre-ouest et du sud-ouest, les quelques ilots de forêts disponibles capables d'absorber le flux de planteurs migrants étaient situés à l'ouest. Et la plupart de ces forêts convoitées sont situées dans les domaines classés. En l'absence de l'administration forestière pour cause de guerre, ces forêts classées ont été à la merci de bandes armées qui y ont élu domicile. Ce fut le cas de Rémi Amandé Ouédraogo et ses combattants. Ce chef milicien burkinabé a profité du vide institutionnel et administratif créé par la rébellion et surtout de la crise post-électorale pour installer une véritable armée de clandestins au cœur de la forêt classée du Mont Péko. D'autres forêts classées de la région comme celle du Goin-Dédé furent aussi envahies par des planteurs clandestins majoritairement burkinabés.

En définitive, à la lumière de l'analyse historique, la responsabilité de la déforestation en Côte d'Ivoire incombe à l'État et non pas aux planteurs qui ne sont que des pions parmi tant d'autres de la politique économique et forestière. En faisant de l'agriculture la colonne vertébrale de l'économie ivoirienne, l'État a signé délibérément l'arrêt de mort de la forêt ivoirienne puisqu'elle constitue son premier support. Aucune autre solution à ce problème de déforestation ne sera viable sans changer fondamentalement la nature et l'orientation de l'économie ivoirienne elle-même. Il est donc illusoire de vouloir stopper le phénomène de la déforestation en Côte d'Ivoire par des solutions intermédiaires (reboisement, classification des forêts, déguerpissement de planteurs dans les forêts classées, etc.,) tout en maintenant le même dispositif économique fondé essentiellement sur la production et l'exportation des produits agricoles. En matière de politique forestière, il est temps d'appliquer des solutions plus radicales en vue de renverser la tendance.

ANNEXES

ANNEXE I

LOIS N° 65/425 DU 20 DECEMBRE 1965 PORTANT CODE FORESTIER DE LA CÔTE D'IVOIRE

L'Assemblée Nationale a adopté

Le Président de la République promulgue la Loi dont la teneur suit

TITRE I : DEFINITIONS

Article 1 : Sont considérés comme forêts les formations végétales dont les fruits exclusifs ou principaux sont les bois d'ébenisterie, d'industrie et de service, les bois de chauffage et à charbon et qui accessoirement peuvent produire d'autres matières telles que bambous, écorces, latex, résines, gommes, graines et fruits.

Article 2 : Sont considérés comme périmètres de protection :

- Les versants montagneux protégés de l'érosion par leur couvertutre végétale
- Les terrains où pourraient se produire des ravinements et éboulements dangereux
- Les bassins versants des sources

Article 3 : Sont considérés comme réboisement, les terrains plantés de main d'homme en espèce ne donnant pas de produits agricoles, ainsi que les forêts naturelles enrichies artificiellement en essence de bois d'œuvre par des travaux de plantation ou de sylviculture.

Article 4 : Les formations végétales définies aux articles 1er, 2 et 3 constituent le domaine forestier. Le domaine forestier comprend :

- Le domaine forestier de l'État
- Le domaine forestier des particuliers et des collectivités

TITRE II : DU DOMAINE PARTICULIER DE L'ÉTAT

Chapitre premier : Généralités

Article 5 : Le domaine forestier de l'État comprend les catégories suivantes :

- Forêts classées
- Forêts protégées
- Périmètres de protection
- Reboisement

Article 6 : Les forêts classées avant la date de promulgation de la présente loi le demeurent. Pourront en outre être classées les forêts indispensables :

- À la stabilisation du régime hydrographique et du climat
- À la conservation des sols
- À la satisfaction des besoins du pays en bois à usages insdustriels et traditionnels
- À la préservation des sites et à la conservation de la nature
- À la salubrité publique
- À la défense nationale

Capitre II : Des droits d'usage

Article 7 : Les droits d'usage comprennent :

- Ceux portant sur le sol forestier
- Ceux portant sur les fruits et les produits de la forêt naturelle
- Ceux à caractère commercial portant sur certains fruits et produits de la forêt naturelle.

Section I : Les droits d'usage portant sur le sol forestier, domaine classé, périmètres de protection, reboisement.

Article 8 : Les domaines classés, les périmètres de protection et les reboisements sont affranchis de tous droits d'usage portant sur le sol forestier.

Les défrichements, qu'il s'agisse d'abattage ou de débroussaillement de la végétation ligneuse, suivi ou non d'incinération sont interdits dans le domaine classé, les périmètres de protection et les reboisements.

Ils ne peuvent être autorisés temporairement en vue de l'établissement de cultures que sur les terrains destinés à être enrichis en essences forestières de valeur.

Domaine protégé

Article 9 : Les droits d'usage portant sur le sol forestier ne peuvent s'exercer que dans le domaine forestier protégé.

Article 10 : Tout citoyen ivoirien quelles que soient son ethnie et sa région d'origine peut exercer ce droit sur l'ensemble du domaine forestier protégé à condition de se conformer aux dispositions domaniales et après avoir obtenu l'autorisation de l'autorité en chargé de la gestion du domaine rural.

Article 11 : L'emprise des forêts classées sera choisie de telle sorte que des surfaces suffisantes de forêts protégées soient laissées à la disposition des populations pour assurer leurs besoins usagers en produits forestiers et l'extension de leurs cultures en relation avec l'accroissement démographique et la substitution progressive d'une agriculture sédentaire intensive aux cultures itinérantes.

Article 12 : Les droits d'usage portant sur le sol forestier peuvent être réglementés pour la mise en œuvre de de plans d'aménagement ruraux et de modernisation de l'agriculture.

Article 13 : Les droits d'usage portant sur le sol forestier peuvent être suspendus temporairement quand l'État donne aux boisements une destination qui en exclut l'exercice :

- 1) Délivrance de permis temporaires d'exploitation de bois d'œuvre ou de vente de coupes dans des régions encore peu habituées et dépourvues de cultures.
- Constitution de réserves de bois d'œuvre où l'exploitation forestière précédera obligatoirement les défrichements et les cultures.

Section 2 : Les droits d'usage portant sur les fruits et les produits de la forêt naturelle

Domaine protégé

Article 14 : Les droits d'usage portant sur les fruits et les produits de la forêt naturelle s'exercent librement dans le domaine protégé.

Domaine classé

Article 15 : Dans le domaine classé, les droits d'usage portant sur les fruits et les produits forestiers sont limités :

1) Au ramassage du bois mort
2) À la cueillette des fruits et des plantes alimentaires ou médicinales
3) À l'exploitation des bois d'industrie et de service destinés à la construction des habitations traditionnelles et des bois d'œuvre pour le façonnage des pirogues
4) Au parcours de certains animaux, qui peut être interdit dans la mesure où il présente un danger pour les peuplements.

Article 16 : Ces droits sont exercés exclusivement par les populations riveraines et restent toujours subordonnés à l'état des boisements.

Périmètres de protection et reboisements

Article 17 : Les périmètres de protection et de reboisement sont affranchis de tous droits d'usage.

Section 3 : Les droits d'usage à caractère commercial

Domaine protégé

Article 18 : L'exploitation commerciale par les usagers des produits issus des palmiers, karités, kolatiers, rotins et autres plantes ayant crû naturellement peut se faire librement dans les forêts protégées sous réserve que les récolteurs ne détruisent pas les végétaux protecteurs.

Domaine classé

Article 19 : Dans les forêts classées, l'exploitation commerciale est subordonnée à la délivrance d'un permis spécial d'exploitation indiquant les lieux et les modalités de la cueillette.

Article 20 : Les citoyens ivoiriens riverains de la forêt qui en font la demande sont prioritaires pour l'attribution du permis. S'ils ne font valoir ce droit, tout autre citoyen quelles que soient son ethnie et sa région d'origine peut en bénéficier.

Article 21 : Dans tous les cas prévus aux art. 16 et 18, les usagers pourront être tenus de contribuer au prorata des droits dont ils jouissent, à l'entretien des forêts et à la protection des végétaux producteurs.

Périmètres de protection et reboisements

Article 22 : Les périmètres de protection et les reboisements sont affranchis de tous droits d'usage à caractère commercial.

Section 4 : espèces protégées

Article 23 : Sont interdits dans le domaine forestier de l'État, sauf autorisation spéciale, l'abattage, arrachage et la mutilation des essences forestières dites protégées.

Chapitre III : De l'exploitation du domaine forestier de l'État

Article 24 : L'exploitation des forêts du domaine par les services publics ou les particuliers peut être faite :

- Soit en régie
- Soit par vente de coupes
- Soit par permis temporaire d'exploitation
- Soit par permis de coupe d'un nombre limité d'arbres, de pièces, de mètres cubes ou de stères.

<u>Article 25</u> : Pour aider à l'exécution des plans de développement économique et social du pays, l'autorité administrative pourra fixer ou réglementer :

1) Les volumes annuels de coupe de bois d'œuvre en fonction de la possibilité des peuplements.
2) Les contingents de la production de bois en grumes destinés aux besoins internes du pays, à ses industries de transformation et à l'exportation.
3) La transformation du bois en produits semi-finis ou finis.
4) Le transport, la commercialisation, le conditionnement des bois et des produits dérivés.

TITRE III : DU DOMAINE FORESTIER DES PARTICULIERS ET DES COLLECTIVITÉS

<u>Article 26</u> : Les particuliers et les collectivités propriétaires de forêts immatriculées à leur nom, y exerceront les droits résultants de leur titre de propriété. Ils ne pourront toutefois en pratiquer le défrichement qu'en vertu d'une autorisation administrative. Cette autorisation ne peut être refusée que si le défrichement est susceptible de compromettre :

1) Le maintien des terres sur les pentes
2) La défense du sol contre les érosions et les envahissements des cours d'eau
3) La protection des sources et de leurs bassins de réception
4) La protection des côtes et la constitution d'écrans contre la violence des vents
5) La conservation des sites classés
6) La salubrité publique
7) La défense nationale

<u>Article 27</u> : En cas d'infraction à l'article précédent les propriétaires pourront être mis en demeure de rétablir en nature de bois les lieux défrichés dans un délai n'excédant pas cinq années.

<u>Article 28</u> : Si les délais fixés pour la remise en état des lieux ne sont pas respectés dans les conditions prévues à l'article précédent, il pourra y être procédé par autorisation administrative aux frais du propriétaire.

<u>Article 29</u> : Le respect du domaine forestier, le reboisement et la reforestation sont un devoir pour tout citoyen. Il doit être rempli par les particuliers et les collectivités indépendamment des opérations que se réserve l'État.

Des terrains domaniaux seront mis, à cet effet, à leur disposition. Des plants et des graines d'essences forestières leur seront fournis ainsi que l'encadrement nécessaire à la bonne exécution des travaux. Ils devront par suite assurer l'entretien des boisements ainsi constitués et leur protection contre les incendies et autres dégradations dans le cadre des directives qui leur seront données.

Article 30 : Ces boisements seront soumis au même régime que les reboisements.

Article 31 : Sous réserve des obligations prévues à l'alinéa 2 de l'article 29, les collectivités au profit desquelles est entrepris le reboisement en ont l'usufruit de plein droit.

Toutefois, l'exploitation devra être exécutée conformément aux règlements établis par l'autorité administrative.

Les produits de cette exploitation pourront, soit être consacrés à la satisfaction des besoins de la collectivité, soit être livrés au commerce.

TITRE IV : RÉGLEMENTATION DES FEUX

Article 32 : Il est interdit d'abandonner un feu susceptible de se communiquer à la végétation.

Article 33 : Il est interdit de porter ou d'allumer du feu en dehors des habitations et des bâtiments d'exploitation à l'intérieur et à la distance de 500 mètres de forêts domaniales situées en bordure ou dans la zone de savane. Cependant, des fours à charbon peuvent être établis dans ces régions dans les conditions fixées par l'autorité administrative.

Article 34 : Il est interdit d'allumer des feux de brousse.

Toutefois, à titre transitoire, l'autorité administrative pourra fixer des périodes pendant lesquelles, suivant les régions, les mises à feu seront autorisées.

Ces dernières ne pourront être pratiquées que par la méthode dite des ‘‘feux précoces’’.

Article 35 : Les infractions aux dispositions du présent titre sont passibles de peines prévues à l'article 50 ci-après.

TITRE V : RÉPRESSIONS DES INFRACTIONS

Article 36 : L'autorité administrative compétente est chargée des poursuites en réparation de toutes les infractions en matière de forêts.

Les actions et poursuites sont exercées au nom de l'État et sans préjudice du droit qui appartient au ministère public.

Article 37 : Les agents habilités par l'Administration doivent être assermentés en vue de la recherche et de la constatation des infractions en matière de forêts.

Ils prêtent serment devant le Tribunal de première instance ou la Section de Tribunal de leur résidence.

Dans le cas de changement de résidence, il n'y a pas lieu à nouvelle prestation de serment.

Article 38 : Les infractions visées à l'article 36 peuvent également être constatées par les officiers de Police Judiciaires.

Article 39 : Les procès-verbaux dressés par les Agents assermentés de l'Administration font foi jusqu'à inscription de faux.

Article 40 : Dans l'exercice de leurs fonctions, les Agents assermentés obéissent aux dispositions du paragraphe premier de la section 4 du chapitre premier du titre du titre premier du Code de procédure pénale. Par exception aux dispositions de l'article 23 dudit Code, les Agents assermentés ont librement accès aux emplacements clos ou non où sont entreposés les produits forestiers.

Article 41 : Dans tous les cas où une infraction est constatée par procès-verbal, les produits de toute nature exploités ou récoltés frauduleusement peuvent être saisis ainsi que les véhicules ou embarcations qui ont servi à les transporter. Toutefois, les transporteurs, publics ne sont pas considérés, eux et leurs proposés ou agents, comme contrevenants lorsque, par une désignation exacte et régulière de leurs commettants, ils mettent l'Administration en mesure d'exercer utilement des poursuites contre les véritables auteurs de la fraude ou lorsqu'ils prouvent qu'ils n'ont commis aucune faute.

Peuvent être également saisis les animaux ayant donnés lieu d'infraction. La garde de la saisie est confiée, soit à un tiers, soit à l'autorité administrative la plus proche, soit au saisi lui- même.

Le procès-verbal de la constatation de saisie mentionne la saisie.

Article 42 : Les tribunaux peuvent prononcer la confiscation des produits, matériels ou animaux saisis qui seront vendus au profit de l'État par voie d'adjudication publique.

Article 43 : Dans tous les cas d'infractions prévus à la présente loi, l'Administration peut transiger jusqu'à expiration du délai fixé par le pourvoi en cassation.

Le jugement devenu définitif, la transaction ne peut porter que sur les condamnations pécuniaires qu'il prononce.

Article 44 : Dans le cas où elle justifie d'un préjudice causé à l'État, l'Administration peut demander des dommages et intérêts outre la condamnation pénale. Le ministère public peut également exercer l'action en dommages et intérêts accessoirement à l'action publique.

Ces dommages et intérêts ne pourront être inférieurs au montant de l'amende prononcée par le tribunal.

Article 45 : Les jugements rendus par les tribunaux de première instance sont notifiées à l'autorité administrative compétente sauf si celle-ci a été représentée à l'audience au cours de laquelle le jugement a été prononcé.

Le représentant de l'Administration peut interjeter appel dans les mêmes délais que le procureur de la république. Les délais courent soit du jour du jugement, soit de celui de la notification du jugement, selon la distinction établie par l'alinéa précédent.

Article 46 : Les arrêts rendus par la cour d'appel sont notifiés à l'autorité administrative compétente sauf si celle-ci a été représentée à l'audience au cours de laquelle l'arrêt a été prononcé.

Article 47 : Les actions en réparation de délits et contravention en matière forestière se prescrivent par un an, à partir du jour où ils ont été constatés, lorsque les prévenus sont désignés dans le procès-verbal. Dans le cas contraire, le délai de prescription est de dix-huit mois.

S'il y a infraction à la réglementation des défrichements, les actions se prescrivent par quatre ans, à dater de l'époque où le défrichement a été constaté.

Article 48 : L'exécution des sentences pénales est poursuivie conformément aux dispositions du Code de Procédures pénales. Le Trésor, outre les amendes, les confiscations et frais, est chargé du recouvrement des intérêts prononcés au profit de l'État.

Article 49 : La réparation du profit des amendes, confiscations et transactions sera déterminée par décret.

TITRE VI : INFRACTIONS ET PÉNALITÉS

Article 50 : Sans préjudice des confiscations, restitutions, remise en état des lieux et dommages et intérêts, sont passibles d'une peine de deux mois à deux ans d'emprisonnement et d'une amende de 10.000 à 1.000.000 de francs ou de l'une de ces deux peines seulement sauf les cas prévus aux articles 14, 15 et 18 :

1° Quiconque coupe, enlève, mutile, écorce ou arrache des arbres ou exploite des produits forestiers accessoires, dans un but commercial ou non, sans y être autorisé ;

2° Quiconque, en vue d'une mise en culture ou non, effectue sans autorisation un défrichement portant sur une partie du domaine forestier classé, des périmètres de protection et de reboisements ;

3° Tout acheteur de coupe ou titulaire d'un permis de coupe ou d'exploitation, ou son représentant, convaincu d'avoir abattu ou récolté dans sa coupe ou sur le terrain défini par son permis d'autres produits que ceux faisant l'objet du cahier des charges ou du permis, ou d'avoir abattu ou récolté en dehors du périmètre de sa coupe ou du terrain sur lequel porte son permis.

4° Tout acheteur de coupe ou titulaire d'un permis de coupe ou d'exploitation, ou de son représentant, qui se sera livré à des manœuvres frauduleuses quelconque tendant à faire passer comme provenant de sa coupe ou de son exploitation des bois ou autres produits forestiers coupés ou récoltés hors de son périmètre, par un tiers ou qui aura favorisé lesdites manœuvres.

5° Quiconque recèle des produits forestiers provenant d'une infraction aux dispositions de la présente loi, ou les sommes d'argent provenant de la réalisation de ces produits.

6° Quiconque n'obtempère pas à une réquisition faite en vue de combattre un incendie de forêt ou menaçant une forêt ;

7° Quiconque, par imprudence, négligence, inattention, observation des règlements, cause un incendie dans une forêt classée, un périmètre de protection ou de boisement, ou ne se conforme pas à la réglementation sur les feux, dans le domaine protégé, en cas d'incendie ou de défrichement non autorisé en vue de mise en culture, le délinquant ne sera sanctionné qu'en cas de récidive ;

8° Quiconque laisse errer les animaux dont il est propriétaire ou dont il a la garde dans les forêts classées, les périmètres de protection et les reboisements non ouverts au parcours.

Article 51 : Sous réserve des droits d'usage, toute extraction ou enlèvement non autorisé de pierre, sable, tourbes, terre, gazon, feuilles et en général de tout produit de forêts classées, non compris dans les produits énumérés à l'article premier, donnera lieu à une amende de 10 000 francs à 1.000.000 de francs. Il pourra en cas de récidive, être prononcé un emprisonnement d'un mois à deux ans.

Article 52 : Sans préjudice des confiscations, restitutions, remise en état, des lieux et dommages-intérêts, sont passibles d'une peine de six mois à trois ans d'emprisonnement et d'une amende de 50 000 à 5.000.000 de francs ou de l'une de ces deux peines seulement :

- Quiconque coupe, arrache, enlève, mutile ou endommage d'une manière quelconque des arbres ou plants naturels d'essences protégées ou introduits de main d'homme.
- Quiconque détruit, déplace ou fait disparaitre tout ou partie des bornes, marques ou clôtures servant à limiter le domaine forestier.

Article 53 : Quiconque aura contrefait ou falsifié les marques régulièrement déposées des marteaux particuliers, quiconque aura indûment procuré les marteaux véritables et en aura fait frauduleusement usage, quiconque aura enlevé ou tenté d'enlever des marques de ces marteaux sera puni d'un emprisonnement d'un mois à deux ans et d'une amende de 10 000 francs. Si ces marteaux servent aux marques de l'Administration, la peine sera de trois mois à cinq ans de prison et l'amende de 50.000 à 5. 000.000 de francs.

Article 54 : Tout acheteur de coupe ou titulaire d'un permis d'exploitation est pénalement responsable des délits commis par ses employés et ouvriers sur sa coupe ou sur le terrain sur lequel porte son permis. Pour les délits commis par des tiers, sa responsabilité est limitée aux frais de réparations civiles.

Dans ces deux cas, il peut s'affranchir de sa responsabilité en signalant les délits et en faisant connaitre les auteurs au plus tard quinze jours après la constatation du délit.

Néanmoins, il demeure toujours responsable du paiement des amendes, restitutions et dommages auxquels ses employés ou ouvriers pourraient être condamnés.

Article 55 : Outre les pénalités ci-dessus prévues, le déguerpissement immédiat devra être prescrit dans le cas de défrichement sans autorisation d'une partie du domaine forestier classé, des périmètres de protection et de reboisements.

Article 56 : (loi n°66-37 du 7 mars 1966)- Si dans une instance en réparation de délit, le prévenu excipe d'un droit de propriété ou autre droit réel, le tribunal statue sur l'incident en se conformant aux règles suivantes :

L'exception préjudicielle n'est admise que si elle est fondée soit sur un titre apparent, soit sur des faits de possession équivalents, et si elle porte sur un droit de nature à enlever tout caractère délictueux au fait ayant provoqué la poursuite.

Dans le cas de renvoi à des fins civiles, le jugement fixe un délai qui ne pourra être supérieur à trois mois pendant lequel la partie doit saisir les juges compétents, faute de quoi il doit passer outre.

Toutefois, en cas de condamnation, il sera sursis à l'exécution de la peine d'emprisonnement si elle est prononcée et le montant des amendes, restitutions et dommages-intérêts sera consigné entre les mains du Trésorier-payeur Général pour être remis à qui il sera ordonné par le tribunal statuant sur le fond du droit.

Article 57 : Quiconque aura mis volontairement obstacle à l'accomplissement des devoirs des agents de l'Administration compétente sera puni d'une amende de 50 000 à 500 000 francs et d'un emprisonnement de 6 mois à 3 ans ou de l'une de ces deux peines seulement, sans préjudice des cas constituant rébellion.

Article 58 : Toutes ces infractions à la présente loi et qui ne se trouveraient pas énumérées aux articles 50 à 53 sont des contraventions.

Article 59 : En cas de récidive, le maximum de l'amende sera toujours appliqué. Il y a récidive lorsque, dans les douze mois qui précèdent le jour où le délit a été commis, il a été prononcé contre le délinquant ou contrevenant une amende définitive pour délit ou contravention forestière.

Article 60 : En dehors des cas prévus aux alinéas 7 et 8 l'article 50 et à l'article 51, les circonstances atténuantes ne seront pas applicables aux matières réglées par la loi.

TITRE VII : MODALITÉS D'APPLICATION

Article 61 : les modalités d'application du présent code seront fixées par voies réglementaires notamment en ce qui concerne :

- La procédure de classement et de déclassement des forêts domaniales
- Les conditions d'exploitation des forêts domaniales, la procédure d'attribution, de renouvellement et d'annulation des autorisations d'exploiter.
- Les modalités de gestion et de constitution des forêts des particuliers et des collectivités et de l'aide qui peut éventuellement leur être apportée par la puissance publique
- Les conditions dans lesquelles s'effectuera la remise en état des forêts particulières ou de collectivités indûment défrichées
- Les modalités de la représentation de l'Administration devant les juridictions répressives et la procédure applicable en matière de transactions ; les modalités de mise à feu autorisées ; les possibilités de transactions sous forme de travaux forestiers.

Article 62 : La présente loi sera exécutée comme loi de l'État et publiée au Journal Officiel de la République de Côte d'Ivoire.

Fait à Abidjan le 20 décembre 1965

ANNEXE II

CÔTE D'IVOIRE FOMAINE FONCIER RURAL. LOI N° 98-750 DU 23 DÉCEMBRE 1998

[*NB - Loi n°98-750 du 23 décembre 1998 relative au domaine foncier rural Modifiée par la loi n°2004-412 du 14 août 2004*]

Chapitre 1 - Définition et composition du domaine foncier rural

Section 1 – Définition

Art.1.- Le Domaine Foncier Rural est constitué par l'ensemble des terres mises en valeur ou non et quelle que soit la nature de la mise en valeur.

Il constitue un patrimoine national auquel toute personne physique ou morale peut accéder.

Toutefois, seuls l'État, les collectivités publiques et les personnes physiques ivoiriennes sont admis à en être propriétaires.

Section 2 – Composition

Art.2.- Le Domaine Foncier Rural est à la fois :

- hors du domaine public,
- hors des périmètres urbains,
- hors des zones d'aménagement différé officiellement constituées,
- hors du domaine forestier classé.

Le Domaine Foncier Rural est composé :

➢ à titre permanent :
  - des terres propriété de l'État,
  - des terres propriété des collectivités publiques et des particuliers,
  - des terres sans maître.

- à titre transitoire :
  - des terres du domaine coutumier,
  - des terres du domaine concédé par l'État à des collectivités publiques et des particuliers.

Art.3.- Le Domaine Foncier Rural coutumier est constitué par l'ensemble des terres sur lesquelles s'exercent :

- des droits coutumiers conformes aux traditions,
- des droits coutumiers cédés à des tiers.

Chapitre 2 - Propriété, concession et transmission du domaine foncier rural

Section 1 - La propriété du domaine foncier rural

Art.4.- La propriété d'une terre du Domaine Foncier Rural est établie à partir de l'immatriculation de cette terre au registre foncier ouvert à cet effet par l'Administration et en ce qui concerne les terres du domaine coutumier par le Certificat Foncier.

Le détenteur du Certificat Foncier doit requérir l'immatriculation de la terre correspondante dans un délai de trois ans à compter de la date d'acquisition du Certificat Foncier.

Art.5.- La propriété d'une terre du Domaine Foncier Rural se transmet par achat, succession, donation entre vifs ou testamentaire ou par l'effet d'une obligation.

Art.6.- Les terres qui n'ont pas de maître appartiennent à l'État et sont gérées suivant les dispositions de l'article 21 ci-après. Ces terres sont immatriculées, aux frais du locataire ou de l'acheteur.

Outre les terres objet d'une succession ouverte depuis plus de trois ans non réclamées, sont considérées comme sans maître :

- Les terres du domaine coutumier sur lesquelles des droits coutumiers exercés de façon paisible et continue n'ont pas été constatés dix ans après la publication de la présente loi,
- Les terres concédées sur lesquelles les droits du concessionnaire n'ont pu être consolidés trois ans après le délai imparti pour réaliser la mise en valeur imposée par l'acte de concession.

Le défaut de maître est constaté par un acte administratif.

Art.7.- Les droits coutumiers sont constatés au terme d'une enquête officielle réalisée par les Autorités administratives ou leurs délégués et les conseils des villages concernés soit en exécution d'un programme d'intervention, soit à la demande des personnes intéressées.

Un décret pris en Conseil des Ministres détermine les modalités de l'enquête.

Art.8.- Le constat d'existence continue et paisible de droits coutumiers donne lieu à délivrance par l'Autorité administrative d'un Certificat Foncier collectif ou individuel permettant d'ouvrir la procédure d'immatriculation aux clauses et conditions fixées par décret.

Art.9.- Les Certificats Fonciers collectifs sont établis au nom d'entités publiques ou privées dotées de la personnalité morale ou de groupements informels d'ayants droit dûment identifiés.

Art.10.- Les groupements prévus ci-dessus sont représentés par un gestionnaire désigné par les membres et dont l'identité est mentionnée par le Certificat Foncier.

Ils constituent des entités exerçant des droits collectifs sur des terres communautaires.

L'obtention d'un Certificat Foncier confère au groupement la capacité juridique d'ester en justice et d'entreprendre tous les actes de gestion foncière dès lors que le Certificat est publié au Journal officiel de la République.

Section 2 - La concession du domaine foncier rural

Art.11.- Le Domaine Foncier Rural concédé est constitué des terres concédées par l'État à titre provisoire antérieurement à la date de publication de la présente loi.

Art.12.- Tout concessionnaire d'une terre non immatriculée doit en requérir l'immatriculation à ses frais.

La requête d'immatriculation est publiée au Journal officiel de la République. Elle est affichée à la Préfecture, à la Sous-Préfecture, au village, à la communauté rurale, à la Région, à la

Commune et à la Chambre d'Agriculture, concernés où les contestations sont reçues pendant un délai de trois mois.

À défaut de contestation et après finalisation des opérations cadastrales, il est procédé à l'immatriculation de la terre qui se trouve ainsi purgée de tout droit d'usage.

En cas de contestation, celles-ci sont instruites par l'Autorité compétente suivant les procédures définies par décret pris en Conseil des Ministres.

Art.13.- Sauf à l'Autorité administrative en charge de la gestion du Domaine Foncier Rural d'en décider autrement, l'immatriculation prévue à l'article 12 ci-dessus est faite au nom de l'État.

Les terres ainsi nouvellement immatriculées au nom de l'État sont louées ou vendues à l'ancien concessionnaire ainsi qu'il est dit à l'article 21 ci-après.

Art.14.- Tout concessionnaire d'une terre immatriculée doit solliciter, de l'Administration, l'application à son profit de l'article 21 ci-après.

Section 3 - La cession et la transmission du domaine foncier rural

Art.15.- Tout contrat de location d'une terre immatriculée au nom de l'État se transfère par l'Administration sur demande expresse du cédant et sans que ce transfert puisse constituer une violation des droits des tiers.

Les concessions provisoires ne peuvent être transférées.

La cession directe du contrat par le locataire et la sous-location sont interdites.

Art.16.- Les propriétaires de terrains ruraux en disposent librement dans les limites de l'article 1 ci-dessus.

Art.17.- Le Certificat Foncier peut être cédé, en tout ou en partie, par acte authentifié par l'Autorité administrative, à un tiers ou, lorsqu'il est collectif, à un membre de la collectivité ou du groupement dans les limites de l'article 1 ci-dessus.

Chapitre 3 - Mise en valeur et gestion du domaine foncier rural

Section 1 - Mise en valeur du domaine foncier rural

Art.18.- La mise en valeur d'une terre du Domaine Foncier Rural résulte de la réalisation soit d'une opération de développement agricole soit de toute autre opération réalisée en préservant l'environnement et conformément à la législation et à la réglementation en vigueur.

Les opérations de développement agricole concernent notamment et sans que cette liste soit limitative :

- les cultures,
- l'élevage des animaux domestiques ou sauvages,
- le maintien, l'enrichissement ou la constitution de forêts,
- l'aquaculture,
- les infrastructures et aménagements à vocation agricole,
- les jardins botaniques et zoologiques,
- les établissements de stockage, de transformation et de commercialisation des produits agricoles.

Art.19.- L'Autorité administrative, pour faciliter la réalisation des programmes de développement ou d'intérêt général peut, nonobstant le droit de propriété des collectivités et des personnes physiques, interdire certaines activités constituant des nuisances audits programmes ou à l'environnement.

Art.20.- Les propriétaires de terres du Domaine Foncier Rural autres que l'État ont obligation de les mettre en valeur conformément à l'article 18 ci-dessus. Ils peuvent y être contraints par l'Autorité dans les conditions déterminées par décret pris en Conseil des Ministres.

Section 2 - Gestion du domaine foncier rural de l'État

Art.21.- Aux conditions générales de la présente loi et des autres textes en vigueur et à celles qui seront fixées par décret, l'Administration gère librement les terres du Domaine Foncier Rural immatriculées au nom de l'État.

Art.22.- Les actes de gestion prévus à l'article 21 ci-dessus sont des contrats conclus directement entre l'Administration et les personnes concernées.

Les contrats de location sont à durée déterminée et comportent obligatoirement des clauses de mise en valeur. En cas de non-respect de ces dernières, le contrat est purement et simplement résilié ou ramené à la superficie effectivement mise en valeur.

Le non-respect de toute autre clause du contrat peut également être sanctionné par la résiliation.

Dans ce cas, les impenses faites par le locataire sont cédées par l'État à un nouveau locataire sélectionné par vente des impenses aux enchères. Le produit de la vente est remis au locataire défaillant après déduction des frais éventuels et apurement de son compte vis-à-vis de l'État.

Chapitre 4 - Dispositions financières et fiscales

Art.23.- La location des terres du Domaine Foncier Rural de l'État est consentie moyennant paiement d'un loyer dont les bases d'estimation sont fixées par la loi de Finances.

Art.24.- Les collectivités et les particuliers propriétaires de terres rurales sont passibles de l'impôt foncier rural tel que fixé par la loi.

Art.25.- En cas de non-paiement du loyer ou de l'impôt prévus aux articles 23 et 24 ci-dessus et outre les poursuites judiciaires prévues par les textes en vigueur, les impenses réalisées par le locataire constituent le gage de l'État dont les créances sont privilégiées même en cas d'hypothèque prise par des tiers.

Chapitre 5 - Dispositions transitoires

Art.26.- *(Loi n°2004-412)* Les droits de propriété de terres du Domaine Foncier Rural acquis antérieurement à la présente loi par des personnes physiques ou morales ne remplissant pas les conditions d'accès à la propriété fixées par l'article 1 ci-dessus sont maintenus. Les propriétaires concernés par la présente dérogation figurent sur une liste établie par décret pris en Conseil des Ministres.

Les droits de propriété acquis par des personnes physiques antérieurement à la présente loi sont transmissibles à leurs héritiers.

Les personnes morales peuvent céder librement les droits de propriété acquis antérieurement à la présente loi. Toutefois, si le cessionnaire ne remplit pas les conditions d'accès à la propriété fixées par l'article 1 ci-dessus, elles déclarent à l'autorité administrative le retour de ces terres au domaine de l'État, sous réserve de promesse de bail emphytéotique au cessionnaire.

Les détenteurs de certificats fonciers ruraux sur les périmètres mitoyens, individuellement et/ou collectivement, doivent être requis d'exercer avant toute transaction sur les terres appartenant aux personnes désignées par la présente loi, un droit de préemption sur les parcelles dont la cession est projetée.

Ce droit de préemption, s'exerce dans un délai de six mois à compter de l'avis de vente ou de la manifestation de la décision de vendre.

Chapitre 6 - Dispositions finales

Art.27.- La loi n°71-338 du 12 juillet 1971 relative à l'exploitation rationnelle des terrains ruraux détenus en pleine propriété et toutes dispositions contraires à la présente loi sont abrogées.

Art.28.- Des décrets fixent les modalités d'application de la présente loi.

Art.29.- La présente loi sera publiée au Journal Officiel de la République de Côte d'Ivoire et exécutée comme loi de l'État.

ANNEXE III

LE NOUVEAU CODE FORESTIER IVOIRIEN
LOI N°2014- 427 DU 14 JUILLET 2014

L'ASSEMBLÉE NATIONALE a adopté,
LE PRÉSIDENT DE LA RÉPUBLIQUE promulgue la loi dont la teneur Suit :

TITRE I : DISPOSITIONS GÉNÉRALES

CHAPITRE I : DÉFINITIONS

Article 1 : Au sens de la présente loi, on entend par :

Aménagement forestier, l'exécution de l'ensemble des opérations d'ordre technique et socio-économique ainsi que des mesures d'ordre juridique et administratif visant à assurer la pérennité de la forêt tout en permettant d'en tirer le meilleur profit ;

Boisement, l'établissement de forêts sur des terres qui n'étaient précédemment pas des terres forestières ;

Certification forestière, la procédure par laquelle une tierce dûment agréée donne assurance écrite qu'un produit, service, système, processus ou matériau forestier est conforme à des exigences spécifiques. Ces exigences sont des principes, critères et indicateurs de gestion durable des divers types de forêts ;

Concession forestière, le territoire forestier attribué à une personne morale de droit public ou de droit privé sur lequel s'exerce la convention d'aménagement de la forêt ;

Conservation, la planification et l'aménagement des ressources forestières en vue d'assurer leur utilisation à grande échelle et la continuité de leur approvisionnement tout en maintenant ou en améliorant leur qualité, leur valeur et leur diversité biologique ;

Constitution de forêts, l'opération consistant à rétablir le couvert forestier par reboisement ou régénération naturelle ;

Déboisement, l'action consistant à défricher une terre forestière, à couper ou à extirper ses végétaux ligneux en vue de changer l'affectation du sol ;

Déclassement, procédure par laquelle une forêt est désaffectée du domaine forestier public de l'État ;

Défrichement, l'action consistant à couper ou à détruire un couvert forestier ;

Diversité biologique, la variabilité des organismes vivants, de toute origine, y compris, entre autres les écosystèmes terrestres, marins, aquatiques et les complexes écologiques dont ils font partie; cela comprend la diversité au sein des espèces, entre espèces et entre écosystèmes;

Domaine forestier, l'ensemble des forêts comprenant :

- Les forêts de l'État ;
- Les forêts des collectivités territoriales ;
- Les forêts des communautés rurales ;
- Les forêts des personnes physiques et des personnes morales de droit privé

Droits d'usage forestier, les droits de prélèvement reconnus aux populations riveraines ou vivant traditionnellement à l'intérieur des forêts, qu'elles exercent individuellement ou collectivement en vue de satisfaire leurs besoins domestiques ;

Exploitant forestier, la personne morale ou physique agréée par l'administration pour assurer l'exploitation forestière, conformément aux dispositions réglementaires en vigueur ;

Exploitation forestière, l'ensemble des activités d'abattage, de façonnage et de transport de bois, qu'il s'agisse de bois d'œuvre, d'énergie ou de service, ainsi que les prélèvements dans un but économique des autres produits forestiers ;

Feux de brousse, les incendies incontrôlés et dévastateurs d'origine diverse qui surviennent en milieu rural ;

Feux précoce, les feux allumés très tôt en début de saison sèche aux fins d'aménagement des aires de formations herbeuses ;

Forêt, toute terre constituant un milieu dynamique et hétérogène, à l'exclusion des formations végétales résultant d'activités agricoles, d'une superficie minimale de 0,1 hectare portant des arbres dont le houppier couvre au moins 30% de la surface et qui peuvent atteindre à maturité une hauteur minimale de 5 mètre ;

Forêt classée, l'espace forestier défini et délimité comme tel, conformément à un texte législatif ou réglementaire, de façon à lui donner la protection légale nécessaire ;

Forêt d'expérimentation, la forêt qui a pour vocation de promouvoir le développement des connaissances forestières et sylvicoles à travers la réalisation de travaux et projets de recherche ;

Forêt de production, la forêt dont la destination principale est la production durable de bois d'œuvre, d'énergie et de service à des fins d'exploitation ;

Forêt de protection, la forêt dont la vocation de la conservation de l'écosystème, en raison de sa fragilité ;

Forêt de récréation, la forêt qui, en raison de son intérêt socio-éducatif et culturel, constitue un cadre de loisir pour la population ;

Forêt de type particulier, la forêt contenant des espèces d'arbres ou des habitats de type particulier et jouant plusieurs rôles écologiques et sociaux ;

Forêt domaniale; la forêt appartenant à l'État ou aux collectivités territoriales ;

Forêt-galerie, la forêt de type particulier où la canopée est jointive au-dessus d'un cours d'eau ou d'un petit fleuve, ce qui lui confère un type particulier de corridor biologique à la fois forestier et aquatique ;

Forêt protégée, la forêt du domaine rural qui, n'ayant pas fait l'objet d'un classement, est réglementée par les textes en vigueur ;

Forêt sacrée, l'espace boisé réservé à l'expression culturelle d'une communauté donnée et dont l'accès et la gestion sont réglementés ;

Gestion durable de la Forêt, la gestion qui prend en compte les besoins en ressources forestières des générations actuelles et futures tout en préservant les fonctions de la forêt ;

Gouvernance forestière, l'ensemble des dispositions visant la gestion durable des forêts ;

Inventaire forestier, l'évaluation et la description de la quantité, de la qualité, des caractéristiques des arbres et des milieux forestiers ;

Légalité de produit forestier, le produit de la forêt exploité, transporté, stocké, transformé ou exporté en respectant la législation nationale relative aux activités forestières, à la protection de l'environnement, aux droits des travailleurs, au commerce, notamment au paiement des taxes, à la déclaration en douane ;

Mise en défens, le technique qui consiste à mettre au repos, par des rotations périodiques, des surfaces dégradées afin d'y favoriser la restauration de l'écosystème ;

Partenariat public-privé, le mode de financement par lequel le secteur privé est associé à la gestion du domaine forestier national ;

Permis de coupe, l'autorisation accordée à un exploitant forestier ou à toute autre personne et qui porte sur un volume ou un nombre défini d'arbres à prélever dans une forêt pour un temps donné ;

Plan d'aménagement forestier, le document ou l'ensemble des documents contenant la définition des objectifs, l'inventaire des ressources végétales, des ressources animales et des infrastructures existantes, la description, la programmation et le contrôle de l'aménagement, dans le temps et dans l'espace des forêts classées ;

Plan d'aménagement forestier simplifié ; Plan d'aménagement forestier simplifié qui concerne les forêts du domaine rural et comprend :

- La description des facteurs de production et les potentialités ;
- La définition des objectifs ;
- La programmation des coupes et des travaux ;

Plan de gestion, le document contenant la programmation de toutes les opérations à entreprendre telles que les travaux et coupes, dans le temps et dans l'espace, pendant la durée d'application de l'aménagement ;

Plantation forestière, l'action de créer un peuplement en plantant des jeunes plants ou des boutures ;

Principe de précaution, principe selon lequel en cas de risques graves ou irréversibles, l'absence de scientifique absolue ne doit pas servir de prétexte pour remettre à plus tard l'adoption de mesures effectives visant à prévenir la dégradation de la forêt ;

Principe de substitution, principe selon lequel une action qui est susceptible d'avoir un impact préjudiciable sur la forêt peut être substituée à une autre qui présente un risque ou un danger moindre ;

Principe de non-dégradation des ressources naturelles, principe selon lequel pour réaliser un développement durable, il y a lieu d'éviter de porter atteinte aux ressources naturelles telles que l'eau, l'air et les sols qui, en tour état de cause, sont partie intégrante du processus de développement et ne doivent pas être prises en considération isolement. Les effets irréversibles sur les terres doivent être évités dans toute la mesure du possible ;

Principe de coopération, principe selon lequel les autorités publiques, les institutions internationales, les associations de défense des forêts et les particuliers concourent à protéger les forêts à tous les niveaux possibles, par des actions concertées et coordonnées ;

Principe pollueur-payeur, principe selon lequel toute personne physique ou morale dont les agissements ou les activités causent ou sont susceptibles de causer des dommages à la forêt est soumise à une taxe ou redevance destinée à la réparation des dommages causés. Elle assure, en outre, toutes mesures de remise en état sans préjudice d'autres sanctions prévues par la loi ;

Produit forestier, la ressource tirée de la forêt pour satisfaire divers besoins, notamment économique, sociaux, culturels et scientifiques ;

Produit forestier ligneux, le produit issu du bois ou de la transformation de cette matière,

Produit forestier non ligneux, le produit d'origine biologique autre que le bois d'œuvre et qui est tiré des forêts,

Puits de carbone, toute activité, tout processus ou mécanisme naturel ou artificiel qui élimine de l'atmosphère un gaz à effet de serre, un aérosol ou un précurseur de gaz à effet de serre ;

Reboisement, l'opération consistant à planter des essences forestières sur des terres temporairement déboisées ;

Sol forestier, le sol formé sous végétation forestière ;

Traçabilité, l'ensemble des informations nécessaires et les étapes successives d'exploitation, de transformation, de fabrication et de distribution de produits issus de la forêt ;

Valeur mercuriale, la valeur administrative de référence des produits forestiers, fixée et actualisée périodiquement par voie réglementaire sur la base du prix de marché ;

Vente de coupe, l'autorisation accordée à un exploitant forestier, en vue de la vente sur pied d'arbres préalablement identifiés.

CHAPITRE II : OBJET ET CHAMP D'APPLICATION

Article 2 : La présente loi a pour objectif de fixer les règles relatives à la gestion durable des forêts. Elle vise à :

- Renforcer, au profit des générations présentes et futures, la contribution du secteur forestier au développement durable par la promotion des fonctions environnementales, socio-économiques et culturelles des ressources forestières ;
- Préserver et valoriser la diversité biologique et contribuer à l'équilibre des écosystèmes forestiers et autre écosystèmes associés ;
- Promouvoir la participation active des populations locales, des Organisations Non Gouvernementales et des associations à la gestion durable des ressources forestières pour l'amélioration de leurs revenus et de leurs conditions de vie, par la prise en compte, en matière forestière de leurs droits individuels et collectifs qui découlent des coutumes, de la loi portant Code Foncier Rural, de la présente loi et par la vulgarisation de la politique forestière ;
- Promouvoir la création de forêts par les communautés rurales, les collectivités territoriales, les personnes physiques et les personnes morales de droit privé ;
- Valoriser les ressources forestières par une transformation plus poussée du bois et une meilleure rentabilité des produits forestiers ;
- Favoriser la constitution d'un taux de couverture forestière représentant au moins 20% de la superficie du territoire national ;
- Promouvoir une culture d'éco-citoyenneté.

Article 3 : La présente loi s'applique aux forêts et aux arbres hors forêts sur le territoire national. La présente loi ne s'applique pas à la faune ; aux Parcs Nationaux et Réserves naturelles.

TITRE II : PRINCIPES FONDAMENTAUX ET OBLIGATIONS GÉNÉRALES DE LA POLITIQUE FORESTIÈRE NATIONALE

CHAPITRE I : PRINCIPES FONDAMENTAUX DE LA POLITIQUE FORESTIÈRE NATIONALE

Article 4 : La présente loi se fonde sur les principes de gestion durable des forêts et de la diversité biologique tels que définis au chapitre I du titre I ci-dessus.

CHAPITRE II : OBLIGATIONS GÉNÉRALES DE L'ÉTAT ET DES AUTRES ACTEURS EN MATIÈRE DE POLITIQUE FORESTIÈRE NATIONALE

Article 5 : La politique forestière nationale est instituée par l'État.

Cette politique définit les orientations générales en matière forestière, qui se traduisent en plans et programmes.

Article 6 : La protection et la reconstitution des ressources forestières incombent à l'État, aux collectivités territoriales, aux communautés rurales, aux personnes physiques et personnes morales de droit privé, notamment les concessionnaires et exploitants des ressources forestières.

Article 7 : L'État prend toutes mesures nécessaires en vue de fixer les sols, de protéger les terres, berges et ouvrages contre les risques d'érosion et d'inondation, et de conserver les espèces naturelles menacées d'extinction.

Article 8 : L'État prend toutes mesures nécessaires pour que la gestion des forêts à des fins de production, de protection, de récréation, d'expérimentation et d'écotourisme soit une mise en valeur compatible avec l'aménagement du territoire.

Article 9 : L'État réalise périodiquement un inventaire forestier national en vue d'évaluer les ressources forestières, de planifier et de rationaliser leur gestion.

Article 10 : L'État prend toutes mesures nécessaires pour promouvoir la constitution de puits de carbone, en vue de réduire les gaz à effet de serre.

Article 11 : l'État assure la bonne gouvernance en matière forestière, par la mise en œuvre de la certification des forêts et la traçabilité des produits forestiers.

Article 12 : L'État réglemente l'utilisation des ressources génétiques des forêts de même que l'accès aux résultats et avantages découlant des biotechnologies issues desdites ressources.

Article 13 : L'État prend toutes mesures nécessaires pour règlementer le commerce des produits forestiers.

Article 14 : L'État prend toutes mesures nécessaires pour instituer des mécanismes de financement durables des forêts incluant le partenariat Public-Privé.

Article 15 : L'État met en œuvre les engagements découlant des conventions internationales notamment :

- La lutte contre les changements climatiques et la protection des ressources en eau
- La valorisation des fonctions environnementales de la forêt
- La règlementation de l'exploitation des ressources génétiques des forêts
- La protection des espèces menacées d'extinction.

TITRE III : CADRE INSTITUTIONNEL DES FORETS

Article 16 : En vue de la mise en œuvre de la politique forestière nationale, l'État institue des cadres de concertation pour associer les différents acteurs concernés ; notamment :

- Les populations
- Les opérateurs du secteur privé
- Les institutions de recherche
- Les partenaires au développement
- Les Organisations Non Gouvernementales
- Les communautés villageoises
- Les Collectivités territoriales.

Article 17 : L'État crée des structures de développement des forêts, d'encadrement des acteurs de la filière, de conseil scientifique à but consultatif, de formation et de recherche en matière forestière.

Article 18 : L'État prend toutes mesures nécessaires pour instituer des mécanismes de financement pour la gestion durable des forêts, notamment :

- Un fonds forestier national
- Des partenariats Public-Public

TITRE IV : STATUTS DES FORETS

CHAPITRE I : CADRE JURIDIQUE

Article 19 : L'ensemble des forêts, sur toute l'étendue du territoire national, fait partie du patrimoine national auquel toute personne physique ou personne morale peut accéder.

Toutefois, seul l'État, les Collectivités territoriales, les communautés rurales et les personnes physiques ivoiriennes sont admis à en être propriétaires.

Article 20 : Les produits issus des forêts naturelles ou plantées ; des reboisements et des enrichissements de jachères comprises dans les terres régulièrement concédées en vertu de la législation foncière, appartiennent à leurs concessionnaires.

Les droits attachés à ces forêts sont exercés dans le respect des dispositions du présent projet de loi.

Article 21 : Les arbres situés soit dans un village, soit dans son environnement immédiat, soit dans un champ collectif ou individuel, sont la propriété collective du village ou celle de la personne à laquelle appartient le champ. Ces arbres peuvent faire l'objet d'une cession en faveur des tiers.

Les modalités de détermination des arbres sans l'alinéa précédent sont déterminées par voie réglementaire.

CHAPITRE II : CLASSIFICATION DES FORETS SELON LE RÉGIME DE PROTECTION

Article 22 : En fonction du régime de protection, le domaine forestier national comprend les forêts classées et les forêts protégées, telles que définies à l'article 1 de la présente loi.

Section 1 : Domaine forestier classé.

Article 23 : Le domaine forestier classé est constitué de forêts classées, lesquelles comprennent selon les objectifs principaux fixés :

- Les forêts de protection ;
- Les forêts de production ;
- Les forêts de récréation ;
- Les forêts d'expérimentation.

Article 24 : Peuvent être classées, les forêts créées ou maintenues en l'état pour :

- La stabilisation du régime hydrique et du climat ;
- La protection des sols et des pentes contre l'érosion ;
- La protection de la diversité biologique et de l'environnement humain ;

• La satisfaction durable des besoins en produits forestiers ;

• La protection et le renforcement des berges des cours d'eau ;

• Toutes autres fins jugées utiles par l'autorité compétente.

Les espaces devenus indispensables pour la protection des berges, des pentes et des bassins versants font partie du domaine forestier de l'État. Leur gestion est déterminée par voie réglementaire.

Article 25 : Les forêts sont classées au nom de l'État ou des Collectivités territoriales par voie légale, pour les forêts du domaine forestier public telles que définies aux articles 30 et 34 du présent de loi et par voie réglementaire pour les forêts du domaine privé mentionnées aux articles 31 et 35 de la présente loi.

L'acte de classement détermine la dénomination de la forêt concernée, sa localisation et ses limites exactes, sa superficie, sa vocation, son régime de propriété, les restrictions et les droits d'usage auxquels elle est soumise.

Article 26 : Les forêts classées sont susceptibles de déclassement partiel ou total dans les mêmes procédures et formes que leur classement.

L'acte de déclassement indique la superficie concernée, ses limites exactes de même que son affectation ou sa destination.

Section 2 : Domaine forestier protégé

Article 27 : Le domaine forestier protégé comprend :

• Les forêts non classées de l'État et des Collectivités territoriales ;

• Les forêts des personnes physiques ;

• Les forêts des personnes morales de droit privé ;

• Les forêts situées sur des terres sans maître.

Article 28 : Les forêts du domaine rural qui n'ont pas fait l'objet d'un acte de classement sont des forêts protégées soumises à un régime juridique moins restrictif sur les droits d'usage.

CHAPITRE III : CLASSIFICATION DES FORETS SELON LE RÉGIME DE PROPRIÉTÉ

Section 1 : Domaine forestier de l'État

Article 29 : Le domaine forestier de l'État est composé d'un domaine forestier public et d'un domaine forestier privé comprenant :

• Les forêts classées en son nom ;

• Les forêts protégées situées sur des terres non immatriculées ;

• Les forêts protégées situées sur des terres sans maître.

Article 30 : Font partie du domaine forestier public de l'État les forêts de protection, de récréation et d'expérimentation, classées en son nom.

Article 31 : Font partie du domaine forestier privé de l'État les forêts de production, les forêts protégées situées sur des terres non immatriculées et les forêts protégées situées sur des terres sans maître.

Article 32 : Les produits forestiers non situés dans le domaine forestier national, notamment, les arbres hors forêts, appartiennent aux personnes physiques ou morales à qui la législation domaniale et foncière reconnaît un droit de propriété ou des droits coutumiers sur la terre.

La propriété des produits forestiers prévus à l'alinéa précédent et situés sur une terre sans maître revient à l'État.

Section 2 : Domaine forestier des Collectivités territoriales

Article 33 : Le domaine forestier des Collectivités territoriales comprend :

- Les forêts classées en leur nom ;
- Les forêts protégées situées sur les terres immatriculées en leur nom.

Le domaine forestier des Collectivités territoriales est composé d'un domaine forestier public et d'un domaine forestier privé.

Article 34 : Font partie du domaine forestier public des Collectivités territoriales les forêts de protection, de récréation et d'expérimentation classées en leur nom.

Article 35 : Font partie du domaine forestier privé des Collectivités territoriales :

- Les forêts de production classées en leur nom ;
- Les forêts protégées situées sur les terres immatriculées en leur nom.

Section3 : Domaine forestier des personnes physiques et des personnes morales de droit privé

Article 36 : Les forêts des personnes physiques sont constituées par :

- Les forêts naturelles situées sur des terres sur lesquelles elles jouissent d'un droit de propriété ou de droits coutumiers, conformément à la législation domaniale et foncière ;
- Les plantations forestières créées sur des terres immatriculées en leur nom ou sur des terres occupées en vertu d'un bail ;
- Les forêts acquises.

Les procédures de constitution des forêts des personnes physiques sont fixées par voie réglementaire.

Article 37 : Les forêts des personnes morales de droit privé sont constituées par :

• les forêts naturelles situées sur des terres sur lesquelles elles jouissent d'un droit de propriété ou de droits coutumiers conformément à la législation domaniale et foncière ;

• les plantations forestières créées sur des terres immatriculées en leur nom ou sur des terres occupées en vertu d'un bail ;

• les forêts acquises.

Les procédures de constitution des forêts des personnes morales de droit privé sont fixées par voie réglementaire.

Article 38 : Les forêts reconstituées dans le domaine forestier national appartiennent aux propriétaires des forêts concernées. En cas de cession des produits forestiers, les concessionnaires forestiers qui ont réalisé les reboisements, les mises en défens et les régénérations naturelles, bénéficient d'un droit de préemption.

Article 39 : Toutes les forêts doivent faire l'objet d'un enregistrement auprès de l'Administration forestière.

Les modalités de cet enregistrement sont déterminées par voie réglementaire.

Section 4 : Domaine forestier des communautés rurales

Article 40 : Les forêts des communautés rurales sont des forêts protégées appartenant à une ou plusieurs communautés rurales. Elles sont composées de catégories suivantes :

• les forêts naturelles situées sur des terres sur lesquelles les communautés rurales jouissent d'un droit de propriété ou de droits coutumiers conformes à la législation domaniale et foncière ;

• les plantations forestières créées sur des terres immatriculées au nom des communautés rurales ou sur des terres occupées par celles-ci en vertu de la coutume locale ou d'un bail ;

• les forêts cédées aux communautés rurales par l'État, les Collectivités territoriales ou les personnes physiques ou morales de droit privé ;

• les forêts acquises.

Les procédures de constitution des forêts des communautés rurales sont fixées par voie règlementaire.

Article 41 : Les forêts de type particulier des communautés rurales sont les forêts sacrées.

Les forêts sacrées des communautés rurales sont inscrites en leur nom dans un registre tenu par l'Administration forestière.

TITRE V : DROITS D'USAGE FORESTIER

CHAPITRE I : PRINCIPES GÉNÉRAUX

Article 42 : Les prélèvements au titre des droits d'usage forestier doivent se faire dans le respect des principes de gestion durable des forêts.

Article 43 : Les droits d'usage forestier ne s'étendent pas au sous-sol.

Article 44 : Les droits d'usage forestier ne s'appliquent pas aux forêts des communautés rurales, aux forêts des personnes physiques et aux forêts des personnes morales de droit privé.

L'exercice des droits d'usage forestier ne peut être restreint ou suspendu par le plan d'aménagement de la forêt concernée.

Les droits d'usage forestier peuvent s'exercer dans les forêts faisant l'objet de concession d'aménagement sans que le concessionnaire ne puisse prétendre à une quelconque compensation.

Article 45 : Les produits forestiers prélevés en vertu des droits d'usage forestier ne donnent lieu au paiement d'aucune taxe ou redevance à l'Administration forestière.

CHAPITRE II : PRINCIPES SPÉCIFIQUES AUX DROITS D'USAGE FORESTIER

Article 46 : Dans les forêts classées, les droits d'usage forestier sont limités :

- au ramassage du bois mort et de la paille ;
- à la cueillette des fruits, des plantes alimentaires ou médicinales, des racines et des feuilles ;
- à la récolte du miel, des gommes, résines, champignons et autres produits forestiers ;
- au prélèvement du bois destiné à la construction des habitats traditionnels et à l'artisanat non lucratif ;
- au prélèvement d'eau de consommation ;
- au parcours des animaux domestiques à condition qu'ils ne présentent aucun danger pour les peuplements forestiers, à la génération et aux plantations forestières ;
- au prélèvement d'animaux et insectes non protégés en vue de leur consommation et non à des fins commerciales ;
- à l'accès aux sites sacrés.

Article 47 : Les forêts du domaine public de l'État et des Collectivités territoriales sont affranchies de tout droit d'usage portant sur le sol forestier. Les défrichements qu'ils soient manuels ou mécanisés, y sont formellement interdits.

Dans le domaine forestier privé de l'État et des Collectivités territoriales, les droits d'usage portant sur le sol forestier sont exercés dans les conditions fixées par décret pris en Conseil des Ministres.

Article 48 : Les forêts sacrées font l'objet de droits d'usage forestier admis par les us et coutumes.

TITRE VI : PROTECTION ET CONSERVATION DES FORETS

CHAPITRE I : MESURES GÉNÉRALES DE PROTECTION ET DE CONSERVATION DES FORETS

Article 49 : La reconstitution et la création des forêts sont assurées par la mise en défens, la régénération naturelle, le reboisement et la conduite des rejets. Elles sont réalisées selon les normes techniques définies et mises en œuvre sous le contrôle de l'Administration forestière.

Article 50 : L'importance ou l'exportation de spécimens de plantes forestières, de semences et de ressources génétiques forestières ainsi que les introductions d'espèces en provenance de la mer sont soumises à l'autorisation préalable de l'Administration forestière.

Les conditions d'importation, d'exportation et d'introduction de tout spécimen de plante ou de faune en provenance de la mer sont précisées par décret pris en conseil des Ministres.

Article 51 : Sous réserve des dispositions prévues à l'article 47 de la présente loi, les défrichements dans le domaine forestier national ne peuvent s'exercer que sur autorisation de l'Administration forestière.

Article 52 : Tout projet de défrichement, susceptible de porter atteinte au domaine forestier national, est soumis à l'autorisation préalable de l'Administration forestière. Le caractère industriel du défrichement est précisé par voie règlementaire.

Article 53 : Est interdit, sur toute l'étendue du domaine forestier national, tout déplacement, brisement ou enlèvement de bornes servant à délimiter les forêts.

Article 54 : L'abattage des arbres ayant servi au renforcement de la matérialisation des limites forêts est soumis à l'autorisation préalable de l'Administration forestière.

Article 55 : Sont interdits, dans le domaine forestier national, sauf pour des raisons scientifiques ou d'intérêt public et après autorisation de l'Administration forestière, l'abattage, l'arrachage et la mutilation d'espèces forestières protégées.

Article 56 : Sont interdits, sur toute l'étendue du domaine forestier national, le déversement ou l'introduction de substances et d'espèces dangereuses ou nocives.

Article 57 : La liste des espèces protégées est établie par voie règlementaire et fait l'objet de mise à jour périodique.

Article 58 : L'emprise des forêts classées dans chaque région ou localité est choisie de telle sorte que des superficies suffisantes de forêts protégées soient laissées à la disposition des populations pour la satisfaction de leurs besoins domestiques et pour les activités socio-économiques.

Toutefois, les limites des forêts classées antérieurement à l'adoption de la présente loi demeurent inchangées.

Article 59 : Tout déboisement, sur une distance de vingt-cinq mètres de large de part et d'autre de la limite supérieure des crues des cours d'eau, est interdit.

Article 60 : Afin de protéger la diversité biologique forestière, l'Administration forestière peut, sur toute l'étendue du domaine forestier national, mettre en réserve certaines espèces ou édicter toutes restrictions jugées utiles.

CHAPITRE II : PROTECTION DES FORETS

Section 1 : Contrôle du déboisement

Article 61 : Toute activité susceptible d'entrainer le déboisement d'une partie du domaine forestier protégé de l'État et des collectivités territoriales est soumise à autorisation préalable de l'Administration forestière.

Pour les forêts des personnes physiques et personnes morales de droit privé et des communautés rurales, l'autorisation est accordée par l'administration forestière locale.

Article 62 : Sous réserve des déboisements nécessaires à la réalisation des pistes et autres infrastructures prévues par le plan d'aménagement, le déboisement de tout ou partie d'une forêt classée est subordonné à un déclassement préalable dans les conditions prévues par la présente loi.

Section 2 : Contrôle des feux de brousse et incendies de forêts

Article 63 : La protection des forêts contre les feux de brousse et les incendies des forêts est un devoir national. Elle constitue une obligation pour l'État, les collectivités territoriales, les communautés rurales, les opérateurs économiques et les populations.

Toute personne constatant la présence d'un feu en forêt est tenue d'en aviser immédiatement l'autorité locale ou Administrative la plus proche ou le cas échéant, les services compétents en matière de lutte contre les incendies.

Article 64 : Sur toute l'étendue du territoire national, il est interdit de provoquer un feu susceptible de se propager au domaine forestier ou à la brousse ou d'abandonner un feu non éteint.

Toutefois, l'allumage d'un feu à proximité des habitations ou à l'intérieur des forêts, notamment pour la fabrication de charbon, doit se faire conformément aux dispositions règlementaires en vigueur.

Article 65 : Dans les zones ou la végétation le permet et en vue d'assurer la protection du domaine forestier ou de régénérer les pâturages, les mise à feu précoces sont autorisées par arrêté préfectoral, sur proposition de l'Administration forestière locale.

Les modalités de l'usage des feux précoces sont fixées par décret pris en conseil des ministres.

Article 66 : En cas d'incendie des forêts ou de feux de brousse, les autorités compétentes doivent prendre toutes mesures nécessaires pour lutter contre le feu.

Article 67 : Les collectivités territoriales sont tenues d'élaborer et de mettre en œuvre, avec la participation des populations et sous la supervision de l'Administration forestière, un programme de défense de la forêt et de lutte contre les feux de brousse.

CHAPITRE III : CONSERVATION DES FORETS

Section 1 : Aménagement des forêts domaniales

Article 68 : Les forêts domaniales sont aménagées selon des modalités déterminées par l'Administration forestière.

Article 69 : Les collectivités territoriales assurent l'aménagement de leur domaine forestier sous le contrôle de l'Administration forestière.

Article 70 : Dans leur ressort territorial, les collectivités territoriales sont tenues d'élaborer et de mettre en œuvre, en conformité avec la politique forestière nationale, des programmes d'aménagement forestier dans un cadre de gestion participative et durable.

Article 71 : Toute activité de gestion d'exploitation dans les forêts de l'État et des collectivités territoriales est subordonnée à l'existence préalable d'un plan d'aménagement forestier ou d'un plan d'aménagement forestier simplifié et approuvé par l'Administration forestière.

Section 2 : Aménagement des forêts des personnes Physiques ivoiriennes

Article 72 : Les personnes physiques et les personnes morales de droit privé ivoirien, propriétaire de forêts, sont tenues d'élaborer un plan d'aménagement forestier simplifié en vue de leur gestion durable.

Le plan d'aménagement forestier simplifié est élaboré et mis en œuvre sous le contrôle et l'assistance de l'Administration forestière.

L'élaboration du plan d'aménagement forestier simplifié exige une superficie minimale déterminée en concertation avec les partenaires concernés et fixée par voie réglementaire.

Article 73 : Les personnes physiques et personnes morales de droit privé ivoirien, propriétaires de forêts, exercent leur droit de propriété sur les produits de toute nature, à l'exclusion des produits miniers et des espèces de faune et de flore protégées.

Article74 : Les personnes physiques et personnes morales de droit privé ivoirien, propriétaires de forêts, bénéficient d'un droit de préemption en cas de cession des droits sur les ressources naturelles autres que les ressources forestières situées dans lesdites forêts.

Section 3 : Aménagement des forêts des communautés rurales

Article 75 : Les forêts sacrées et les forêts des communautés rurales sont gérées conformément aux us et coutumes desdites communautés.

Toutefois, les communautés rurales peuvent élaborer des plans d'aménagement forestier simplifié en vue d'assurer la gestion durable des forêts dont elles sont propriétaires.

Article 76 : L'Administration forestière peut être sollicitée pour la réalisation de plans d'aménagement forestier simplifiés des forêts des communautés rurales. Les conditions de cette sollicitation sont définies par voie règlementaire.

Le plan d'aménagement forestier simplifié fait l'objet de validation l'Administration forestière.

Article 77 : Les communautés rurales, propriétaires de forêts, exercent leur droit de propriété sur les produits de toute nature, à l'exception des produits miniers et des espèces de faune et de flore sauvages protégées.

Article 78 : Les gestionnaires des forêts sacrées, inscrites au registre forestier prévu à l'article 41 de la présente loi, peuvent bénéficier de l'assistance de l'Administration forestière ou de toute autre structure autorisée par elle pour la protection et l'aménagement desdites forêts.

TITRE VII : EXPLOITATION, VALORISATION, PROMOTION ET COMMERCIALISATION DES PRODUITS FORESTIERS

CHAPITRE I : EXPLOITATION DES PRODUITS FORESTIERS

Article 79 : Toute exploitation de forêts doit être conforme aux principes de la gouvernance forestière.

Article 80 : Tout exploitant forestier est tenu d'obtenir un agrément délivré par le Ministre chargé des forêts, préalablement à l'exercice de sa profession.

L'agrément d'exploitant forestier est strictement personnel et ne peut faire l'objet de cession, sous peine de sanctions prévues par la présente loi.

Article 81 : La location de l'agrément ou le transfert du code d'exploitant forestier est soumis à l'autorisation de l'Administration forestière.

Article 82 : L'agrément d'exploitant forestier est accordé à titre onéreux.

Article 83 : Les conditions d'obtention de l'agrément d'exploitant forestier sont déterminées par le décret pris en conseil des Ministres.

Article 84 : Toute concession ou tout contrat d'exploitation forestière, hormis les droits d'usage forestier, doit être assorti d'un cahier des charges.

Article 85 : Dans les forêts classées, l'exploitation commerciale est soumise :

- à la délivrance, par le gestionnaire desdites forêts, d'un permis d'exploitation spécial assorti d'un cahier de charge indiquant les lieux, les modalités et la durée d'exploitation ;
- à l'existence d'un contrat d'exploitation forestière ou d'une concession entre le gestionnaire représentant l'État et la personne morale de droit privé.

Le permis d'exploitation, le contrat d'exploitation forestière ou la concession doivent être conformes à la règlementation en vigueur.

Article 86 : À l'expiration de la concession ou du contrat d'exploitation forestière dans les forêts classées, les investissements réalisés reviennent à l'État.

Article 87 : Les ressources génétiques du domaine forestier national ne peuvent être exploitées à des fins scientifiques ou commerciales que dans les conditions fixées par décret pris en Conseil des Ministres.

CHAPITRE II : VALORISATION ET PROMOTION DES PRODUITS FORESTIERS

Section 1 : valorisation des produits forestiers

Article 88 : L'industrie du bois regroupe toutes les activités économiques de production de biens matériels par transformation et mise en valeur de la matière première bois.

Article 89 : En vue d'une gestion durable des produits forestiers ligneux, l'État prend toutes mesures nécessaires pour encourager et responsabiliser les opérateurs économiques de la filière bois dans la constitution de leurs sources d'approvisionnement et dans le développement de complexes sylvo-industriels.

Article 90 : L'installation, l'augmentation des capacités et de la délocalisation d'usines de transformation du bois sont soumises à l'autorisation du Ministre chargé des forêts.

Article 91 : Les prélèvements aux fins de transformation des produits forestiers non ligneux ainsi que des produits ayant des vertus pharmaceutiques, agro-alimentaires ou cosmétiques sont autorisés dans les conditions fixées par voie réglementaire.

Section 2 : Promotion des produits forestiers

Article 92 : Afin de pouvoir atteindre une transformation plus poussée du bois, l'État met en place un système de taxation tenant compte du niveau d'exploitation et de transformation des espèces forestières dont les conditions et modalités sont fixées par voie réglementaire.

Article 93 : La promotion des produits forestiers est assurée pour une meilleure connaissance des ressources forestières, une diversification des produits forestiers, un développement des industries forestières et des activités de renforcement des capacités des différents acteurs de la filière.

Article 94 : L'État prend toutes mesures nécessaires pour assurer par voie réglementaire la création de centres de promotion des produits forestiers.

CHAPITRE III : COMMERCIALISATION DES PRODUITS FORESTIERS

Article 95 : Tout produit forestier ligneux destiné à l'exploitation doit être préalablement transformé sauf en cas d'autorisation spéciale accordée par décret pris en conseil des Ministres.

Article 96 : Les conditions d'importation des produits forestiers ligneux sont fixées par décret pris en conseil des Ministres.

Article 97 : L'exportation et l'importation des produits forestiers se font conformément à la réglementation en vigueur et aux traités dont la côte d'ivoire est partie.

Article 98 : L'exportation et l'importation des produits forestiers ne peuvent être exercées que par des personnes morales de droit public ou privé disposant d'un agrément à l'exportation et/ou à l'importation.

Article 99 : La nomenclature des produits forestiers est établie périodiquement selon les modalités définies par voie réglementaire.

Article 100 : La liste périodique des produits forestiers interdits d'exportation, soumis à licence d'exportation, prohibés ou placés hors quota, les valeurs mercuriales des produits forestiers disponibles et les contingentements à l'exportation du bois selon l'état de la ressource, sont établies périodiquement par un arrêté du Ministre chargé des Forêts.

Article 101 : Les conditions de commercialisation des produits forestiers sur le territoire national sont fixées par voie réglementaire.

TITRE VIII : DISPOSITION FINANCIÈRE ET FISCALE

Article 102 : L'exploitation, la transformation et la commercialisation des produits forestiers sont assujetties au paiement de droits, taxes et redevances dont les modalités sont fixées par décret pris en conseil des Ministres.

Article 103 : L'État perçoit des droits, taxes et redevances pour la cession, la location, l'exploitation, la transformation ou la commercialisation des produits forestiers.

Article 104 : Dans le cadre de ses activités, toute personne physique ou morale exerçant dans l'exploitation, la transformation, la valorisation, la promotion ou la commercialisation des produits forestiers est assujettie aux paiements des droits, taxes et redevances prévus par les textes en vigueur.

TITRE IX : POLICE FORESTIÈRE ET RÉPRESSION DES INFRACTIONS

CHAPITRE I : DISPOSITIONS GÉNÉRALES

Article 105 : Pour l'exercice des fonctions de police forestière, la qualité d'Officier de Police Judiciaire est reconnue aux agents techniques assermentés des Eaux et Forêts suivants :

- Ingénieurs des Eaux et Forêts ;
- Ingénieurs des techniques des Eaux et Forêts ;
- Techniciens supérieurs des Eaux et Forêts occupant des postes de responsabilité au niveau régional ou départemental.

Article 106 : Avant leur entrée en fonction, les agents techniques des Eaux et Forêts prêtent serment devant le tribunal de première instance ou la section de Tribunal de leur lieu de résidence.

En cas de changement de résidence, il n'y a pas lieu à nouvelle prestation de serment. Les agents techniques des Eaux et Forêts ont droit au port d'armes et de l'uniforme dans l'exercice de leurs fonctions.

Article 107 : Les agents techniques assermentés des Eaux et Forêts sont chargés de constater les infractions, en rassembler les preuves et rechercher les auteurs.

Article 108 : Les infractions en matière forestière sont constatées par les agents Techniques assermentés des Eaux et Forêts par procès-verbaux établis, sous peine de nullité, selon les modalités définies par décret pris en conseil des Ministres.

Ces procès-verbaux sont transmis au Procureur de la République et font foi jusqu'à inscription de faux.

CHAPITRE II : POURSUITE DES INFRACTIONS EN MATIÈRE FORESTIÈRE

Section 1 : Recherche des infractions

Article 109 : Sans préjudice des dispositions du Code de procédure pénale, notamment en ses articles 22 à 27, les agents techniques des Eaux et Forêts ayant la qualité d'Officier de Police Judiciaire peuvent :

- S'introduire dans les dépôts, industries forestières, périmètres d'exploitation, magasins et menuiseries pour exercer leur contrôle ;
- Visiter les gares, aérogares, trains, bateaux, aéronefs, sites ou véhicules susceptibles de contenir ou de transporter des produits forestiers ;
- Procéder à toute forme de perquisition et saisies ;
- S'introduire de jour dans les maisons, cours et enclos en cas de flagrant délit ou de présomption d'existence de produits forestiers frauduleux ;
- Exercer subséquemment un droit de suite ;
- Requérir l'appui des autres forces publiques.

Article 110 : Les agents techniques des Eaux et Forêts ayant la qualité d'Officier de Police Judiciaire peuvent décider, en cas de nécessité, de garder à vue un individu pris en flagrant délit conformément aux prescriptions des articles 53 et suivant du code de procédure pénale.

Article 111 : Conformément aux dispositions du code de procédure pénale, notamment en ses articles 56, 57 et 59 nouveau, les perquisitions et visites domiciliaires doivent se faire dans le respect du secret professionnel et des droits de défense.

Section 2 : Actions et poursuites

Article 112 : Les actions et poursuites des infractions à la législation forestière devant les juridictions compétentes sont exercées au nom de l'État par le Ministère Public.

L'administration forestière, à travers les agents techniques assermentés des Eaux et Forêts, a le droit de comparaître, d'exposer l'affaire devant les juridictions compétentes et de déposer ses conclusions écrites.

L'Agent judiciaire du Trésor public est obligatoirement cité à cette instance.

Article 113 : Les agents techniques assermentés des Eaux et Forêts, Officiers de Police Judiciaire peuvent, en cas de flagrant délit, procéder à l'arrestation de l'auteur d'une infraction et le déférer devant le procureur de la République.

Les agents techniques des Eaux et Forêts qui n'ont pas la qualité d'Officier de Police Judiciaire doivent conduire toute personne prise en flagrant délit devant un agent technique assermenté des Eaux et Forêts ayant la qualité d'Officier de Police Judiciaire ou devant l'Officier de Police Judiciaire le plus proche, qui dresse un procès-verbal et instrumente la procédure conformément aux dispositions du Code de procédure pénale.

Article 114 : Les mesures complémentaires prononcées par les juridictions compétentes, notamment le déguerpissement et la destruction de plantations situées dans le domaine forestier national, sont exécutées par les agents chargés de la police forestière, à compter du jour où la décision est devenue définitive.

L'Administration forestière veille à l'exécution des décisions de Justice rendues en matière d'infraction à la législation forestière.

Article 115 : Dans le cas où elle justifie d'un préjudice causé à l'État, l'Administration forestière peut demander des dommages et intérêts en plus de la condamnation pénale. L'action en dommages et intérêts peut également être menée par le Ministère Public accessoirement à l'action publique.

Article 116 : Si, à l'occasion d'un procès, le prévenu invoque un droit de propriété ou un autre droit réel, la juridiction saisie statue sur l'incident en se conformant aux règles suivantes:

- L'exception préjudicielle n'est admise que si elle est fondée soit sur un titre apparent, soit sur des faits de possession équivalents, et si elle porte sur un droit de nature à enlever tout caractère délictueux au fait ayant provoqué la poursuite ;
- Dans le cas de renvoi à des fins civiles, le juge fixe un délai qui ne peut être supérieur à trois mois, durant lequel la partie qui a soulevé l'exception préjudicielle doit saisir la juridiction compétente pour justifier de ses prétentions faute de quoi, il sera passé outre.

Toutefois, en cas de condamnation, il sera sursis à l'exécution de la peine d'emprisonnement si elle est prononcée et le montant des amendes, restitutions et dommages-intérêts sera consigné entre les mains du Trésorier Payeur Général pour être remis à qui il sera ordonné par la juridiction statuant sur le fond du droit.

Article 117 : L'exécution des sentences pénales est poursuivie conformément aux dispositions du Code de Procédure Pénale.

Le Trésor public est chargé, outre les amendes, confiscation et frais, du recouvrement des intérêts prononcés au profit de l'État.

La contrainte par corps est prononcée de droit pour les recouvrements des sommes dues au titre des amendes et produits indiqués à l'alinéa 2 ci-dessus.

Article 118 : La répartition du profit des amendes, confiscations et transactions est déterminée par décret pris en conseil des Ministres.

Section 3 : Transactions

Article 119 : Dans tous les cas d'infractions prévues à la présente loi, l'Administration forestière peut transiger jusqu'à expiration du délai fixé pour le pourvoi en cassation.

Après décision judicaire définitive, les transactions ne peuvent porter que sur les modalités de réparation pécuniaire.

La transaction n'a d'effet juridique qu'après signature conjointe de l'acte de transaction par l'autorité compétente et le délinquant. La procédure et le barème des transactions ainsi que les agents habilités à transiger sont déterminés par décret pris en Conseil des Ministres.

Article 120 : La transaction entraîne une suspension des poursuites ou de l'exécution de la décision judiciaire.

Les actions et poursuites ne prennent fin qu'après paiement intégral du montant retenu ou exécution des travaux prévus dans le délai fixé par l'acte de transaction.

Article 121 : Lorsque la transaction intervient au cours de l'instance judiciaire ou après décision judiciaire, une copie de celle-ci est adressée au Ministre public, qui en tire les conséquences de droit.

En cas de non-respect par le contrevenant des termes de la transaction, l'Administration forestière informe par écrit le Ministère public afin de lui permettre de reprendre définitivement l'instance judiciaire en cours ou l'exécution de la décision.

Article 122 : Toute transaction est interdite en cas de récidive du délinquant.

Section 4 : Saisies et confiscations

Article 123 : Dans tous les cas où une infraction est constatée par procès-verbal, sont saisis :

- Les produits exploités ou récoltés frauduleusement ;
- Les véhicules, embarcations ou tout autre moyen ayant servi à transporter les produits frauduleux ;
- Les outils, engins, armes et instruments ayant servi à commettre l'infraction.

Article 124 : Les objets saisis sont déposés, dans les plus brefs délais, au service forestier le plus proche du lieu de la saisie. Lorsqu'il est impossible de joindre immédiatement le service forestier le plus proche, ou s'il n'en existe pas dans la localité, la garde des objets saisis est confiée soit au saisi lui-même, soit à un tiers.

En cas de perte ou de détérioration de l'objet saisi, par la faute du contrevenant ou du tiers, la juridiction saisie détermine à la charge de celui-ci la valeur de la restitution sans préjudice du dommage causé et des peines prévues par de Code pénal.

En cas de perte ou de détérioration de l'objet saisi consécutives à un cas de force majeure dûment constaté par la juridiction saisie, la responsabilité de l'Administration forestière ne peut être engagée.

Article 125 : Les juridictions peuvent prononcer la confiscation des produits et matériels saisis, au profit de l'État. Sont obligatoirement confisqués les produits forestiers obtenus ou prélevés sans autorisation ou faisant l'objet d'une commercialisation frauduleuse.

Article 126 : Tout produit forestier saisi confisqué est vendu par l'Administration forestière, par adjudication publique. L'Administration forestière procède à la vente immédiate des produits périssables. Elle peut également les céder à des organisations sociales ou à des œuvres de bienfaisance ou des établissements pénitentiaires.

CHAPITRE III : RÉPRESSION DES INFRACTIONS

Session 1 : Infractions relatives à l'exploitation, à la transformation et à la commercialisation

Article 127 : Est puni d'un emprisonnement d'un à six mois et d'une amende de 50 000 à 250 000 francs CFA ou de l'une de ces deux peines seulement, quiconque :

- Fait des prélèvements en violation des droits d'usage et du plan d'aménagement de la forêt concernée ;
- Empêche l'exercice régulier des droits d'usage.

Article 128 : Est puni d'un emprisonnement de trois à un an et d'une amende de 500 000 à 5 000 000 de francs CFA ou de l'une de ces deux peines seulement, quiconque :

- Exploite du bois autre que le bois d'œuvre sans autorisation dans le domaine forestier protégé ;
- Loue son agrément ou son titre d'exploitation sans autorisation préalable de l'Administration forestière ;
- Abandonne du bois d'œuvre abattu dans des conditions interdites par les textes en vigueur ;
- Viole les dispositions réglementaires relatives à l'exploitation du charbon de bois ;
- Fait circuler des produits de coupes de bois de service, de feu ou à charbon et de fascinage sans documents de circulation ;
- Constitue un dépôt frauduleux de produits forestiers ;

• Viole la réglementation relative aux documents de circulation des produits de coupes de bois de service, de feu ou à charbon et de fascinage ;
• Fait l'exploitation forestière sans plan d'aménagement simplifié ;
• Fait l'exploitation forestière sans plan d'aménagement ;
• Ne respecte pas le plan d'aménagement d'une forêt ;
• Ne respecte pas les quotas d'exploitation, d'exportation ou de reboisement.

Article 129 : Est puni d'un emprisonnement de trois mois à deux ans et d'une amende de 1 000 000 à 10 000 000 de francs CFA ou de l'une de ces deux peines seulement, quiconque :

• Exploite du bois d'œuvre et d'ébénisterie par substitution d'une unité forestière à une autre ou d'une Essence à une autre ;
• Fait de l'exploitation en dehors des limites affectées au titre d'exploitation ;
• Recèle des produits forestiers provenant d'une infraction aux dispositions de la présente loi ;
• Abandonne des billes sur les lieux de coupe ou long des routes et parcs, cours d'eau et plages ;
• Viole la réglementation relative au marquage des bois en grumes ou des souches ;
• Déclare un cubage inférieur au cubage réel ;
• Procède à l'empotage et l'embarquement des produits forestiers sans autorisation ;
• Viole la réglementation relative à la circulation et au transport des bois en grumes.

Article 130 : Est puni d'un emprisonnement de cinq mois à trois ans et d'une amende de 2 000 000 à 20 000 000 de francs CFA ou l'une de ces deux peines seulement, quiconque :

• Coupe ou arrache sans autorisation des arbres plantés de main d'homme ;
• Coupe, mutile ou détruit d'une manière quelconque des espèces forestières protégées ;
• Exploite du bois d'œuvre ou d'ébénisterie sans autorisation dans le domaine forestier classé;
• Échange ou cède son titre d'exploitation ;
• Fait de l'exploitation de produits forestiers en dessous du diamètre de référence ;
• Viole la réglementation relative à la déclaration de la production ou des taxes forestières ;
• Vend, importe ou exporte des produits forestiers sans autorisation.

Article 131 : Est puni d'un emprisonnement d'un à cinq ans et d'une amende de 3 000 000 à 50 000 000 de Francs CFA ou l'une de ces deux peines seulement, quiconque :

- Fait de l'exploitation forestière dans le domaine forestier public ;
- Fait du sciage à façon ;
- Installe une unité de transformation sans agrément ;
- Augmente sans autorisation préalable la capacité de production d'une industrie agréée.

Article 132 : Est puni d'un emprisonnement d'un à cinq ans et d'une amende de 5 000 000 à 50 000 000 de francs CFA, quiconque :

- Contrefait ou falsifie les marques régulièrement déposées des marteaux particuliers ;
- Fait usage de marteaux contrefait ou falsifiés ;
- Se procure indûment des marteaux et en fait frauduleusement usage ;
- Enlève les marques des marteaux.

Lorsque ces marteaux servent aux marques de l'Administration forestière, la peine est portée au double.

Section 2 : Infractions relatives à la dégradation du domaine forestier

Article 133 : Est puni d'un emprisonnement de deux mois à un an et d'une amende de 100 000 à 1 000 000 de francs CFA, quiconque :

- Fait des défrichements ou cultures dans les zones affectées à la constitution de forêts ;
- Construit une habitation dans une forêt de protection ;
- Procède à un déboisement non autorisé dans le domaine forestier protégé ;
- Ébranche, émonde et effeuille sans autorisation des essences protégées.

Article 134 : Est puni d'un emprisonnement de quatre mois à trois ans et une amende de 250 000 à 5 000 000 de francs CFA, quiconque :

- Fait des défrichements ou des cultures dans un domaine forestier classé ;
- Crée une zone habitée dans un domaine forestier classé ;
- Procède à un déboisement non autorisé dans un domaine forestier classé ;
- Laisse divaguer des animaux domestiques dans le domaine forestier classé non ouvert au parcours ;
- Ébranche, émonde, écorce et effeuille des essences protégées ou situées dans un domaine forestier classé ;
- Vend ou achète une portion de forêts classées.

En cas de défrichement, de culture ou de création de campement dans une forêt classée, le déguerpissement du délinquant est ordonné par la décision de condamnation.

Article 135 : Est puni d'un emprisonnement de six mois à cinq ans et d'une amende de 300 000 à 10 000 000 de francs CFA, quiconque, dans le domaine forestier public :

- Fait des défrichements ou des cultures ;
- Crée une zone habitée ;
- Procède à un déboisement non autorisé ;
- Ébranche, émonde, écorce et effeuille des espèces de plantes protégées.

Aux auteurs des infractions prévues aux points a, b, et c ci-dessus, les dispositions de l'article 133 du Code pénal relatives au sursis ainsi que des articles 117 et 118 du Code pénal afférentes aux circonstances atténuantes ne sont pas applicables.

Article 136 : Sans préjudice des sanctions prévues par la présente loi, la décision de condamnation ordonne :

- Le reboisement aux frais du délinquant d'une superficie équivalente à celle qui a été déboisée ou détruite ;
- Le déguerpissement du délinquant en cas de défrichement ou de culture dans le domaine forestier public.

Article 137 : Est passible d'un emprisonnement de trois à un an et d'une amende de 50 000 à 500 000 de francs CFA ou de l'une de ces deux peines seulement, quiconque, par imprudence ou négligence, cause un incendie dans le domaine forestier national.

Article 138 : Est passible d'un emprisonnement d'un à dix an et d'une amende de 1 000 000 à 50 000 000 de francs CFA et ou de l'une de ces peines seulement, quiconque provoque volontairement un ou des incendies sur tout ou partie du domaine forestier national.

La peine est portée au double :

- En cas de perte en vie humaine ;
- Lorsque le feu a détruit des plantations, élevages, habitations, installations industrielles, infrastructures et autres équipements ;
- Lorsqu'il s'agit du domaine forestier public.

Article 139 : Est passible d'un emprisonnement de quinze jours à six mois et d'une amende de 20 000 à 500 000 francs CFA ou de l'une de ces deux peines seulement, quiconque viole la réglementation relative aux feux de brousse et incendies de forêt ou les règles d'usage locales de lutte contre les sinistres.

Article 140 : Est passible d'un emprisonnement de trois mois à un an et d'une amende de 1 00 000 à 500 000 francs CFA ou de l'une de ces peines seulement, quiconque n'obtempère pas à une réquisition verbale ou écrite de l'Autorité compétente en particulier en cas de lutte contre un incendie menaçant une forêt.

Section 3 : Infractions diverses

Article 141 : Est puni d'un emprisonnement de deux mois à un an et d'une amende de 100 000 à 1 000 000 de francs CFA ou de l'une de ces deux peines seulement, quiconque brise, détruit, déplace ou fait disparaître tout ou partie des bornes, marques ou clôtures délimitant les forêts.

Article 142 : Est puni d'une amende de 500 000 à 2 000 000 de francs CFA, tout exploitant forestier ou industriel du bois qui fait de fausses déclarations ou qui ne fournit pas à l'Administration forestière, dans les délais prescrits, les informations et les documents techniques et comptables requis par les textes en vigueur.

La décision de condamnation peut être assortie du retrait de l'agrément.

Article 143 : Est puni d'un emprisonnement de trois mois à cinq ans et d'une amende de 2 000 000 à 20 000 000 de francs CFA ou de l'une de ces deux peines seulement, quiconque :

- Importe ou exporte des spécimens de plantes ou semences forestières sans autorisation ;
- Exploite ou exporte des ressources génétiques forestières sans autorisation.

Article 144 : Est puni d'un emprisonnement de trois à dix ans et d'une amende de 10 000 000 à 500 000 000 francs CFA ou de l'une de ces deux peines seulement, quiconque déverse en forêt des produits ou substances dangereuses et préjudiciables aux ressources forestières.

Article 145 : Sous réserve de l'exercice des droits d'usage tels que prévus par la présente loi, quiconque procède à l'extraction ou à l'enlèvement illicite de pierres, sable, tourbe, gazon, feuilles ou de tout autre produit dans le domaine forestier classé, est passible d'un emprisonnement de deux mois à deux ans et d'une amende de 300 000 à 5 000 000 francs CFA ou de l'une de ces deux peines seulement. Ces peines sont portées au double lorsqu'il s'agit du domaine forestier public.

Article 146 : Les dispositions du Code pénal relatives au sursis ainsi que celles des articles 117 et 118 afférentes aux circonstances atténuantes ne sont pas applicables aux infractions prévues à la présente section.

TITRE X : DISPOSITIONS DIVERSES, TRANSITOIRES ET FINALES

Article 147 : Les forêts classées existant avant la date d'entrée en vigueur de la présente loi demeurent la propriété de l'État. L'État peut concéder la gestion de certaines de ses forêts à des Collectivités territoriales ou aux communautés rurales selon les conditions et modalités fixées par décret pris en Conseil des Ministres.

Article 148 : Les titres d'exploitation forestière délivrés avant l'entrée en vigueur de la présente loi, demeurent valables jusqu'à leur expiration.

Article 149 : Les plantations agricoles en production installées dans les forêts classées seront reconverties en espace forestiers selon les conditions et modalités fixées par décret pris en Conseil des Ministres.

Article 150 : Les modalités d'application de la présente loi sont déterminées par Décret.

Article 151 : Sont abrogées toutes les dispositions antérieures contraires à la présente loi, notamment la loi N° 65-425 du 20 décembre 1965 portant Code forestier telle que modifiée par la loi N° 66-37 du 7 mars 1966 portant loi de Finances pour la gestion 1966, annexe fiscale, article 14.

Article 152 : La présente loi sera publiée au journal Officiel de la République de Côte d'Ivoire et exécutée comme loi de l'État.

Fait à Abidjan, le 14 Juillet 2014

Alassane OUATTARA

ANNEXE IV

LISTE DES FORÊTS CLASSÉES ANTÉRIEUREMENT À LA DATE DE PUBLICATION DU PRÉSENT DÉCRET (DÉCRET N° 78-231 DU 15 MARS 1978 FIXANT MODALITÉS DE GESTION DU DOMAINE FORESTIER DE L'ÉTAT) INCLUSES DANS LE DOMAINE FORESTIER PERMANENT

Dénomination de la forêt classée	Superficie en hectares
Zone forestière : 2 404 270 hectares	
Région forestière d'Abidjan	
Okromodougou	94 500
Dogodou (partie)	22 400
Divo	7 350
Go-Bodjénou (partie)	60 000
Mopri	33 000
Irobo-Cosrou (partie)	24 500
Kavi (partie)	8 500
Loviguié	2 800
Mafé (partie)	10 500
Audouin (partie)	400
Yapo	35 000
Hein-N'zodji	23 400
Sondan-Tamin-Mabi-Yaya	230 700
N'ganda-N'ganda	2 400
Comoé (partie)	1 600
N'guéchié	2 800
Goudi	9 600
Kassa (partie)	7 000
Gorké	4 100
La Rasso	2 700

Dénomination de la forêt classée	Superficie en hectares
Agbo	20 480
Besso (partie)	23 100
Bamo	250
Manzan	4 500
Diambarakrou	27 350
Béki-Bossématié (partie)	38 900
Brassué (partie)	20 000
Anguédédou	840
Total	**718 670**
(°) Forêts réservées à des opérations de reboisement réalisées, en cours, prévues.	
Région forestière de San-Pedro	
Niégré	105 600
Mont Kourabahi	3 500
Davo	12 580
Niou-Niourou	19 670
Bolo	8 800
Haute-Dodo	105 600 (50 000 hectares dans périmètre papier)
Rapide Grah	204 200 (périmètre papier)
Hana	72 000 (périmètre papier)
Mono-gaga	35 000 (périmètre papier)
Total	**661 200**
Région forestière de Man	
Krozialé (partie)	9 300
Scio	133 800
Duekoué	53 600
Tiapleu	38 000
Mont Momi-Sangouiné (partie)	40 000
Mont Bableu	15 400
Gouélé	11 600
Mont Tonkui-Glas	4 200
Mont Glo	14 000
Téonlé	4 000
Kouin (partie)	5 000
Flansobly-Siemen	16 700
Mont Tia	24 900
Yalo	26 200
Ira (partie)	13 000
Mont Sangbé	37 400
Mont Ba	4 500
Goulaleu	950

Dénomination de la forêt classée	Superficie en hectares
Cavally-Gouin	189 000
Bfing	2 200
Total	**643 750**
Région forestière de Daloa	
Téné (partie)	29 400
Zuoké (partie)	9 000
Lahonda (partie)	3 960
Sangoué	36 200
Doka (partie)	14 380
Haut-Sassandra (partie)	102 400
Nizoro (partie)	10 000
Total	**205 340**
Région forestière de Bouaké	
Dé (partie)	12 900
Bouaflé	20 350
Séguié (partie)	19 600
Mando	11 300
Bodio-Doubélé	7 100
Sérébi-Proungbo (partie)	7 000
Sanainbo	5 200
Ahua	2 400
Savan	3 600
Tébé	5 000
Aboundéressou	3 200
Arrah (partie)	13 100
Maroumou	4 000
Maniabo Akabo Raviart Poué	8 400
Kouno-Kafala	9 000
Baya-Prikro	4 600
Kérégbo	21 300
Bamoro	2 200
Kokon-Dékro	700
Matiemba	960
Benna-Foko	1 200
Total	**163 110**
Région forestière de Bondoukou	
Baya-kokoré	15 200
Total	**12 200**
Zone de savane : 1 22 190 hectares	
Zone forestière de Man	
Guintéguela	9 600

Dénomination de la forêt classée	Superficie en hectares
Borotou	10 400
Total	**20 000**
Région forestière de Daloa	
Mont Ko	49 800
Bandama-Rouge-Kani	80 400
Samankoro	3 900
Kowa	20 800
Haut-Bandama-Est	84 000
Bandama-Blanc	50 500
Total	**289 400**
Région forestière de Bouaké	
Kobo	14 200
Tiengala	2 700
Kiohan	1 500
Niangbo	1 700
Loho	92 100
Pyerrhé	52 800
Kinkéné	45 300
Nyellépou-N'zi-Supérieur	150 400
La Suitoro	22 600
Kogaha	15 900
Silué	40 400
Kouroukouna	3 200
Badikaha	13 300
N'golodougou	4 000
Tafiré	8 300
Mafa	13 400
Foro-foro	5 500
Touro	580
Laka	5 800
Boka-Go	7 500
Kouabo-Boka	3 200
Soungourou	5 200
Total	**521 980**
Région forestière de Bondoukou	
Bélé-Fina	22 800
Total	**22 800**
Région forestière de Korhogo	
Mont Gbandé	23 100
Founbou	60 000
Kanhasso (partie)	5 900

Dénomination de la forêt classée	Superficie en hectares
Dyengélé	2 600
Kimbirila (partie)	1 000
Tindinkro	500
Kéré	1 200
Fengolo	1 200
Niang-Boué	24 400
Boundiali-Palée	38 600
Badénou	28 300
Bandama-Supérieur	45 000
Korhogo	1 600
Nanyé-Fongo	600
Nambon-Kaha	3 200
Lok-Poho	3 400
Logahan	2 500
Nougbo	20 800
Léraba	23 500
Warigué	62 100
Mont Manda	2 850
Koba-nord	2 600
Tiémé	890
Séguéla	6 300
Tienny	2 500
Mont Konzan-Kourou	1 800
Foulla	1 470
Total	**368 010**
Total général	**3 626 400**

ANNEXE V

LISTE DES FORÊTS CLASSÉES ANTÉRIEUREMENT À LA DATE DE PUBLICATION DU PRÉSENT DÉCRET (DÉCRET N° 78-231 DU 15 MARS 1978 FIXANT MODALITÉS DE GESTION DU DOMAINE FORESTIER DE L'ÉTAT) QUI SONT CLASSÉES SELON LES DISPOSITIONS DE L'ARTICLE 10 ET INCLUSES DANS LE DOMAINE FORESTIER RURAL

Dénomination de la forêt classée	**Superficie en hectares**
Zone forestière : 2 404 270 hectares	
Région forestière d'Abidjan	
Dogodou (partie)	28 800
Go-Bodiénou (partie)	10 600
Irobo-Cosrou (partie)	25 900
Méné	13 850
Kavi (partie)	20 900
Mafé (partie)	27 300
Kokoh	3 300
Audouin (partie)	3 200
Lac Bakré	700
Yapo (partie)	2 300
Taabo	6 200
Kravassou (partie)	5 000
Kassa (partie)	3 200
Offumpo (partie)	3 200
Besso (partie)	5 500
Beki-Bossématié (partie)	7 300
Ebrinémou	18 400
Brassué (partie)	5 500
Agnibilékro	26 200
Massa-Mé	1 900
Nizoro (partie)	4 000
Agnéby	4 800

Tagbadié	2 800
Total	**242 050**
Région forestière de San-Pedro	
Mont Bolo	9 500
Haute-Dodo	47 640
Total	**57 140**
Région forestière de Man	
Kroziablé	1 100
Mont Momi-Sangouiné (partie)	13 400
Mont Niéton	11 000
Kouin (partie)	4 000
Ira (partie)	200
Cavaly-Mont Sainte	10 000
Total	**39 700**
Région forestière de Daloa	
Bayota	51 000
Téné (partie)	21 800
Zuoké (partie)	10 200
Lahouda (partie)	340
Sangoué (partie)	21 100
Doka (partie)	920
Haut Sassandra (partie)	23 300
Vavoua	9 400
Zagoreta	7 200
Total	**145 260**
Région forestière de Bouaké	
Bétéfla	3 200
Dè (partie)	20 300
Tos	32 900
Marahoué	40 000
Séguié (partie)	5 300
Sérébi-Proum-Gbo (partie)	1 600
Orumbo-Boka	3 600
Abéanou	35 600
Arrah (partie)	12 300
Bonguéra	24 400
Etrouko	17 400
Zuénoula	21 400
Total	**218 200**
Région de Bondoukou	
Tankéssé	11 400
Total	**11 400**
Total général	**713 750**

ANNEXE VI

LISTE DES PARCS ET RÉSERVES NATURELLES

Dénomination	**Fondement juridique**
Parc National du Banco	Arrêté promulguant en Afrique Occidentale française le décret du 31 octobre 1953
Parc national de la Comoé	Décret n°68-81 du février 1968
Parc national de la Marahoué	Décret n°68-80 du 9 février 1968
Parc National du Mont Péko	Décret n°68-79 du 9 février 1968
Réserve scientifique de Lamto	Arrêté n°657 AGRI. DOM. du 12 juillet 1968
Parc national de Taï	Décret n°72-544 du 28 août 1972
Réserve partielle de faune du N'zo	Décret n°72-545 du 28 août 1972
Réserve de faune et de flore du Haut Bandama	Décret 73-133 du 21 mars 1973
Parc national des îles Ehotilés	Décret n°74-179 du 25 avril 1974
Parc national du Mont Sangbé	Décret n°76-215 du 19 février 1976
Parc national d'Azagny	Décret n°81-218 du 2 avril 1981
Réserve de faune d'Abokouamékro	Décret n°93-695 du 19 août 1993
Réserve volontaire naturelle de la forêt sacrée Awèssè Bo	Arrêté n°497 MINEEF.CAB. du 19 mars 2007

SOURCES ET RÉFÉRENCES BIBLIOGRAPHIES

SOURCES

ARCHIVES DE L'ASSEMBLÉE NATIONALE DE CÔTE D'IVOIRE *(AANCI)*

Archives de l'Assemblée Nationale de la Côte d'Ivoire (AANCI) : le foncier rural en Côte d'Ivoire.

AANCI : Rapport de synthèse relatif à la mission parlementaire organisée au mois de juillet 1998 à travers le pays.

TEXTES JURIDIQUES

AGGREY (A.), (2010, 1er mars), Code forestier, Juris-Éditions, 187p.

BABAUD DARRET (M.), 25 février 2015, le code forestier : enjeux et perspectives pour une gestion durable du patrimoine forestier ivoirien, Portail officiel du gouvernement, 16p. p2. http://www.gouv.ci/doc/PROPOS_LIMINAIRES_CICG_2%20verminef.pdf, consulté le 29 mai 2020.

Arrêté n°25 MINEFOR, CAB, du 26 août 1983 précisant certaines dispositions des décrets n°66-421 du 15 septembre 1966 et n°83-454 du 27 mai 1983, réglementant l'exploitation des bois d'œuvre et d'ébénisterie, de service, de fascinages, de feu et à charbon.

Décret n°72-126 du 9 février 1972 portant autorisation d'exploitation sur les permis temporaires d'exploitation forestière.

Décret n°72-695 du 31 octobre 1972 fixant la procédure d'attribution des agréments d'exploitants forestiers et des permis temporaires d'exploitation.

Décret n°72-606 du 18 septembre 1972 portant création des sociétés civiles de groupement d'exploitants forestiers.

Décret N° 78-231 du 15 mars 1978 fixant les modalités de gestion du domaine forestier de l'État.

Décret n°78-231 du 15 mars 1978 fixant les modalités de gestion du domaine forestier de l'État.

JOCI Supplément (16) du 31 août 1912 : Arrêté du 15 avril 1912 portant modification du régime forestier. pp.462-472.

JOCI n°16 du 05 avril 1962, loi n° 62-82 du 22 mars 1962 relative aux entreprises publiques créées sous forme de sociétés d'État, p.378.

JOCI n°49 du 20 octobre 1966, Décret n°66-422 du 15 septembre 1966 portant création d'une société d'État dénommée SODEFOR ou Société pour le Développement des plantations Forestières, p.1376.

JOCI n°60 du 29 décembre 1966, Arrêté n°1577 du 5 décembre 1966 fixant les modalités d'application du décret n°66-420 du 15 septembre 1966, portant réglementation des industries du bois, p.404.

JOCI n°3 du 13 janvier 1966, loi n°65-425 du 20 décembre 1965 portant code forestier modifiée par celle du 7 mars 1966 portant loi de finances pour la gestion 1966 p.38.

JOCI n°18 du 14 avril 1966, Décret n°66-122 du 31 mars 1966 déterminant les essences forestières dites protégées, p.500.

JOCI n°50 du 27 octobre 1966, Décret n°66-428 du 15 septembre 1966 fixant les procédures de classement et de déclassement des forêts domaniales, p.1416.

JOCI n°49 du 20 octobre 1966 : Décret n°66-421 du 15 septembre 1966 réglementant l'exploitation des bois d'œuvre et d'ébénisterie, de service, de feu et à charbon, p.1373.

JOCI n°13 du 17 mars 1966 : Décret n°66-50 du 8 mars 1966 réglementant la profession d'exploitant forestier, p.360.

JOCI n°49 du 20 octobre 1966, Décret n°66-420 du 15 septembre1966 portant réglementation des industries du bois, p.1372.

JOCI n°1 du 5 janvier 1967, Ordonnance n°66-626 du 31 décembre 1966 portant fixation du montant des redevances forestières en matière d'exploitation des bois d'œuvre et d'ébénisterie et instituant une taxe de reboisement, p.4.

JOCI n°11 du 16 mars 1967, Arrêté n°243 du 1er mars 1967 rectifiant l'arrêté n°1577 du 5 décembre 1966, fixant les modalités d'application du décret n°66-420 du 15 septembre 1966, portant réglementation des industries du bois, p.403.

JOCI n° 11 du 22 février 1968, décret 68-79 du 9 février 1968 portant création du Mont Péko, p.307

JOCI n°3 du 16 janvier 1968, loi n°67-588 du 31 décembre 1967 portant finances pour l'exercice 1968, p.61.

JOCI n°53 du 16 novembre 1972 : Décret n°72-695 du 31 octobre 1972 fixant la procédure d'attribution des agréments d'exploitants forestiers et des permis temporaires d'exploitation, p.1819.

JOCI n°9 du 04 mars 1993, Décret n°93-206 du 03 février 1993 portant transformation de la SODEFOR en société d'État, p.179.

JOCI n°10 du 7 mars 1985, Décret n°85-132 du 20 février 1985 portant transformation de la Société pour le Développement des Plantations Forestières (SODEFOR) en Établissement public à caractère industriel et commercial, p.118.

JOCI n°10 du 7 mars 1985 : Décret n°85-132 du 20 février 1985 portant transformation de la Société pour le Développement des Plantations Forestières (SODEFOR) en Établissement public à caractère industriel et commercial, p.118.

JOCI n°28 du 4 juillet 1977, décret n°77-335 du 3 juin 1977 relatif à l'organisation de l'Institut agricole de Bouaké, p.1225.

JOCI n°28 du 4 juillet 1977, loi n°77-334 du 1er juin 1977 portant création de l'Institut agricole de Bouaké, p.1222.

JOCI n°10 du 7 mars 1985 : Décret n°85-132 du 20 février 1985 portant transformation de la Société pour le Développement des Plantations Forestières (SODEFOR) en Établissement public à caractère industriel et commercial, p.118.

JOCI n°44 du 15 octobre 1981, Décret n°81-735 du 2 septembre 1981 fixant les attributions du ministère des Eaux et Forêts et portant organisation du ministère, pp.531-533.

Loi n°72-854 du Décembre 1972 portant affectation à certaines dépenses du produit de la taxe de reboisement, de délimitation du domaine forestier et de la protection de la Faune.

La loi n°65-255 du 4 août 1965 relative à la protection de la faune et à l'exercice de la chasse.

Les imprimés des Ministères (Agriculture et Eaux et Forêts)

Autorité pour l'Aménagement de la vallée du Bandama (1973, mars), Mission de l'AVB à moyen terme, Abidjan, AVB, p.1.

Autorité pour l'Aménagement de la vallée du Bandama (1976, mars), Rapport d'activités année 1976, Abidjan, AVB, p.8-9.

Autorité pour l'Aménagement de la vallée du Bandama (1978, mars), Rapport d'activités année1977, Abidjan, AVB, p.9, 13-14.

Autorité pour l'Aménagement de la Région du Sud-Ouest, (S.d), Sud-ouest ivoirien, p.1.

Ministère des Eaux et Forêts, (1988, décembre), Plan Directeur Forestier 1988-2015, Abidjan, 87p,

Ministère de l'Agriculture et des Eaux et Forêts, annuaire rétrospectif de statistiques agricoles 1900-1983, TII, les produits agricoles destinés à l'industrie et à l'exportation, p.70.

Ministère de l'environnement, des Eaux et Forêts ; Organisation internationale des bois tropicaux (2009, mars), Rapport national sur l'aménagement durable des forêts en Côte d'Ivoire suivant les critères et indicateurs de l'OIBT, p.10.

Ministère de l'Agriculture et des Eaux et Forêts : Annuaire rétrospectif de statistiques agricole et forestiers 1900-1983, TIII, les produits vivriers et les produits forestiers bruts et transformés, p193.

Ministère de l'Agriculture, (1982, mai), L'agriculture ivoirienne aujourd'hui, Abidjan, p.26.

Ministère des Eaux et Forêts, (1988, Décembre), Plan directeur forestier 1988-2015, 1ère édition corrigée, 146p.

Ministère de l'Agriculture et des Ressources Animales : Structures agricoles et des ressources animales en Côte d'Ivoire, Abidjan, Édité par TPC, 319p.

Ministère de l'Agriculture et des Eaux et Forêts : Structures agricoles et forestières en Côte d'Ivoire, 1986, 284p.

Ministère de l'Agriculture et des Eaux et Forêts : Développement de l'agriculture ivoirienne de 1985 à 1990, bilan et perspectives, Mai 1990, 98p.

Ministère de l'agriculture, (1970), Dix ans de développement agricole 1960-1969, perspectives d'avenir, 174p.

RÉFÉRENCES BIBLIOGRAPHIQUES

DANS LE DOMAINE DE L'AGRICULTURE

AFFOU, YAPI et KOUADIO TANO (1991) *la boucle du cacao en Côte d'Ivoire : une situation migratoire inversée*, ORSTOM, p.308.

BENVENISTE (C.), (1969), *La boucle du cacao (Côte d'Ivoire), étude régionale des circuits de transport*, Paris, ORSTOM, p.2.

BRA KANON (D.), (1975, Avril), « L'exposé du Directeur Général de la SATMACI aux chocolatiers de passage en Côte d'Ivoire » in *Terre et progrès, le journal du planteur*, n°11, p.32.

CHAUVEAU (J.P.) et RICHARD (J.) (1976), « Une périphérie recentrée à propos d'un système local d'économie de plantation en Côte d'Ivoire », *Cahier d'études Africaines*, Abidjan, ORSTOM, N° XVII-4, p.485-524.

COULIBALY (D.), (2011), *Agriculture et protection de l'environnement dans le sud-ouest de la Côte d'Ivoire*, Paris, Harmattan, 274p.

DIAN (B.), (1985), *L'économie de plantation en Côte d'Ivoire forestière*, Abidjan, NEA, 458p.

(1973, Août), « Planteurs ! Quelle aide pouvez-vous attendre de la BNDA ? », in *Terre et progrès, le journal du planteur*, N°1, pp.26-27.

(1974, Juin), « Les prêts de soudure », in *Terre et progrès, le journal du planteur*, N°6, p.13.

(1975, Juin), « La BNDA et les prêts de soudure », in *Terre et progrès, le journal du planteur*, N°12, p.9.

RUF (F.), (1988, Juin), Stratification *sociale en économie de plantation ivoirienne : premières questions. Premières réponses par l'histoire*, Thèse de doctorat, TI, CIRAD/IRAT, Montpellier et Paris, p50.

SCHWARTZ A., (1979), « Colonisation agricole dans le sud-ouest ivoirien » in *Cahier ORSTOM*, Série Sciences Humaines, vol. XVI, N° 1-2, p.83-101.

L'économie ivoirienne, (1971), Numéro spécial du bulletin de l'Afrique noire, Paris, Ediafric, p.71.

DANS LE SECTEUR DE LA FORÊT

ABOUA (A.G.), (2001), *Le destin des forêts tropicales : l'État, les paysans, l'industrie, les coopératives dans l'aventure de la conservation des forêts tropicales du sud-ouest de la Côte d'Ivoire*, Thèse de doctorat en sociologie, Ottawa, 287p.

BANGASSARO COULIBALY (N. J), (2009), *Le mal ivoirien cas symptomatique du mal africain,* Paris, Harmattan, 298p.

DE LA VAISSIÈRE (P.) (1978, octobre), « Stratégie pionnière et stratégie d'identification s'opposent-le cas de la forêt des Tos », in *Le dynamisme foncier et l'économie de plantation*, Abidjan, publication inter-instituts Cires-Igt-Gerdat-Orstom, p1-9.

DJIDJI (A.), (1984,15 février), « La forêt classée de Sangouiné (Man) bientôt réduite à néant », in *Fraternité Matin,* Abidjan, Édipresse, P17.

ÉDOUARD (L.), et IBO GUÉHI (J.) (1999) « Appropriation et gestion de la rente forestière en Côte d'Ivoire », in *l'homme et la forêt tropicale,* p.25.

GOULY (G.), (1996, 22 août), « Pour une portion de forêt à Sassandra, des cases incendiées » in *Fraternité Matin*, Abidjan, p.9.

KOFFI YAO (G), (2014), *Destruction des forêts en Côte d'Ivoire, accusez ; levez-vous!*, Abidjan, Harmattan, 124p.

(1975, Août) « La SODEFOR au secours de la forêt ivoirienne », *Terre et progrès, le journal du planteur,* N°12, p.31.

(1975, Août), « Reboisement : À la découverte du chantier de la Tené », in *Terre et progrès, le journal du planteur,* N°12, p.4.

TANO (K. P), (2012), « Mise en place des fondamentaux de la politique forestière de la Côte d'Ivoire moderne : 1965-1980 », in *Revue ivoirienne d'Histoire*, EDUCI, N° 21, P.57.

TANO (K. P.), (2016, février), *Le bois dans l'économie de la Côte d'Ivoire : 1880-1960*, Paris, Harmattan, 363p.

TRA BI (S.), (2013, 21 mai), « Ouérémiville, une citadelle en pleine forêt», in *Fraternité Matin,* Abidjan, Édipresse, p9.

TRAORE (K.), (2018, Février), « Le couvert forestier en Côte d'Ivoire : une analyse critique de la situation de gestion des forêts (classées, parcs et réserves) », in *The international Journal of Social Sciences and Humanities Invention*, p. 4387-4397, https://doi.org/10.18535/ijsshi/v5i2.02, consulté le 27 mai 2020.

DANS LE DOMAINE DU FONCIER RURAL

AKROU (J.B.), 16 novembre 1999, « Conflits Kroumen-burkinabé, 10 000 départs et l'angoisse pour un million de personnes », in *Fraternité Matin*, Abidjan, p.12.

BABO, (A.) « Conflits fonciers, ethnicité politique et guerre en Côte d'Ivoire », in *Alternatives sud,* vol.17, 2010, p.99.

DIABY (N.) (1996,18-22 novembre) : « Étude de cas : les conflits fonciers dans la région du Sud-ouest (San-Pedro) » in *séminaire Régionale*, Gorée, Dakar, p217.

GASTELLU, (J. M.), (1978, février) « La course à la terre dans le Moronou », in *séminaire inter-instituts sur le dynamisme foncier et l'économie de plantation*, p.7.

HABY (N.), (2017), Dans l'ouest de la Côte d'Ivoire, une terre trop convoitée, https://www.lemonde.fr/afrique/article/2017/12/07/. Consulté le 29 mai 2020.

KINDO BOUADI (1978, octobre) « La course à la terre convoitée chez l'Agni d'Abengourou», in *Séminaire Inter-instituts sur le dynamisme foncier et l'économie de plantation*, p.10.

TANO (K. P.), (2015, septembre), « Le foncier rural ivoirien à la croisée des chemins : genèse et structuration d'une crise : 1900-1998 », in *revue El-HAKIKA*, Revue Académique éditée par l'université Hamed DRAIA (Adrar-Algérie), N° 34, p17.

KOFFI (M). ; FILI (F.) (1999) *Dossier documentaire : politiques foncières en Afrique de l'Ouest : cas du Burkina Faso, de la Côte d'ivoire et du Mali*, Montpellier, Cnearc, p9.

VALLAT (C.), (1979), « L'immigration baoulé en pays Bakwé : étude d'un front pionnier » in *Cahier ORSTOM, Série Sciences Humaines*, Vol. XVI, N° 1-2, p.105.

AUTRES DOCUMENTS

GNABELI YAO (R.), (2011), *Côte d'Ivoire : la réinvention de soi dans la violence*, Dakar, CODESRIA, 272p. p.69.

(2003, du samedi 25 au dimanche 26 janvier), « Les accords de Linas-Marcoussis », in *L'Inter* n° 1415, pp4-5.

LISTE DES CARTES

LISTE DES GRAPHIQUES

LISTE DES TABLEAUX

TABLE DES MATIÈRES

Deuxième partie

La conquête foncière du centre-ouest et du sud-ouest : 1970-1990

Troisième partie

Le temps de la remise en cause ou de la prise de conscience ? (1990-2015)

Structures éditoriales du groupe L'Harmattan

L'Harmattan Italie
Via degli Artisti, 15
10124 Torino
harmattan.italia@gmail.com

L'Harmattan Hongrie
Kossuth l. u. 14-16.
1053 Budapest
harmattan@harmattan.hu

L'Harmattan Sénégal
10 VDN en face Mermoz
BP 45034 Dakar-Fann
senharmattan@gmail.com

L'Harmattan Cameroun
TSINGA/FECAFOOT
BP 11486 Yaoundé
inkoukam@gmail.com

L'Harmattan Burkina Faso
Achille Somé – tengnule@hotmail.fr

L'Harmattan Guinée
Almamya, rue KA 028 OKB Agency
BP 3470 Conakry
harmattanguinee@yahoo.fr

L'Harmattan RDC
185, avenue Nyangwe
Commune de Lingwala – Kinshasa
matangilamusadila@yahoo.fr

L'Harmattan Congo
67, boulevard Denis-Sassou-N'Guesso
BP 2874 Brazzaville
harmattan.congo@yahoo.fr

L'Harmattan Mali
ACI 2000 - Immeuble Mgr Jean Marie Cisse
Bureau 10
BP 145 Bamako-Mali
mali@harmattan.fr

L'Harmattan Togo
Djidjole – Lomé
Maison Amela
face EPP BATOME
ddamela@aol.com

L'Harmattan Côte d'Ivoire
Résidence Karl – Cité des Arts
Abidjan-Cocody
03 BP 1588 Abidjan
espace_harmattan.ci@hotmail.fr

Nos librairies en France

Librairie internationale
16, rue des Écoles
75005 Paris
librairie.internationale@harmattan.fr
01 40 46 79 11
www.librairieharmattan.com

Librairie des savoirs
21, rue des Écoles
75005 Paris
librairie.sh@harmattan.fr
01 46 34 13 71
www.librairieharmattansh.com

Librairie Le Lucernaire
53, rue Notre-Dame-des-Champs
75006 Paris
librairie@lucernaire.fr
01 42 22 67 13

www.ingramcontent.com/pod-product-compliance
Lightning Source LLC
LaVergne TN
LVHW050635051026
849532LV00002B/399
* 9 7 8 2 3 4 3 2 4 9 4 1 4 *